古代歷史文化 研究輯刊

二七編

王明蓀 主編

第9冊

中國海洋文化

徐華龍 著

國家圖書館出版品預行編目資料

中國海洋文化／徐華龍 著 -- 初版 -- 新北市：花木蘭文化事
業有限公司，2022〔民 111〕
序 10+ 目 4+274 面；19×26 公分
（古代歷史文化研究輯刊 二七編；第 9 冊）
ISBN 978-986-518-777-4（精裝）
1.CST：海洋 2.CST：文化史 3.CST：中國
618　　　　　　　　　　　　　　　　110022108

古代歷史文化研究輯刊
二七編 第九冊　　　　　　ISBN：978-986-518-777-4

中國海洋文化

作　　者　徐華龍
主　　編　王明蓀
總 編 輯　杜潔祥
副總編輯　楊嘉樂
編輯主任　許郁翎
編　　輯　張雅淋、潘玟靜、劉子瑄　美術編輯　陳逸婷
出　　版　花木蘭文化事業有限公司
發 行 人　高小娟
聯絡地址　235 新北市中和區中安街七二號十三樓
　　　　　電話：02-2923-1455／傳真：02-2923-1452
網　　址　http://www.huamulan.tw 信箱 service@huamulans.com
印　　刷　普羅文化出版廣告事業
初　　版　2022 年 3 月
定　　價　二七編 13 冊（精裝）台幣 38,000 元

中國海洋文化

徐華龍 著

作者簡介

徐華龍，1948 年生，民族：漢。復旦大學研究生畢業。筆名有文彥生、曉園客、林新乃等，上海文藝出版社編審。上海筷箸文化促進會會長、上海市非物質文化遺產保護工作專家委員會委員、《中國民間文學大系》出版工程編輯專家委員會「民間傳說組」副組長。

理論類著作：《國風與民俗研究》，中國民間文藝出版社 1986 年版；《中國歌謠心理學》，新疆人民出版社 1990 年版；《中國鬼文化》，上海文藝出版社 1991 年版；《中國神話文化》，遼寧人民出版社 1993 年版；《泛民俗學》，黑龍江人民出版社 2003 年版；《山與山神》（與人合作），學苑出版社 1994 年版；《鬼學》，北嶽文藝出版社 2008 年版；《上海服裝文化史》，東方出版中心 2010 年版；《鬼》，上海辭書出版社 2012 年版；《中國民國服裝史》，花木蘭文化出版社 2014 年版；《中國民間故事及其技巧研究》，花木蘭文化出版社 2015 年版；《箸史》，花木蘭文化出版社 2016 年版；《中國歌謠與心理研究》，花木蘭文化出版社 2017 年版；《中國文學民俗史》，上海交通大學出版社 2017 年版；《中國歌謠與心理研究》，花木蘭文化出版社 2017 年版；《中國神話文化集》，上海文藝出版社 2019 年版。

主編類著作：《鬼學全書》，中國華僑出版社 2004 年版，《中國鬼文化大辭典》，廣西民族出版社 1994 年版，《上海風俗》，上海文藝出版社 2009 年版，《筷子文化概論》，黑龍江人民出版社 2019 年版；《筷子文化·少兒版》，上海文化出版社 2019 年版；《中國筷子文化論集》，上海文化出版社 2019 年版。

提　要

《中國海洋文化》對中國海洋文化進行一系列研究的著作。其涉獵的視野，不僅僅停留在海洋本身，更與陸地緊密聯繫，從而可以看出海洋文化對陸地文化的影響，也可以得知陸地文化對海洋文化的作用，以及兩者之間的互相牽制與互相滲透。主要分四個部分：一是海洋文化史的研究。介紹從秦始皇開始到清代中國海洋文化的認識與發展。有秦一代中國人開始有了海洋的潛意識，隨著社會的進步，海洋神靈的觀念也逐漸加深，有了媽祖等海洋護祐神。二是海洋文化對陸地文化影響之研究。如上海海派文化就是吸收西方文化而產生的新的城市文明，徐光啟就是其中傑出的代表，為中西方海洋文化搭起一座橋樑。李福清是俄羅斯著名漢學家，長期與中國開展學術交流，為流失在海外的孤本小說、年畫回歸中國做了許多有益的工作。三是中國內陸的強烈的海洋輸出的意識不斷延伸的研究。從清末就開始的湖北茶葉，就曾經通過經過千山萬水從上海、滿洲里到達俄羅斯、法國、德國等歐洲國家。四是海洋文化故事研究。海洋是浩如煙海，有著許許多多的生物，人們賦予它們各種各樣的傳說，同時海洋是神秘的，有種種難以言狀的神奇、怪異，而這些具有極大的魅力，引發人們的思考與追求。

謹以獻給熱愛大海的妻子

序：海洋文化對上海紡織業的貢獻

上海的棉紡織業的發展，無論是早在明清還是到了近代時期，都與海洋文化密不可分。

一、棉花

棉花分兩種：木本植物和草本植物。故李時珍《本草綱目》曰：木棉，有草木二種。〔註1〕

一種是木本植物的木棉花

主要生長在南方。明徐光啟《農政全書》：交廣木棉，樹大如抱，其枝似桐，其葉大，似胡桃葉。入秋開花，紅似山茶花；黃蕊，花片極厚；為房甚繁，短側相比。結實，大如拳；實中有白綿，綿中有子。今人謂之斑枝花，訛為攀枝花。所謂「交廣木棉」，就是生長在交趾、廣東一帶的木棉花，可以紡紗織布。這種植物喜好炎熱天氣，故在南方及其島嶼同樣適宜其生長。

《禹貢》曰「：島夷卉服，厥篚織貝。」（蔡沈傳曰：卉服，葛及木棉之屬。南夷木棉之精好者，亦謂之吉貝。以卉服來貢；而吉貝之精者，則入篚焉。〔註2〕裴淵《廣州記》曰：蠻夷不蠶，採木棉為絮。方勺《泊宅編》曰：南海蠻人，以木棉紡織為布，布上出細字雜花，尤工巧。名曰吉貝布，即古白㲲毛布也。〔註3〕

綜上所述，木棉主要產於熱帶及其海島上，是織布的重要原料，而更多

〔註1〕明徐光啟《農政全書》。
〔註2〕明徐光啟《農政全書》。
〔註3〕明徐光啟《農政全書》。

的是在海外，成為「中國珍貨」，所以被爭相購買。《諸番雜志》曰：木棉，吉貝木所生。占城、門耆婆諸國，皆有之。今已為中國珍貨，但不自本土所產，不能足用。

因此，越南也用木棉來織布。范政敏《遯齋閒覽》曰：林邑等國，出吉貝布，木棉為之。這裡所說的林邑，現在則為越南一個地區。

這種木棉花可以織布，《南州異物志》曰：木棉，吉貝木所生。熟時，狀如鵝毛，細過絲綿；中有核如珠王旬，用之，則治出其核。昔用輾軸，今用攪車尤便。但紡不績，在意外抽，牽引無有斷絕。其為布，曰斑布。繁縟多巧，曰城；次粗者，曰文縟；又次粗者，曰烏馬。〔註4〕

張勃《吳錄》曰：交安定縣，有木棉，樹高丈，實如酒杯口，有綿如蠶之綿也。又可作布，名曰白緤，一曰毛布。〔註5〕

一種是草本植物的棉花。

而草本植物來主要自於海外。根據記載，棉花的原產地是印度和阿拉伯。長絨棉則原產南美洲。《琅玕代醉編》又謂：棉花乃番使黃始所傳，今廣東人立祠祀之。合諸說觀之，蓋其種本來自外番，先傳於粵，繼及於閩，元初始至江南，而江南又始於松江耳。〔註6〕

早在宋末就傳入中國，成為在中國被廣泛種植的棉花。「所謂木棉，則指似草之木棉也。此種出南番，宋末始入江南，今則遍及江北與中州矣。不蠶而綿，不麻而布，利被天下，其益大哉！」〔註7〕明徐光啟《農政全書》更將這種木棉的外形及播種、收穫時間做了細緻的描敘：江南淮北所種木棉，四月下種，莖弱如蔓；高者四五尺。葉有尖如楓葉。入秋開花，黃色，如葵花而小，亦有紅紫者。結實，大如桃；中有白綿。綿中有子，大如梧子。亦有紫綿者。八月採，謂之綿花。

所謂「綿花」，即為現在的「棉花」。這裡的木棉就是草本棉花。四月份下種，八月份採摘，就是一年的草本植物，再說其結果、開花，棉中有籽等均符合棉花植物的特徵。

但是也有人認為：棉有草、木二種，皆出海外，其見於紀載者，大抵皆

〔註4〕明徐光啟《農政全書》。
〔註5〕明徐光啟《農政全書》。
〔註6〕清趙翼《陔餘叢考》卷三十。
〔註7〕明徐光啟《農政全書》。

木棉也。〔註8〕此處所說海外，一個指的是海外的國家，一個指的是離開大陸的海島。

　　換言之，棉花或許不是大陸本土的植物，或者也可以說，棉花原本是熱帶外來植物，因此不管是木本還是草本，都可能與海外有關，只不過它們進入中國本土的時間有先後不同而已。有專家說：宋末，上海的植棉業已相當興盛。元代，松江烏泥涇人黃道婆從海南島歸來，把學自黎族人民的紡織技術傳給鄉人，並改革了紡織工具，使土布生產量多質好，松江地區生產的土布從此更加聞名。〔註9〕

　　上海還是一個棉花出口的重要基地，不僅出口上海本地生產的，而且還有浙江、江蘇等地的棉花。有人對此概述道：上海為棉花總聚散地，輸出於日本甚多，其種類除通州棉、寧波棉外，以上海棉為最著。上海棉概出於附近之地，如上海縣、奉賢縣、南匯縣及沙廳等處是也。〔註10〕「上海棉花分南北兩市，每年所估價值達五百萬兩以上，南市有花衣街，為棉商集聚之處。該市之販賣，以內地為大宗，日本次之」。〔註11〕

　　在棉花出口方面，上海還有自己的定價權以及貨幣使用的不同規則：「其市上所定計值之本位貨幣，南市主銅錢（今亦主銀兩）、北市主鷹洋或銀。」〔註12〕

　　由於運輸等方面的原因，上海棉花一直受到好評，如通州的棉花，其出貨常以竹籠或麻袋藏之，由小艇搬運。通州棉為通州、海門、崇明等棉之合稱，占上海棉花中之多額。其航運至滬時，侮因裝載之法不善，途中一遇風浪雨雪，則徹底浸濕，故通州棉含水氣獨多，不及上海棉之為社會所歡迎也。〔註13〕

　　由於歷史上棉花在上海發展過程中具有舉足輕重的地位，特別是到了20世紀初葉，棉花依然是成為松江乃至上海的重要經濟來源，因此也稱之為上海文化的象徵，被選舉成為上海市市花。

　　由此可見，棉花作為上海市的市花，也旨在表彰棉花對上海城市發展進

〔註 8〕清王應奎《柳南續筆》卷二。
〔註 9〕張仲禮《近代上海城市研究》第 35 頁，上海文藝出版社 2008 年版。
〔註10〕陳伯熙《上海軼事大觀》第 184 頁，上海書店出版社 2000 年版。
〔註11〕陳伯熙《上海軼事大觀》第 184 頁，上海書店出版社 2000 年版。
〔註12〕陳伯熙《上海軼事大觀》第 184 頁，上海書店出版社 2000 年版。
〔註13〕陳伯熙《上海軼事大觀》第 184 頁，上海書店出版社 2000 年版。

程中的貢獻。《申報》在 1929 年 4 月 29 日關於棉花當選市花的報導中解釋：
「棉花為農產品中主要品，花類美觀，結實結絮，為工業界製造原料，衣被
民生，利賴莫大，上海土壤，宜於植棉，棉花貿易，尤為進出口之大宗，本市
正在改良植棉事業，擴大紡織經營，用為市花，以示提倡，俾冀農工商業，日
趨發展……希望無窮焉。」闡述了市民選棉花做上海市花的根本緣由。

二、黃道婆

　　元代在上海已經廣泛耕種。雖然如此，大多數與內地一樣屬於紡紗的過
程中，而織布的卻很少。

　　木棉花與草本棉花都同樣問題，花內有籽，只有把花與籽脫離開來，才
能夠紡線織布。這也成為中國棉紡織發展的一個瓶頸。

　　黃道婆的到來，為松江人解決了棉花脫棉籽的問題。元陶宗儀《南村輟
耕錄》卷二十四介紹，黃道婆到了烏泥涇時候，「初無踏車椎弓之制，率用手
剖去子，線弦竹弧置按間，振掉成劑，厥功甚艱。」這樣就大大解放了生產
力，為那裡僅靠棉花生產、生存的農民而言無疑是福音。〔註14〕

　　眾所周知，黃道婆來自海南島，她漂洋過海為了返回家鄉，客觀上也把
先進的棉花加工技術帶到上海。元陶宗儀《南村輟耕錄》卷二十四：國初時，
有一嫗名黃道婆者，自崖州來，乃教以做造捍彈紡織之具，至於錯紗配色，
綜線挈花，各有其法，以故織成被褥帶帨。

　　不僅如此，黃道婆還親自種植棉花，傳授紡織經驗，使得烏泥涇的紡織
技藝名揚天下，讓更多的人從紡織技藝中獲得生存的技藝。故元王逢在《梧
溪集》中寫到，黃道婆返回烏泥涇後，「躬紡木棉花，織崖州被自給。教他姓
婦，不少倦，未幾，被更烏涇，名天下，仰食者千餘家。」

　　為此，黃道婆得到了廣大民眾的尊敬，其死後立祠，以表紀念。清趙翼
《陔餘叢考》卷三十：「有黃道婆自崖州來，教以紡織，人遂大獲其利。未幾
道婆卒，乃立祠祀之。」可見，人們對有恩於自己的黃道婆的追思與紀念。

　　除了說黃道婆是松江烏泥涇人之外，還有一說，黃道婆是浦東人，其棉
紡織技藝是從印度獲得，為了紀念黃道婆而建寺廟：「本邑鄉人大半以植棉為
業，恃為一種大宗土產。相傳元時有黃道婆者，浦東人也，得印度棉織法，歸

〔註14〕元陶宗儀《南村輟耕錄》卷二十四：其地土田磽瘠，民食不給，因謀樹藝，
　　　　以資生業。遂覓種於彼。

而授之鄉人，於是始有紡織之生計。至今先後建立二庵以崇祀之，一在楊家橋，為老庵，而新庵則在胡家橋南首。」〔註15〕

在浦東，民間還有一個俗信：認為七月二十日為棉花誕日，是日宜晴忌雨。諺云：「雨打七月念，棉花勿上居。」試之歷驗不爽，蓋由耆老經驗所得遺傳之口頭讖語也。〔註16〕也就是 7 月 20 日下雨這一天，預示著棉花收成不好。上海地方志專家顧炳權也說：舊俗以七月二十日為棉花生日。此日忌下雨，雨則棉花歉收，諺謂：「雨打七月念，棉花弗上店。」此時，正處暑前後，棉花每結鈴即將吐絮，要求充足光照，天氣晴朗，使棉鈴充分發育，吐絮必良。〔註17〕

所謂棉花誕日，顯然是繼松江之後新形成的一種農耕民俗，是浦東形成灘塗之後種植棉花的地方而形成的文化習俗。從而也說明了棉花對於上海來說，它對上海發展的貢獻非同小可，至少數百年來，已經根植於上海人心目中從未中斷過，成為了具有地方色彩民俗文化的最重要象徵。

雖然黃道婆的記載很多，卻說明黃道婆是如何到達上海的。根據大膽猜測：可能是乘船到上海的。因為幾乎所有的資料都有一個關鍵詞「自崖州來」，其言下之意，就是說黃道婆來自海南島，而海南島當時與大陸並沒有陸路，只能走海路，或許到上海最方便的路徑是從海上乘船來。

三、機器紡織

如果說黃道婆帶來的紡織革新，使得傳統棉紡織水平大幅提升，而木製的機器紡織出來的布則產量更高。過去，紡線在全國各地都有，大多數為手工，或者手工加簡單的紡線機，但木製機器織布卻不是家家戶戶都有、人人都會的。而松江人家的這種織布都是比較普遍，形成了「家家都有織機」的盛大場景，而織布經濟效益高，因此成為「富甲他郡」的經濟市鎮。《皇朝經世文統編》卷五十六《理財部一富國》：「雍正乾隆之間，松江以織布，富甲他郡。」就反映了當時的情景。

早在元末明初，松江的糧食已經是宋代的十倍之多。〔註18〕同樣棉花的

〔註15〕陳伯熙《上海軼事大觀第 6 頁，上海書店出版社 2000 年版。
〔註16〕陳伯熙《上海軼事大觀第 6 頁，上海書店出版社 2000 年版。
〔註17〕顧炳權《上海風俗古蹟考》第 384 頁，華東師範大學出版社 1993 年版。
〔註18〕明徐光啟《農政全書》：嘗考宋紹興中，松郡稅糧十八萬石耳。今平米九十七萬石；會計加編，徵收耗、剩，起解、鋪墊，諸色役費，當復稱是。是十倍宋也。

生產也佔據很重要的地位。特別是松江人克服土地等自然條件的不利,利用棉花在南方生長的有利條件,使得棉花在後續加工出來的土布更加緊密、堅實。

在明代,徐光啟就分析了南北方種植棉花的不同:近來北方多吉貝,而不便紡織者,以北土風氣高燥,綿毛斷續,不得成縷;縱能作布,亦虛疏不堪用耳。南人寓都下者,多朝夕就露下紡;日中陰雨亦紡。不則徙業矣。南方卑濕,故作縷緊細,布亦堅實。〔註19〕故而《松江志》稱:「綾、布二物,衣被天下」。〔註20〕這裡的文字不是誑語臆斷,而是說明松江出產的「綾」與「布」,受到天下人普遍的喜歡,乃是真實社會廣泛認可與可信描述。

不過,海外布料進入上海之後,人們發現原來的中國生產的土布還是有自身的缺憾與不足,實不如西洋之麗密。

關於此認知,到了清末民初的海外布料大量進口之後才發現,土布與洋布之間有一定的差距,這種認識逐漸達成共識。後來有一本專門談棉花的書就說到此事。在王雲五談棉花的小冊子的《弁言》就說過這樣的話:棉花之種植,近已漸為國人所注意。熱心人士,努力提倡,亦既成效昭著矣。然植棉最終目的,外利用其纖維,以作工業品之原料,而紡紗占其大部分。我國棉花產量雖無確實調查,要亦不在少數。年來紗廠勃興,更盛極一時,宜若可以自給,而每年日本紗布之輸入,仍有加而無已,此無他。國產棉花太劣,不能紡細支紗,遜於美棉埃及棉遠遜,稍求精美,不得不仰給予外洋耳。〔註21〕

雖說棉花的原材料很好,但手工紡織品已經遠遠趕不上工業化的紡織機生產的數量與質量。在價廉物美的機器布面前,傳統土布只好敗下陣來。

在大量的海外布匹的進口,清廷官員坐不住了,他們呼籲機器織布紡紗宜要用中國生產的棉花,這關乎收回國家「利權」的問題。

施景琛《機器織布紡紗宜用中國木棉方可收回利權論》:考海關貿易冊,外國洋布進口每年常贏中國銀三千八百餘萬兩,此皆一去而無可塞之漏也。自上海湖北紡織局興,稍稍足與爭衡,然滬局布機僅五百五十張,鄂局布機僅二千張,即使逐日開齊,常年出布不過九十餘萬疋,而外洋進口仍有一千三百萬疋,此中漏亦復不少,且僅此自織九十餘萬疋,中類多利用綿紗。我國欲收回利權,要不過得其十五六分中之一耳,然使九十餘萬疋中,所用木

〔註19〕徐光啟《農政全書》。
〔註20〕徐光啟《農政全書》。
〔註21〕王雲五《百科小叢書‧棉花纖維學》,上海商務印書館 1923 年版。

棉純行採諸中國，猶可差強人意，乃難華棉者動曰：中國棉花色雖潔白而絲甚短，只可織成粗布不能織造細布，以敵外洋之利以視美國南島之棉，花紋長半寸至二寸粗，六百分寸之一至二千分寸之一，一磅花可紡成長一千英里及三四百英里者，相去遠甚。〔註22〕

施景琛者，福建人，曾經負笈出洋，清末還擔任過商業學堂監督、水產講習所經理、工務總會經理、省諮議局議員等職，以候補知縣任用。其還創辦過報紙、學校，〔註23〕還作為「視察員」考察了在日本大阪舉行的「博覽會」。〔註24〕

可見施景琛對當時中外情況是有發言權的。其看到了問題之所在，同時還提出解決方法。他在文中還說，中外棉花「互相攙用」：竊以為不然，土花原非無用，其出於泉州龍溪同安者，往往高六七尺，吐實累累，名為攀枝花，江浙木棉亦擅無窮之利，即使絲紡短，紡織不甚，相宜然使洋棉與華棉，互相攙用，亦萬?不利之處，若分紗為五等，以洋棉織成者為上等，以華棉三分，洋棉七分，和紡者為二等。凡織各項細布，當無不宜用之，以華洋各五分者為三等，以華七分洋三分者為四等。

如此建議，是明智的，切中時弊，但是真正落實，其實不易。特別是如狼似虎的資本力量，不僅有大量的海外紡織品，而且還有越來越多的紡織機器與時俱增，難怪有人驚呼：今欲推廣紗布，利源莫如增添器具，使紡織日多，則洋貨來源始能漸塞。試觀西國紡織之器年來增培，當西曆一千八百十三年英僅有紡織紗機器二千四百座，現已有四十餘萬座矣。〔註25〕

正由於紡織機器日益增多，大量剝奪了工人的工作權力，而受到社會指責：「織機一而可兼數工，工必怨，曰是奪我織工之業也，不知布價廉而用者廣，用廣則需工，奚啻十倍。」〔註26〕

這種機器與人爭市場的現象在清末民初並不鮮見。大多數人只看見表面現象，其實背後顯現的是資本的競爭、效率的提升，在某種程度上來說，也推動了社會的進步與發展。

〔註22〕見清何良棟《皇朝經世文四編》。
〔註23〕見《名人簡歷》。
〔註24〕施景琛《鯤瀛日記·自序》。
〔註25〕施景琛《機器織布紡紗宜用中國木棉方可收回利權論》，見清何良棟《皇朝經世文四編》。
〔註26〕美人闕名《人工與機器論》，見清何良棟《皇朝經世文四編》。

　　從棉布生產而言，在大量的機器紡織機的進入，帶動了棉花生產的進一步種植面積的發展。甲午戰爭之後，海外資本在上海設立棉紡織廠，同時一批民族資本的棉紡織廠相繼在上海開辦，更刺激了對棉花的需求，於是出現了一些新的棉花產區。地處東海邊的南匯縣，原有不少江海泥沙沖積而成的淺灘沙地，這時亦都栽種了棉花。〔註27〕根據《劍橋中國晚清史（下卷）》一書在 1904～1909 年和 1930～1933 年期間作物種植畝數變動趨向的表格上，就說明了「當時供應上海和天津不斷發展的紡織廠的棉花這類經濟作物的種植面積也在增加。」〔註28〕其言下之意，在此期間，雖然遭受海外資本的壓榨，棉花的種植面積沒有減少，也就意味著生產的數量並沒有減少，相反的應該是「增加」。

　　同時外國洋布的進口與外國紡織廠的建立，也推動了中國資本的參與。第一次世界大戰以後，上海棉紡織新廠大量增加，申新衣廠、二廠、德大、厚生等著名紗廠紛紛成立，添置新機，更換設備，產品打入國際市場。由於中國華商棉紡織企業實力大增，不斷收購外國紡織廠，其中還多次發生收購與反收購之爭。申新紡織系統成為當時最大的民族資本集團。〔註29〕1850 年，上海就開設第一家專賣清洋布的同春洋貨號，到了 1858 年，上海已有這樣的清洋布店十五六家，開設有了自己的行業組織。經營方式上，遵循外國資本主義商業的慣例，不僅進行現貨交易，也採用訂貨方式購入商品，連訂貨計價的方法，也普遍採用外國洋行通行的方法。〔註30〕

　　在中外資本的追利的縫隙之中，民間的紡織依然不斷發展。清末民初，各集鎮大多仍設有多家布莊。織戶每天清晨將土布售於布莊，布莊在土布生產旺季組織人員到四鄉收布，還有眾多的布販，向織戶收布，再轉售布莊，賺取差價，以此為生。〔註31〕根據清《月浦志》卷九記載：此地生產的棉布還有數種之多：斜紋布、螞蟻布、碁花布、紫花布等。〔註32〕

〔註27〕戴鞍鋼《近代上海崛起與周圍農村經濟的變化》，《上海研究論叢》第 8 輯第 72 頁，上海社會科學院出版社 1993 年版。
〔註28〕作者是〔美〕費正清、劉廣京《劍橋中國晚清史（下卷）‧農業》，中國社會科學出版社 1985 年版。
〔註29〕張仲禮《近代上海城市研究》第 71～72 頁，上海文藝出版社 2008 年版。
〔註30〕張仲禮《近代上海城市研究》第 108 頁，上海文藝出版社 2008 年版。
〔註31〕陸軍主編《松江人文大辭典》第 251 頁，上海辭書出版社 202 年版。
〔註32〕《月浦志》《月浦里志》《楊行志》《楊行鄉志》第 206 頁，上海社會科學院出版社 2006 年版。

　　正因為如此，經濟學家張仲禮說：上海的近代化是在外國資本主義經營的新模式的示範下進行的，上海許多近代化的民主政治思想、近代城市的管理方式，直至企業的管理方式和技術等等，都是從外國引進的。應該說，上海的近代化是和外國的影響密切相關的，或者說上海城市的近代化是深深地打上了西方的印記的。〔註33〕

　　「西方的印記」，就是海洋文化給上海帶來的一種與傳統不一樣的社會形態。此話用於對於上海棉花生產以及棉紡織業在歷史上的飛速發展的原因，也是一個不錯的詮釋。

2021 年 6 月 20 日

〔註33〕張仲禮《近代上海城市研究》第 25 頁，上海文藝出版社 2008 年版。

目

次

第一章　秦始皇與海洋文化

　　秦始皇（公元前 259～前 210 年），是首位完成中國統一的秦王朝的開國皇帝。《史記・秦始皇本紀》記載：皇帝登基即位，創立昌明法度，臣下端正謹慎。就在二十六年（前 222），天下歸於一統，四方無不歸順。親自巡視遠方，登臨這座泰山，東方一覽極盡。隨臣思念偉績，推溯事業本源，敬贊功德無限。治世之道實施，諸種產業得宜，一切法則大振，大義清明美善，傳於後代子孫，永世承繼不變。皇帝聖明通達，既已平定天下，毫不懈怠國政。每日早起晚睡，建設長遠利益，專心教化興盛。訓民皆以常道，遠近通達平治，聖意人人尊奉。貴賤清楚分明，男女依禮有別，供職個個虔敬。光明通照內外，處處清淨安泰，後世永續德政。教化所及無窮，定要遵從遺詔，重大告誡永世遵奉。

　　雖然司馬遷對秦始皇做出如此高的評價，但是，很長一段歷史時期以來，秦始皇被認為是一個反面形象，實施暴政，殺戮無數，生活奢靡、焚書坑儒等等。劉向《說苑・反質》曰：「秦始皇既兼天下，大侈靡，即位三十五年猶不息，治大馳道，從九原抵雲陽，塹山堙谷直通之。厭先王宮室之小，乃於豐鎬之間，文武之處，營作朝宮，渭南山林苑中作前殿，阿房東西五百步，南北五十丈，上可坐萬人，下可建五丈旗，周為閣道；自殿直抵南山之嶺以為闕，為複道，自阿房渡渭水屬咸陽，以象天極，閣道絕漢，抵營室也。又興驪山之役，錮三泉之底，關中離宮三百所，關外四百所，皆有鍾磬帷帳，婦女倡優。」還有人當面吼斥秦始皇：「今陛下奢侈失本，淫泆趨末，宮室臺閣，連屬增累，珠玉重寶，積襲成山，錦繡文采，滿府有餘，婦女倡優，數鉅萬人，鍾鼓之樂，流漫無窮，酒食珍味，盤錯於前，衣服輕暖，輿馬文飾，所以自奉，麗靡

爛熳，不可勝極。」〔註1〕

儘管如此，秦始皇還是統一六國的皇帝，就是這樣一位縱橫萬里疆土的偉大人物，他對海洋的眷顧，絲毫不亞於對土地的追逐。首先，秦始皇將東面的疆界劃到了東海邊。「立石闕東海上朐山界中，以為秦東門。」〔註2〕朐山，今在山東臨朐縣城彌河東畔，隔彌河與城相望。〔註3〕秦時，朐山就是海上的一個島嶼。其次，他在皇位上多次到海邊巡查，並在沿海地區留下許多印記和各種傳說，這些都進一步佐證了秦始皇獨到的政治眼光和傳奇色彩。

一、巡視沿海

（一）所到之處

1. 到山東

秦始皇登基以後，就去沿海巡視，顯示了他對海疆的重視的程度，遠勝於過去乃至後來歷朝歷代皇帝。

秦始皇巡視山東，沿著渤海岸往東走，途經黃縣、腄縣，攀上成山的頂峰，又登上之罘山，樹立石碑歌頌秦之功德，然後離去。〔註4〕

在巡視山東沿海，留下印記，其中最主要的是「立石刻字」。這種做法，一方面為的是歌功頌德，客觀上也是秦國的疆界作了一個歷史的劃定。史載，修築琅邪臺。立石刻字，一方面歌頌秦之功德，另一方面也表明秦始皇如願以償而感到滿意的心情。碑文說：「天地四方之內，盡是皇帝之土。西邊越過沙漠，南邊到達北戶。東邊到達東海，北邊越過大夏。人跡所到之處，無不稱臣歸服。功高蓋過五帝，恩澤遍及馬牛。無人不受其德，家家安寧和睦。」

琅邪臺，在山東琅玡山上，地臨黃海，氣象恢宏。張守節正義引《括地志》：「琅邪山在密州諸城縣東南百四十里。始皇立層臺於山上，謂之琅邪臺，孤立眾山之上。」《史記·封禪書》：「（齊之八神）八曰四時主，祠琅邪。

〔註1〕劉向《說苑·反質》。
〔註2〕劉向《說苑·反質》。
〔註3〕《文獻通考》卷三百十七《輿地考三》：貢絹、獐皮、鹿皮。領縣四，治朐山。朐山（後周縣。有秦始皇立石海上，以為秦東門。有羽山）東海（隋縣。有蒼梧山、捍海堰）懷仁（後魏縣。有祝其城、夾谷）沭陽（後周縣。有沭水）。
〔註4〕《史記·秦始皇本紀》：於是乃並勃海以東，過黃、腄，窮成山，登之罘，立石頌秦德焉而去。

琅邪在齊東方，蓋歲之所始。」據史書記載：早在春秋戰國時期，齊桓公、齊景公曾遊此。越王句踐滅吳後北上爭霸，由會稽徙都琅琊，於琅琊臺上「起觀臺，臺周七里，以望東海。」《史記》載，秦始皇統一六國後，曾五巡郡縣，三次登臨琅琊臺。始皇二十八年（前219），秦始皇南登琅琊臺，在句踐築臺的基礎上，構建琅琊高臺，在臺上建造春、夏、秋、冬禮祀四時主的神祠。

秦始皇東遊，遭到盜賊（實為反秦者張良等人）的攻擊，但未能改變他去海邊的行程。

《史記·秦始皇本紀》：二十九年，始皇東遊。至陽武博狼沙中，為盜所驚。求弗得，乃令天下大索十日。登之罘，刻石。其辭曰：維二十九年，時在中春，陽和方起。皇帝東遊，巡登之罘，臨照於海。

在東遊途中，雖遭到暗殺，〔註5〕一時間秦始皇「為盜所驚」，但沒有阻擾他東巡的決心，「大索十日」之後，依然前往之罘，「臨照於海」。

之罘，山名。也作芝罘，在今山東煙臺市北。秦時，之罘是一島嶼，在島上可以直接看到海洋。同樣秦始皇出巡到此，依然山上刻石為證。宋蘇軾《虔州八境圖》詩之七：「相見之罘觀海市，絳宮明滅是蓬萊。」後亦指秦始皇所立的之罘刻石。

在東觀，又刻碑文說：二十九年（前218），皇帝春日出遊，巡行來到遠方。幸臨東海之濱，登上之罘高山，觀賞初升朝陽。遙望廣闊絢麗，眾臣推原思念，聖道燦爛輝煌。〔註6〕

2. 到丹陽

《太平御覽》卷六百四十二：「劉楨《京口記》曰：有龍目湖，秦始皇東遊，觀地勢，曰有天子氣。使赭衣徒三千人鑿此中間長岡授饗，因改名為丹徒。」此地，也說明了丹徒地名的出現與秦始皇不無關係。「長崗」居湖中。公元前210年，派赭衣徒眾至鎮江地區，新開丹徒口，使丹徒水道入江口西移，用以縮短入口長江與邗溝的距離，改善江南入淮的航道。同時，用龍目湖水，挖鑿丹徒水道北段的新航道，並將其南段的水道改直為曲，以減低坡

〔註5〕張良曾與力士在博浪沙椎擊始皇，誤中副車。參見《留侯世家》。
〔註6〕《史記·秦始皇本紀》：其東觀曰：維二十九年，皇帝春遊，覽省遠方。逮於海隅，遂登之罘，昭臨朝陽。觀望廣麗，從臣咸念，原道至明。聖法初興，清理疆內，外誅暴強。

降，減緩河水外泄，利於航運。這樣一來，將此區水系與長江干流組成一體，通江入海。

京口，六朝長江下游軍事重鎮，原屬揚州吳郡丹徒縣。東漢建安（196～219）中，孫權治此，稱為「京城」；及遷建業，改名「京口」。

秦始皇對這裡的固有水運基礎上新做了兩件事，一是新開了丹徒口，縮短入江口和邗溝的距離；二是利用龍目湖，開鑿了丹徒水道北段的新航道，並將丹徒水道南段的直道改成彎道，「截直道使其阿曲」以減低坡降，減緩河水走泄，所以今丹陽在秦漢時又「曲阿」之名。

盤亙於丹徒、句容、金壇、丹陽四縣交界處的句曲山（茅山山脈），在秦時尚未又茅山之稱，但此山的優越形式早已為秦始皇所注目。傳說他曾登臨句曲山北部，埋下白璧一雙，並命李斯刻書於璧上，有「巡狩之樂，莫過山海，自今以往，良為常也」的語句，流露出樂遊不倦的情懷，群臣一齊叩首稱壽，歡呼「良為常矣」，因此句曲山北部遂改名為「良常之山」。

3. 到會稽

《越絕書・外傳記地傳》記載，秦始皇當政之後，東遊到達會稽郡，除了要其威名遠揚，震懾一方外，還為了疆土的安全：

> 政更號為秦始皇帝，以其三十七年，東遊之會稽，道度牛渚，奏東安，東安，今富春。丹陽，溧陽，鄭故，餘杭軹亭南。東奏槿頭，道度諸暨、大越。以正月甲戌到大越，留舍都亭。取錢塘浙江「岑石」。石長丈四尺，南北面廣六尺，東面廣四尺，西面廣尺六寸，刻文立於越棟山上，其道九曲，去縣二十一里。是時，徙大越民置餘杭伊攻　故鄭。因徙天下有罪適吏民，置海南故大越處，以備東海外越。乃更名大越曰山陰。已去，奏諸暨、錢塘，因奏吳。上姑蘇臺，則治射防於宅亭、賈亭北。年至靈，不射，去，奏曲阿、句容，度牛渚，西到咸陽，崩。

秦王政二十四年（前 223 年），秦滅楚。二十五年（前 222 年），秦將「王翦遂定荊江南地；降越君，置會稽郡。」[註7] 會稽郡初置時，領有吳、越兩國之地，大致相當於今江蘇長江以南、安徽東南、上海西部以及浙江北部。秦始皇二十六年（前 221 年），分天下為三十六郡，分會稽郡西部置故鄣郡，其

〔註 7〕《史記・秦始皇本紀》。

轄境略同於漢代之丹陽郡，大致相當於今南京市、浙江西北一隅及安徽東南之地。〔註8〕

由此可見，會稽郡是一個相當大範圍的地區，不同於現在的行政區劃。當時會稽郡是重要的入海口，南江、中江、北江都要從會稽流進大海。《地理志》云，南江從會稽吳縣南東入海，中江從丹陽蕪湖縣西東至會稽陽羨縣東入海，北江從會稽毗陵縣北入於海。〔註9〕

為了防止海外的越族的攻擊，「因徙天下有罪適吏民，置海南故大越處」。很顯然，把天下犯罪的官吏、百姓遷徙到海南原先的大越的地方，用於加強海疆建設，防禦海外越族的侵略，也可以視為加強海防建設的重要舉措。

（二）所留遺跡

秦始皇在東南沿海巡視，留下了很多文化遺跡，至今依然清晰保留。

1. 拴馬處

秦始皇的拴馬處，在山東鬲城。《太平御覽》卷九百九十九：《三齊略記》曰：鬲城東南有蒲臺。秦始皇東遊海上，於臺下繙蒲繫馬。至今歲歲蒲生，縈委猶若有繫狀。蒲似水楊，可以為箭。

鬲城，興於夏朝，又稱鬲國，因為近鬲津河而得其名。據《寧津縣志》記述：鬲津河名，首見《爾雅》。東漢劉秀時期重置，舊址大約在原德平縣東南處，即現今屬於商河縣城西北十五公里（懷仁鎮古城村南）附近位置。在鬲城城南，有一高臺，傳說秦始皇曾在臺下縈蒲繫馬。鬲故城南蒲臺遺址，經考證為秦漢遺址，位於今賈莊鎮櫈子劉村北 200 米處，高臺大約 300 多平米，高近 4 米。

2. 李斯篆刻

又有典籍曰：秦始皇三十七年遊會稽還，於此山北埋白璧一雙，深七尺，李斯刻篆璧文曰：「始皇盛德，平章山河，巡狩蒼川，勒石素壁。」〔註10〕

3. 秦履山

秦履山，在徐州暨陽縣西南，傳說秦始皇登山「以望江海」。《太平御覽》卷四十六：山謙之《南徐州記》曰：暨陽縣西南可三十五里，有秦履山。傳云

〔註8〕《百度·百科·會稽郡》。
〔註9〕《尚書正義》卷六《禹貢第一》。
〔註10〕《太平御覽》卷四十一。

秦始皇登之，以望江海。

4. 秦望山

《水經注》曰：會稽秦望山，在州城正南，為眾峰之傑，涉境便見。《史記》云：「秦始皇登之，以望南海。」自平地取山頂七里，懸嶝孤危，峭路險絕。〔註11〕

秦望山一名在江浙沿海地區有多處，都由於與秦始皇有關而被命名的山巒。如紹興城南的秦望山，便因當年秦始皇南巡時，登臨此地，遠望南海（今杭州灣）而得名。秦望山又稱刻石山，李斯在這裡留下的 289 字的小篆《秦會稽山刻石銘》（俗稱《李斯碑》）。〔註12〕江蘇崑山千燈也有秦望山，原名秦柱山，相傳秦始皇曾登此山的烽火樓祭海，因而秦柱山改名為秦望山。上海秦望山，在金山區朱涇鎮東南 15 千米，張堰鎮西部。相傳秦始皇南巡，曾登此山望海，故名之。另外江陰等地亦有秦望山。之所以出現這麼多的秦望山，有兩個特點：一是沿海（或者秦代其就是一座島嶼），二是與秦始皇有關。這兩者的結合就產生秦望山的傳說。秦始皇未必登上這些地方的山頭，但是人們的記憶裏，將山與秦始皇聯繫在一起，是有客觀根據的，歷史上秦始皇就真實地出現過沿海地區，並在山東有登山刻石的歷史遺存。只不過這種真實經過人們的演繹之後而變成傳說，加以泛化，因此在很多地方出現了與秦始皇的有關的山峰，這些都加深了人們的文化記憶，保留並傳承，使之至今依然作為一個有故事的自然景點。

5. 秦皇島

秦皇島的傳說直接與秦始皇有關。根據民間傳說《秦皇島的來歷》是這樣說的：

秦始皇統一六國以後，聽趙高說：在東海裏有三座仙山：一座叫蓬萊，一座叫方丈，一座叫瀛洲。這三座仙山，從遠處望去像明珠那樣燦爛，像雲彩那樣美麗，山上有許多許多的宮殿，都是用黃金白玉建造起來的。在那些宮殿裏，住著許多仙女。她們能駕著雲彩走路，吃的是甜甜的甘露和長生不老的仙藥，所以能永遠過著悠閒自在的生活。秦始皇就派人到東海裏去找那三座仙山和黃金白玉建造起來的宮殿，求取長生不老藥。可是去過的人回來說：三座仙山是看到了，只是因為小人福薄，等船到了那邊，這些仙山就沉

〔註11〕《太平御覽》卷四十七。
〔註12〕《市場報》2004 年 3 月 26 日第 26 版。

到水底去了。秦始皇聽說後，又接連派了幾起人去，也都沒有成功。後來，秦始皇決定親自到海邊去看一看。哪裏有什麼仙山？只見海裏雲霧茫茫，天連水，水連天，下面是一片波濤洶湧的大海。秦始皇正在琢磨如何找尋仙山的辦法時，有個方士盧生求見。盧生說：「聽說大王到這裡來求取長生不老藥，小生知道哪裏有藥。秦始皇忙說：「先生既然知道，就請教。」盧生說：從前這裡有個叫淡門子高的人，在這裡得道成仙，聽說他已經過了海，在仙山裏住著，我和他有一面之交，情願領著我的弟子波海去為大王求取長生不老藥。秦始毫聽了盧生的話，萬分高興。盧生齋戒沐浴，向神仙祈禱，置辦珠寶法器，三天後啟程。秦始皇見一切都已準備好，就親自送盧生入海。秦始皇來到小島上一看，只見島上蒼松翠柏，一片碧綠。這裡風平浪靜，海邊的細沙像鋪了層柔軟的絨氈，島上開滿了鮮花，可好看啦，雖然不是什麼仙山，卻是一個很好的所在。秦始皇不由讚歎道：「寡人遊遍天下，經歷了許多名山大川，不料在此發現這樣一個美麗的地方。如能長久住在這裡，也可算做神仙了。」這天夜裏，秦始皇就住在小島的東山上。第二天一早，盧生帶領他的弟子二十多人，帶著許多珠寶、乾糧和水果，分乘三隻小船，乘著徐徐的東風，扯起風篷划船入海。秦始皇在東山上看著小船越走越遠，這才十分滿意地帶領人馬，回到行宮。盧生入海幾天後，既沒有找到仙山，更沒有採到仙藥，但是他們也知道秦始皇的厲害，如果採不回長生不老藥，秦始皇一定不會饒過他們，連腦袋也要保不住。於是盧生撒了一個大謊。他用黃緞子偽造了一份像符咒那樣的仙書，上面寫著「亡秦者胡也」幾個字。說這是從仙山上得來的，是海裏的仙人對秦王朝命運所作的預言。秦始皇果然聽信了，就派大將蒙恬修築萬里長城。秦始皇求長生不老藥雖然一無所得，卻意外地發現了這塊仲入渤海裏的小半島。後人在秦始皇站過的東山腳下刻碑為記。碑上刻著「秦皇求仙入海處，這個美麗的小島也就因此得名為秦皇島。〔註13〕

秦皇島傳說如此，事實上秦漢時期，這裡是東巡朝拜和兵家必經之地。秦始皇第四次出巡到碣石，刻碣石門。並派燕人盧生、韓終、侯公、石生等方士入海求仙人和不死之藥，秦皇島由此得名。

6. 孟姜女墳

孟姜女是一個傳說人物，除了其丈夫萬喜良外，另外一個與其直接相關

〔註13〕秦皇島市群眾藝術館主編、周春霆編《秦皇島的傳說》第1～5頁，上海文藝出版社1983年版。

的就是秦始皇。傳說，孟姜女假裝答應秦始皇做其妃子，但是要秦始皇答應三個條件：一是從長城到海邊，搭一個十八里長的孝棚；二是把萬喜良的屍骨葬到大海裏；三是你和文武百官都要穿麻戴孝，為萬喜良送殯。〔註14〕這裡，秦始皇的三個條件中，其中兩個條件與海有關。

緊接著，傳說情節急轉直下：孟姜女跳入海中之後，從海裏冒出兩塊巨大的礁石，一高一圓，高的像石碑，圓的像墳丘。這就是現在還聳立在大海裏的孟姜女墳。〔註15〕

很明顯，孟姜女墳就是與海直接相關的景觀，再加上與秦始皇的威名，使得孟姜女的傳說更加具有神奇色彩。

7. 秦船

關於秦代船型，史無記載，不過徐福所帶眾多童男女，想見此時船舶已開始大型化了。但是，1974年，廣州出土了秦漢造船工場遺址。計有3個平行排列的造船臺，以及木料加工遺址。船臺旁有滑道，由枕木、滑板和木墩組成。滑板寬距可隨意調節。一號船臺的兩塊滑板中心間距為1.8米，據此測知，船的寬度當是3.6～5.4米；二號船臺的滑板中心間距2.8米，可造5.6～8.4米寬的船舶。滑板上平置兩道承架船體的木墩，計有13對，兩兩相對整齊排列，高約1米。其下留有可供進行船底鑽孔等工藝時的空間。此外，還發現有烘彎木料的「彎木地牛」結構，還有劃線鉛塊，更有鐵錛、鐵鑿等工具。〔註16〕

8. 五大夫

五大夫，松之別名，是在秦始皇登封泰山時，中途遇雨，避於大樹之下，因樹護駕有功，遂封該樹為「五大夫」爵位。唐李冗《獨異志》卷中：始皇二十八年，登封泰山。至半，忽大風雨雷電。路傍有五松樹，蔭翳數畝，乃封為五大夫。忽聞松上有人言曰：『無道德，無仁禮，而天下妄命，帝何以封！』左右咸聞。始皇不樂。乃歸，崩於沙丘。按《史記·秦始皇本紀》云：「二十八年，始皇東行郡縣，……遂上泰山，立石，封，祠祀。下，風雨暴至，休於

〔註14〕秦皇島市群眾藝術館主編、周春霆編《秦皇島的傳說》第28頁，上海文藝出版社1983年版。

〔註15〕秦皇島市群眾藝術館主編、周春霆編《秦皇島的傳說》第29頁，上海文藝出版社1983年版。

〔註16〕據周世德《中國古代造船工程技術成就》，見自然科學史研究主編《中國古代科技成就》。

樹下，因封其樹為五大夫。」始皇所封之樹，《漢官儀》謂是松樹，後世遂以五大夫為松之別稱。

9. 其他海上遺址

與秦始皇相關的海上遺址，在《太平御覽》裏有多處記載。

如：望海臺，卷一百七十八記載：「伏琛《齊地記》曰：平業城西北八十里有平望亭，亦古縣也，或云秦始皇為望海臺。」同書卷一百九十四亦有同樣的記載。又，卷一百九十四：「《史記》：相如為趙王奉璧使，秦王舍之廣成傳舍。古縣也。或云秦始皇因為望海臺。」

文登縣有一石橋，為秦始皇所建，是為其觀看日出的需要。

《太平御覽》卷一百九十三：「又曰：登州文登縣有不夜城、尚書城。有石橋，即秦始皇造；欲觀日處文登山，始皇召文士而登此山。」

《齊地記》曰：秦始皇作石橋，欲渡海觀日出處。〔註17〕

《太平御覽》卷一百九十二：「《三齊略記》曰：陽庭城東西二百五十里青城山，秦始皇登此山，造石城，入河三十里，臨海射魚，方四百里水變血色，今猶爾也。」

這些地名都與秦始皇有關，或許是附會，或許是傳說，但是不管怎樣反映了創作者與傳播者的想像力與創造力，同時也表現了秦始皇這一歷史人物深遠、巨大的社會影響力。

二、秦始皇與神仙

秦始皇對海洋有一種癡迷的感覺，相信廣闊無垠的海上有各種各樣的珍奇異寶，有無比嚮往的人間仙境。這種好奇心，驅使他試圖進行海上進行各種探訪。

1. 海上有神山

這裡所說的神山，是傳說中的海上三山蓬萊、方丈、瀛洲，這是秦始皇之前就有的一種民間信仰，不過人們對此一直篤信不疑，難怪徐福上書之後，立刻得到秦始皇的認可。

《秦始皇本紀》載：齊地人徐市等上書，說大海之中有三座神山，名叫蓬萊、方丈、瀛洲，有仙人居住在那裡。希望能齋戒沐浴，帶領童男童女前往

〔註17〕《太平御覽》卷七十三。

求仙。於是就派徐市挑選童男童女幾千人，到海中去尋找仙人。〔註18〕

海上有仙境，要比陸地更美，而且有神仙的存在，秦始皇當然求之不得，一旦聽說海上有三座神山，就派人前往。

但是，秦始皇聽信盧生方士等人的讒言，不辨真偽，做出了南轅北轍的舉動，本來要去海上求仙，卻去北方攻打胡人。《史記·秦始皇本紀》：「燕人盧生使入海還，以鬼神事，因奏錄圖書，曰『亡秦者胡也』。始皇乃使將軍蒙恬發兵三十萬人北擊胡，略取河南地。」鬼神之事，秦人篤信，再加之錄圖書，使得秦始皇不得不相信。《會注考證》引胡三省云：「錄圖書，如後世讖緯之書。」讖緯之書，指秦漢間宣揚符命占驗的書。

這是一則令人發噱的笑話，但是反映了秦始皇的侷限與愚昧。

秦始皇三次到山東，都為了探求海上三座仙山。

《史記·封禪書》：「自威、宣、燕昭使人入海求蓬萊、方丈、瀛洲。此三神山者，其傅在勃海中，去人不遠；患且至，則船風引而去。蓋嘗有至者，諸仙人及不死之藥皆在焉。其物禽獸盡白，而黃金銀為宮闕。未至，望之如雲；及到，三神山反居水下。臨之，風輒引去，終莫能至雲。世主莫不甘心焉。」

此段文字翻成現代語言：自從齊威王、齊宣王、燕昭王以來，就使人人海尋找蓬萊、方丈、瀛州三神山。這三座神山，相傳在渤海之中，路程並不算遠，困難在於將到山側時，就會有海風吹引船隻離山而去。據說曾有人到過那裡，眾仙人以及長生不老藥那裡都有。山上的東西凡禽獸都是白色的，以黃金和白銀建造宮闕。到山上以前，望過去如同一片白雲；來到跟前，見三神山反而在海水以下。想要登上山，則每每被風吹引離去，終究不能到達。世俗間的君主帝王無不欽羨非常。

因此，蓬萊、方丈、瀛洲一直是以往帝王神往的地方。《山海經》卷十二《海內北經》：蓬萊山在海中。蓬萊山：傳說中的仙山，上面有神仙居住的宮室，都是用黃金玉石建造成的，飛鳥走獸純白色，遠望如白雲一般。到有秦之時，當然亦成為秦始皇不懈追求的樂土。《史記·封禪書》：「及至秦始皇併天下，至海上，則方士言之不可勝數。始皇自以為至海上而恐不及矣，使人乃齎童男女入海求之。船交海中，皆以風為解，曰未能至，望見之焉。其明

〔註18〕《史記·秦始皇本紀》：既已，齊人徐市等上書，言海中有三神山，名曰蓬萊、方丈、瀛洲，仙人居之。請得齋戒，與童男女求之。於是遣徐市發童男女數千人，入海求仙人。

年，始皇復遊海上，至琅邪，過恒山，從上黨歸。後三年，遊碣石，考入海方士，從上郡歸。」

秦始皇入海求仙藥，被後代帝皇視為虛妄、苛虐、暴政最後導致滅亡的典型而被反覆引用。

《資治通鑒》卷第三十一記載：「昔秦始皇使徐福發男女入海求神采藥，因逃不還，天下怨恨。」

另，《太平御覽》卷一百一十四亦載：五年八月乙亥，上（唐憲宗）謂宰臣曰：「神仙之事信乎？」李藩對曰：「神仙之說，出於道家；道家所宗《老子》五千文為本。《老子》指歸，與六經無異。前代好怪之流，假託老子為神仙之說。故秦始皇遣方士載童女入海求仙藥，漢武帝嫁女與方士求不死藥，二主受惑，卒無所得。文皇帝服胡僧長生藥，遂致暴疾不救。古詩曰：服食求神仙，多為藥所誤。誠哉是言也。君人者，但務求理，四海樂推，社稷延永，自然長年也。」上深然之。

相比唐憲宗而言，唐太宗對道教的神仙之說看得更清楚。《太平御覽》卷一百九：十二月壬午，上（唐太宗）謂侍臣曰：「神仙事本虛妄，空有其名。秦始皇非分愛好，遂為方士所詐，乃遣童男女數千人隨其入海求仙藥，方士避秦苛虐，因留不歸。始皇猶海側以待之，還至沙丘而死。漢武帝為求仙，乃將女嫁道術人，事既無驗，便行誅戮。據此二事，神仙不煩妄求也。」

2. 相信長生不老藥

為什麼嚮往蓬萊、方丈、瀛洲三座海上仙山，是因為人們相信這些仙山上有不死藥。

長生不老藥早在《戰國策》就有記載：有獻不死之藥於荊王者，謁者操以入。中射之士問曰：「可食乎？」曰：「可。」因奪而食之。王怒，使人殺中射之士。中射之士使人說王曰：「臣問謁者，謁者曰可食，臣故食之。是臣無罪，而罪在謁者也。且客獻不死之藥，臣食之而王殺臣，是死藥也。王殺無罪之臣，而明人之欺王。」王乃不殺。

希望長生不老，人之常情，更何況是一國之主。為了取得長生不老藥，曾多次派人前去訪求。

據記載：因使韓終、侯公、石生求仙人不死之藥。〔註19〕

〔註19〕《史記・秦始皇本紀》。

為此，秦始皇再轉至會稽等地。《史記‧封禪書》：後五年，始皇南至湘山，遂登會稽，並海上，冀遇海中三神山之奇藥。不得，還至沙丘崩。

秦始皇一心一意想得到海上不死藥，只到生命的最後時刻還「冀遇海中三神山之奇藥」，在徹底失望之後，駕崩於沙丘。

秦始皇之所以要去海上求仙求藥，是相信神仙之說的結果。

《太平御覽》卷八百八十一記載：「秦始皇併天下，甘心於神仙之道，遣徐福、韓終之屬，多齎童男童女，入海求神彩藥，因逃不還，天下怨恨。」《文獻通考》卷九十《郊社考二十三》：「秦始皇初併天下，甘心於神仙之道，遣徐福、韓終之屬，多齎童男童女，入海求神采藥，因逃不還，天下怨恨。」

3. 與海神交戰

秦始皇派出徐福入海尋找仙藥。徐福花費很多錢物，空手而歸，害怕遭受責罰，就欺騙說：「蓬萊仙藥可以找到，但常被大鯊魚困擾，所以無法到達，希望皇上派善於射箭的人一起去，遇到大鯊魚就用裝有機關可以連續發射的弓弩射它。」始皇作夢與海神交戰，海神的形狀好像人。請占夢的博士給圓夢，博士說：「水神本來是看不到的，它用大魚蛟龍做偵探。現在皇上祭祀周到恭敬，卻出現這種惡神，應當除掉它，然後真正的善神就可以找到了。」於是命令入海的人攜帶捕大魚的工具，親自帶著有機關的弓弩去等侯大魚出來以便射它。從琅邪向北直到榮成山，都不曾遇見。到達之罘的時候，遇見了大魚，射死了一條。

雖然射殺大魚，卻沒有因此帶來長生不老藥。

《史記‧秦始皇本紀》：「始皇夢與海神戰，如人狀。問占夢，博士曰：水神不可見，以大魚蛟龍為侯。」

「水神」一詞始見於此。晉張華《博物志‧異聞》云：「水神乘龍魚。」則水神與魚龍攸關。《山海經‧海內北經》所記「乘兩龍」之冰夷，即河伯，《尸子》（孫星衍輯本）稱其「白面長人魚身」，乃古水神之狀禺韁「魚身手足」（見《海外北經》郭璞注，「魚」原作（「黑」，訛）亦古水神之狀。然古水神之狀不盡限於魚龍，《海外東經》所記之水伯天吳，為「八首人面，八足八尾，背青黃」之獸。而魚龍之形，當為水神之正。故有「人馬有鱗甲，如大鯉魚之魚伯，」「馬首龍身」之江神奇相等傳說。李洋與江神鬥其神狀初為牛形，後為龍身。知水神之說亦終於由獸而為魚龍矣。此外，龍王、共工、應龍、夔、無支祁等皆屬水神。或為龍蛇，或為牛猴，亦無非或魚或獸而已。

根據記載，秦始皇與海神交戰，已經不止一次。

《論衡・紀妖》：秦始皇帝三十六年，熒惑守心，有星墜下，至地為石。刻其石，曰：「始皇死而地分。」始皇聞之，令御史逐問，莫服，盡取石旁家人誅之，因燔其石。妖，使者從關東夜過華陰平野，或有人持璧遮使者曰：「為我遺鎬池君。」因言曰：「今年祖龍死。」使者問之，因忽不見，置其璧去。使者奉璧具以言聞。始皇帝默然良久，曰：「山鬼不過知一歲事。」乃言曰：「『祖龍』者，人之先也。」使御府視璧，乃二十八年行渡江所沉璧也。明三十七年，夢與海神戰，如人狀。

凡此種種不祥之兆，秦始皇不得不害怕。夢與海神進行戰鬥，當然預示著死亡了。

在東海中有海神叫禺䝞，是黃帝所生，是東海唯一的海神。《山海經》卷十四《大荒東經》：「東海之渚中，有神，人面鳥身，珥兩黃蛇，踐兩黃蛇，名曰禺䝞。黃帝生禺䝞，……禺䝞處東海，是惟海神。」禺䝞「人面鳥身」，耳朵上貫飾兩條黃蛇，腳下踏著兩條黃蛇，一副威風凜凜飛樣子，生活在東海裏。從此特點來看，禺䝞是一征服蛇的海神，古代蛇、龍是並提不悖的，至今江南地區人們依然叫蛇為小龍。

秦始皇被尊崇為龍的化身，而龍與海神相鬥，其結果的可想而知的。《論衡・紀妖》記載的秦始皇與海神交戰之夢，是一種讖緯之言。預示著秦始皇的死期到來。

讖緯是古代民間的神學預言，對中國古代社會、文化、政治、經濟產生了一系列深刻的影響。讖緯是讖書和緯書的合稱。讖是秦漢時期巫師、方士預示吉凶的隱言，後來發展為廟宇或道觀中求神問卜。緯是附會儒家經典，以完成經書的義理和旨意。

秦始皇與海中神仙的交往，在很多典籍裏都可以看到。如在海中建造石橋，海神來幫助豎柱。此段情緣見諸於北魏酈道元《水經注・濡水》引《三齊略記》：「始皇於海中作石橋，海神為之豎柱。始皇求與相見，神曰：『我形醜，莫圖我形，當與帝相見』。乃入海四十里，見海神。左右莫動手，工人潛以腳畫其狀。神怒曰：帝負約，速去！始皇轉馬還，前腳猶立，後腳隨崩，僅得登岸。畫者溺死於海，眾山之石皆傾注，今猶岌岌東趣」。〔註20〕這是一則秦始皇與海洋

〔註20〕《太平御覽》卷七百五十亦有相似記載：《三齊記略》曰：秦始皇求與海神相見，神云：「我形醜，約莫圖我形，當與帝會。」始皇入海三十里，與神相見。

神靈的民間傳說，雖然海神責怪秦始皇負約，但是並沒有使秦始皇遭到災難，畫者卻死於海中，留下的是「眾山之石皆傾注」。這屬於典型的風物傳說，人們之所以津津樂道，就在於這些山石依然聳立，成為想、傳說的一種依據。

再，《古今圖書集成・山川典》卷二八引有：「今見成山東海水中有豎石，往往相望，似石橋；又有石柱二，乍出乍沒，或云始皇渡海，立此石以為記」。成山海中有像橋一樣的石頭，人們將其附會成為秦始皇渡海的地方，純粹是傳說，人們所以相信就根據歷史上秦始皇到過齊地，而此處海上的奇特景觀，就很自然地將二者聯繫在一起，經過民間口頭創作之後，就形成這種既真實又虛幻的傳說作品。

4. 趕山鞭

趕山鞭是秦始皇傳說中流傳很廣影響也極大的一則，在秦皇島有個《祖龍鞭石》的傳說，說的是秦始皇遇見紡線的老婆婆，老婆婆告訴他修建長城的起點在金牛入海處。

這天夜裏，秦始皇派大將軍蒙恬在龍門山上等候金牛出現。三更過後，只見從東北高山上升起一道金光，蒙恬仔細一看，金光之中是條金光燦燦的金牛，直奔南海。南海湧起數丈高的水柱，裏而裏著一條烏龍，奮爪揚鬚，和金牛斗了起來。一牛一龍，在南海裏揚波掀沒，鬥得天昏地暗，濁浪滔天。烏龍騰起，波濤惡浪萬丈高；金牛長吼，聲震長空海底浪。金牛與烏龍直鬥到四更天，才返回東北面的高山上去了。第二天早朝，蒙恬把昨夜裏金牛斗烏龍的奇聞，奏明了秦始皇。秦始皇恍然大悟，老婆婆說的金牛斗烏龍之處，就是修築長城的起點，金牛走過的路，也就是修築長城的路線。〔註21〕

為了修築長城，需要大量的磚塊。據說，修城磚每塊重三十二斤，修城墊的石頭每塊重數百斤，身強體壯的民俠也只能背兩塊城磚上山，往山上運石頭枕更加困難了。後來民俠用山羊馱磚上山，還是不行，民夫們怨聲載道。秦始皇再請老婆婆幫助。

於是老婆婆告訴秦始皇用線做成鞭子來搬運石頭。

秦始皇鞭石入海，驚動了南海烏龍，急忙腸起波浪來堵截。那些入海的

左右有巧者，潛以腳畫神形。神怒帝負約，乃令帝速去。始皇即退馬，前腳猶立，後腳隨陷，僅得登岸，畫者溺死。

〔註21〕秦皇島市群眾藝術館主編、周春霆編《秦皇島的傳說》第50頁，上海文藝出版社1983年版。

巨石，被烏龍湧起的滔天大浪堵在海邊，堆積如山，形狀健峨，就像張開巨吻吞吐海浪的龍頭。秦始皇見狀，高興地說：」好呵！這裡是龍頭，就作為修長城的起點吧！從那以後，海灘上，城牆下，留下了那塊「鞭石」。祖龍鞭石的故事就從那時傳開了。〔註 22〕

最早記載秦始皇使用趕山鞭，可能見諸於桓譚《新語》，其曰：秦始皇見周室失統，自以當保有九州。見萬民碌碌，猶群羊聚豬，皆可以竿而驅之，故遂以敗也。〔註 23〕

秦始皇會鞭趕石頭的故事在《太平御覽》卷七十三上也有記載。：「舊說始皇以術召石，石自行至，今皆東首隱軫似鞭撻瘢，形似馳逐。」這一記載又為秦始皇鞭石入海，嵌入了厚重的歷史感，增加了可信度。

趕山鞭的故事，不僅是民間老百姓的附會，同樣也記載於史書上。《太平御覽》卷四：《三齊略》曰：「秦始皇作石橋於海上，欲過海看日出處。有神人驅石去不速，神人鞭之皆流血。今石橋猶赤色。」

這裡，典籍記載雖然與民間傳說有所不同：傳說裏的掌鞭人是秦始皇，而在《太平御覽》中卻是「神人」，但不管怎樣都與海洋有關。

5. 安期生

安期生是秦始皇到東海去的路途上見到的一個重要的神仙人物，秦始皇還與他暢談了三天三夜，並贈送其各種財寶。

《道家·安期先生》：秦始皇東遊，請見，與語三日三夜，賜金璧度數千萬。出，於阜鄉亭皆置去，留書，以赤玉舄一雙為報，曰：「後數年求我於蓬萊山。」始皇即遣使者徐市、盧生等數百人入海，未至蓬萊山，輒逢風波而還。立祠阜鄉亭海邊十數處云。

此語得知，秦始皇相信安期生之後，才派遣徐市、盧生等人去海上尋找長生不老藥，因此安期生是秦始皇東海之行的不可遺漏的人，他的重要程度遠比其他人來得更大。

安期，一名安期生，是秦漢期間燕齊一帶的方士代表人物。《列仙傳》記載：安期生，琅琊阜鄉人。〔註 24〕《漢書》卷十二《孝武本紀第十二》：「居

〔註 22〕秦皇島市群眾藝術館主編、周春霆編《秦皇島的傳說》第 52 頁，上海文藝出版社 1983 年版。
〔註 23〕《太平御覽》卷八十六。
〔註 24〕《太平御覽》卷三十八。

久之，李少君病死。天子以為化去不死也，而使黃錘史寬舒受其方。求蓬萊安期生莫能得，而海上燕齊怪迂之方士多相效，更言神事矣。」翻譯成為現代語言，即為：過了許久，李少君病死了。天子以為他是成仙而去並不是死了，就命令黃錘縣的佐吏寬舒學習他的方術。訪求蓬萊仙人安期生，沒有人能找到，而燕、齊沿海一帶許多荒唐迂腐的方士卻有許多人仿傚李少君，紛紛前來談論神仙之類的事情了。

　　同時，安期生也是海上神仙。《漢書》卷二十五上《郊祀志第五上》記載：「『臣（李少君）嘗遊海上，見安期生，安期生食臣棗，大如瓜。安期生仙者，通蓬萊中，合則見人，不合則隱。』於是天子始親祠灶，遣方十入海求蓬萊安期生之屬，而事化丹沙諸藥齊為黃金矣。」

　　道教視安期生為道教神仙，與秦始皇的交往有一定關係。

　　《太平御覽》卷三十八《列仙傳》曰：安期生，琅琊阜鄉人，時人皆言千歲，秦始皇與語，賜金璧數千萬，出阜鄉亭，皆置去，留以赤玉舃一量為報。曰：「後千歲，求我蓬萊山下。」同書卷八百二十八《列仙傳》曰：安期生，賣藥海邊。「秦始皇請見，與語三日三夜，賜金璧數千萬。」

　　這些故事的存在，不僅增強秦始皇尋找不死藥的神秘性，也大大地加強安期生的神話色彩。

三、秦始皇探尋海洋的原因

1. 向海洋擴張

　　《史記·秦始皇本紀》：秦並海內，兼諸侯，南面稱帝，以養四海，天下之士斐然鄉風，若是者何也？曰：近古之無王者久矣。周室卑微，五霸既歿，令不行於天下，是以諸侯力政，強侵弱，眾暴寡，兵革不休，士民罷敝。今秦南面而王天下，是上有天子也。既元元之民冀得安其性命，莫不虛心而仰上，當此之時，守威定功，安危之本在於此矣。

　　古代傳說我國疆土四面環海，故稱國境之內為海內。秦始皇兼併海內之後，將眼光放到了「海外」，這是一種偉大的政治家的胸懷。所謂「南面稱帝」，表明秦始皇一統天下的決心。古代以坐北朝南為尊位。故天子、諸侯見群臣，皆面南而坐。《易·說卦》：「聖人南面而聽天下。」秦始皇「南面稱帝，以養四海」，就是一統天下，不僅包括海內，也包括海外，否則就不會有「以養四海」這樣的氣魄。

古人以為，中國四境有海環繞，各按方位為「東海」、「南海」、「西海」和「北海」。《孟子·告子下》：「禹之治水，水之道也，是故禹以四海為壑。」到了秦始皇時代，他不僅要陸地，而且要將自己的勢力範圍擴張到海洋，這也與秦始皇的性格相吻合。

有現代學者就認為，秦始皇東巡的目的是在打造一個有真正邊界的國家。「始皇生前治陵，廟寢東向，秦陵兵馬俑的陣勢也東向布置。碣石離宮與芝罘相對，宛如帝國的東門兩闕。始皇出巡五次，於中原地區，只是路過，其行程重點，都在邊遠地帶：隴西、碣石、會稽——似乎都在確認帝國的邊界；秦築長城，綿陽北端，也是確認邊界的意義。凡此諸種現象，顯示秦帝國是一個有邊界的政治體ｉ，還不是真正包有六合的普世天下國家。」〔註25〕

為了實現秦始皇的目的，最後連他自己的生命都在東遊中喪生，也可以看出秦始皇向海洋擴張的信心與決心。只不過這種實質是以尋找海上蓬萊、方丈、瀛洲三島與不死藥的形式而表現出來。

《論衡·書虛》：「夫秦王者，秦始皇帝也。」「當二十七年，遊天下，到會稽，至琅邪，北至勞、盛山，並海，西至平原津而病，到沙丘平臺，始皇崩。」《風俗通義·王陽能鑄黃金》：「謹按《太史記》：秦始皇欺於徐巿之屬，求三山於海中，通同道，隱形體，弦詩想蓬萊，而不免沙丘之禍。」

其言下之意，秦始皇是到沿海巡視而積勞而亡的。

此外，秦始皇派遣出去的徐福等人，到了海上居住，客觀上也在一定程度上擴大了中國的版圖。

《文獻通考》卷三百二十四《四裔考一》：「傳言秦始皇遣方士徐福將童男女數千人入海（事見《史記》），求蓬萊神仙不得，徐福畏誅不敢還，遂止此州，世世相承，有數萬家。」另，《太平御覽》卷六十九：「《吳志》曰：長老傳言，秦始皇帝遣方士徐福將童男女數千人入海求蓬萊神仙及仙藥，止此不返，世世相承有萬家，其上人民時有至會稽貨市。」

這些記載說明，徐福帶領去尋求仙山、仙藥的眾人雖在海上島嶼上居住，但與大陸的聯繫、交往依然不斷。

2. 為了祭祀八神

祭祀八神，就是對海洋神靈的供奉。秦始皇對八神的供奉，如同對陸地

〔註25〕許倬雲《萬古江河——中國歷史文化的轉折與開展》第76頁，上海文藝出版社2006年版。

神靈一般的恭恭敬敬。《史記・封禪書》：「始皇遂東遊海上，行禮祠名山大川及八神，求仙人羨門之屬。八神將自古而有之，或曰太公以來作之。齊所以為齊，以天齊也。其祀絕莫知起時。」《文獻通考》卷六十九《郊社考二》：「東遊海上，禮祀八神」。

八神，舊謂主宰宇廟之之神，都與沿海地區相關，其中的月主、日主、時主更與海洋直接有關。《史記・封禪書》：「八神，一曰天主，祠天齊。天齊淵水，居臨菑南郊山下者。二曰地主，祠泰山梁父。蓋天好陰，祠之必於高山之下，小山之上，命曰『畤』；地貴陽，祭之必於澤中圜丘云。三曰兵主，祠蚩尤。蚩尤在東平陸監鄉，齊之西境也。四曰陰主，祠三山。五曰陽主，祠之罘。六曰月主，祠之萊山。皆在齊北，並勃海。七曰日主，祠成山。成山斗入海，最居齊東北隅，以迎日出雲。八曰四時主，祠琅邪。琅邪在齊東方，蓋歲之所始。」

秦始皇狩巡之時，祭祀名山大川與八神。在八神中，大多數靠近海邊或者與海有關。一是天主，祀於天齊，有天齊淵水，在臨淄城南郊的山腳下。二是地主，祀於泰山下的梁父山。這是由於天性喜陰，祭祀它必須在高山的下面，小山的上面，稱為畤；地性喜陽，祭祀它必須在低窪地區的圓丘上。三是兵主，祭蚩尤。蚩尤祠在東平陸的監鄉，為齊國西境。四是陰主，祭於參山。五是陽主，祭於之罘山。六是月主，祭於萊山。以上三項在齊國北部，臨近勃海。七是日主，祀於成山。成山絕壁迴曲，入於海中，在齊東北部的最為邊隅的地區，據說是迎接日出的地方。八是四時主，祀於琅邪山。琅邪在齊國東部，是太歲開始的地方。清顧炎武《序》：「於是八神之祠徧於海上」。可見，而且八神的祠廟也都建立在海邊。

這就更加證明了八神與海洋文化有著直接的關聯。這些可見，八神都是齊地的神靈，而且都與海洋相關。祭祀八神，不僅是對齊地的神祇的敬重，也是對海洋的敬畏。

秦始皇還祭祀虞舜、大禹。《文獻通考》卷一百三・宗廟考十三：「秦始皇三十七年出遊，十一月至雲夢，望祀虞舜於九疑山。上會稽，祭大禹。」

3. 與信仰有關

風水是人們對生活所持的一種信念，是長期形成的，而不會輕易第改變。在秦代，人們同樣有自己的信仰，尚黑，「此其水德之瑞」，《文獻通考》卷六十九《郊社考二》：「秦始皇既併天下，以昔文公出獵，獲黑龍，此其水德之

瑞，用十月為歲首，色尚黑，音尚大呂（大呂，陰律之始）。」

　　秦始皇按照水、火、木、金、土五行相生相剋、終始循環的原理進行推求，認為周朝佔有火德的屬性，秦朝要取代周朝，就必須取周朝的火德所抵不過的水德。現在是水德開始之年，為順天意，要更改一年的開始。群臣朝見拜賀都在十月初一這一天。衣服、符節和旗幟的裝飾，都崇尚黑色。因為水德屬陰，而《易》卦中表示陰的符號陰爻，叫做「元」，就把數目以十為終極改成以六為終極，所以符節和御史所戴的法冠都規定為六寸，車寬為六尺，六尺為一步，一輛車駕六匹馬。把黃河改名為「德水」，以此來表示水德的開始。剛毅嚴厲，一切事情都依法律決定，刻薄而不講仁愛、恩惠、和善、情義，這樣才符合五德中水主陰的命數。於是把法令搞得極為嚴酷，犯了法久久不能得到寬赦。〔註26〕

　　秦時，崇水、尚陰，這就決定了秦始皇會到沿海地區狩巡，到海上尋找神仙與不死藥了。

　　另外，古人相信百川都要歸於海，而百川猶如人的血管理的血。《論衡·書虛》：夫地之有百川也，猶人之有血脈也。血脈流行，泛揚動靜，自有節度。百川亦然，其朝夕往來，猶人之呼吸，氣出入也，天地之性，上古有之。經曰：「江、漢朝宗于海。」唐、虞之前也，其發海中之時，漾馳而已；入三江之中，殆小淺狹，水激沸起，故騰為濤。廣陵曲江有濤，文人賦之。大江浩洋，曲江有濤，竟以隘狹也。吳殺其身，為濤廣陵，子胥之神，竟無知也。溪谷之深，流者安洋；淺多沙石，激揚為瀨。夫濤、瀨，一也，謂子胥為濤，誰居溪谷為瀨者乎？案濤入三江，岸沸踊，中央無聲。必以子胥為濤，子胥之身，聚岸灌也？濤之起也，隨月盛衰，小大滿損不齊同。如子胥為濤，子胥之怒，以月為節也？三江時風，揚疾之波亦溺殺人，子胥之神，復為風也？秦始皇渡湘水遭風，問湘山何祠。左右對曰：「堯之女，舜之妻也。」始皇太怒，使刑徒三千人，斬湘山之樹而履之。夫謂子胥之神為濤，猶謂二女之精為風也。

4、害怕地方權力的威脅

　　秦始皇到東海狩巡，還有一個原因是在東南方有威脅到他政權的氣象存

〔註26〕《史記·秦始皇本紀》：始皇推終始五德之傳，以為周得火德，秦代周德，從所不勝。方今水德之始，改年始，朝賀皆自十月朔，衣服旄旌節旗皆上黑，數以六為紀，符、法冠皆六寸，而輿六尺，六尺為步，乘六馬。更名河曰德水，以為水德之始，剛毅戾深，事皆決於法，刻削毋仁恩和義，然後合五德之數。於是急法，久者不赦。

在。根據《太平御覽》卷八十七：秦始皇帝曰，「東南有天子氣，」於是東遊以厭當之。孫盛《晉陽秋》曰：昔秦始皇東遊，望氣者云：「五百年後，東南金陵之地有天子氣。」於是始皇改曰秣陵。〔註27〕

換言之，秣陵即今建業、金陵、南京等。秦始皇統一六國後，曾經五次東南方出巡，其中有兩次路過今南京。公元前 210 年，秦始皇第五次出巡回歸，至金陵時，見金陵四周山勢峻秀，地形險要，有天子氣。秦始皇一聽，命人開鑿方山，使淮水流貫金陵，要把王氣給洩散，並將金陵改為秣陵。意為這裡不該稱金陵，只能是牧馬的草場。

很多年過去，金陵的帝王之氣並沒有消失，到了三國時期，吳國乃遷都到建業。《太平御覽》卷一百五十六：《吳志》先亂時童謠云：「寧飲建業水，不食武昌魚；寧歸建業死，不就武昌居。」乃遷都建業。訪問故老云，昔秦始皇東巡會稽，經此縣，望氣者云：金陵地形有王者都邑之氣，故掘斷東崗，改名秣陵。今處所見存地有其氣，象天之所會，今宜為都邑。帝深善之。後聞劉備語曰：智者意同。案：《吳錄》劉備曾使諸葛亮至京，因睹秣陵山阜。歎曰：鍾山龍盤，石頭虎踞，此帝王之宅。

以後南京成為六朝古都，不是沒有道理，也就說明秦始皇判斷是對的，至少從風水的角度來看也是如此。其實，秦始皇的這種做法完全處於私利的考慮，害怕別人來奪取他的江山而已。

的確這種擔憂不是沒有道理。秦始皇在位僅僅 12 年，死後不久就被推翻，其歷史教訓值得深思。《貞觀政要‧慎終第四十》：「秦始皇初亦平六國，據有四海，及末年不能善守，實可為誡。」

現在批評秦始皇的觀點，主要表現在修築長城，勞民傷財方面。《資治通鑒》卷第三十七：「秦始皇不忍小恥而輕民力，築長城之固，延袤萬里，轉輸之行，起於負海；疆境既完，中國內竭，以喪社稷，是為無策。」在《文獻通考》裏也有同樣文字的記載。〔註28〕

修築長城是一種消弱國力的行為，但建造長城，將其起點從負海開始，是很有戰略眼光的。所謂負海，即背靠大海。把萬里長城的起點從海邊開始，

〔註27〕《太平御覽》卷九十八。

〔註28〕《文獻通考》卷三百四十一《四裔考十八》：「秦始皇不忍小恥而輕民力，築長城之固，延袤萬里，轉輸之行，處於負海，疆境既完，中國內竭，以喪社稷，是為無策。」

這就表示秦始皇將國家的邊界擴展到過去不被注意的海洋地區，不僅如此，而且他五次狩巡東南沿海，大大加強了國家層面上的海洋意識。但囿於歷史與個人的侷限，秦始皇的海洋實踐是打著探尋海上仙山、神藥為旗號，儘管如此，都無法掩蓋秦始皇開創中國海洋文化的功績。

　　總之，秦始皇為中國歷史上第一個重視海洋文化、探尋海洋奧秘的偉大先導者，這是無疑的。

2015 年 1 月 14 日星期三

第二章　元代海洋民俗文化

　　從 1271 年忽必烈改國號為元，到 1368 年朱元璋部隊直搗大都，元朝存在了 90 多年。雖然它的時間不長，但卻是中國歷史上最輝煌最偉大的朝代，疆域空前廣闊，全盛時期西北至今中亞，西南到雲貴高原和青藏高原，而北部面臨北冰洋，東北至外興安嶺（包括庫頁島）、鄂霍次克海，東南一直到臺灣及南海諸島。有人就總結說：「自封建變為郡縣，有天下者，漢、隋、唐、宋為盛，然幅員之廣，咸不逮元。漢梗於北狄，隋不能服東夷，唐患在西戎，宋患常在西北。若元，則起朔漠，並西域，平西夏，滅女真，臣高麗，定南詔，遂下江南，而天下為一，故其地北逾陰山，西極流沙，東盡遼左，南越海表。」〔註1〕這裡，所謂的「南越海表」，就證明了元代疆域已經跨越大陸而涉及海洋。

　　在這樣一個背景之下，海洋文化就成為元代統治者十分關注的對象，成為其政權、領土的一部分。其疆域從陸地擴展到了海上，元代對海洋文化的認知也達到前所未有的高度。

一、祭祀

1. 自然祭祀

　　蒙元原本為游牧民族，他們崇尚的是草原、大漠、荒野，是一個內陸型的北方民族，因此在其風俗裏，祭祀北方自然現象就成為主要對象。如對風雪的祭祀，就是一個非常重要的內容。

〔註1〕〔明〕宋濂等《元史》卷五十八《志第十地理一》。以下凡引此書，均不加書名。

　　《元代》卷一《本紀第一太祖》：初，脫脫敗走八兒忽真隘，既而復出為患，帝帥兵討走之。至是又會乃蠻部不欲魯罕約朵魯班、塔塔兒、哈答斤、散只兀諸部來侵。帝遣騎乘高四望，知乃蠻兵漸至，帝與汪罕移軍入塞。亦刺合自北邊來據高山結營，乃蠻軍沖之不動，遂還。亦刺合尋亦入塞。將戰，帝遷輜重於他所，與汪罕倚阿蘭塞為壁，大戰於闊奕壇之野，乃蠻使神巫祭風雪，欲因其勢進攻。既而反風，逆擊其陣，乃蠻軍不能戰，欲引還。雪滿溝澗，帝勒兵乘之，乃蠻大敗。是時札木合部起兵援乃蠻，見其敗，即還，道經諸部之立己者，大縱掠而去。

　　祭祀風雪，是北方民族的民間信仰之一，是為了取得風雪的幫助。在這裡，乃蠻為了贏得勝利而進行「祭風雪」，就是戰勝元太祖成吉思汗。誰料到，出現「反風」，「逆擊其陣」，使得乃蠻大敗。這或許是一個反面的例子，說明祭祀原本是為了請神相助，達到自己設定的目標；但是，由於特殊的地理及自然的原因，祭祀會得到相反的結果，這是最初實施祭祀者所未曾預料的。

　　元代對於自然現象的祭祀，如祭天〔註2〕、祭星〔註3〕、祭日〔註4〕、祭北斗〔註5〕，等等，都在官修史書上有明確的記載。到了1312年（壬子），朝廷開始在壽寧宮建造醮祠，專門用來「祭太陽、太歲、火、土等星」。〔註6〕可見元代對自然神靈是多麼崇敬。

　　這些記載，說明了蒙元帝國的信仰裡，與自然現象有著緊密的聯繫。總而言之，祭祀自然有以下三層意思：一是自然神靈是元代信奉的對象。二是元代對自然界現象的祭祀十分在乎，必須要有專職的巫師來舉行，其他人是不可隨意舉行祭拜。三是祭祀自然神靈有其特定的功利性目的。

2. 海洋祭祀

　　由於海上運輸、疆域擴張、海外聯繫等諸多原因，海洋文化就必然成為元朝政權不可忽視的重要內容，在此情況下，海洋祭祀就顯得非常重視，資料記載，這種祭祀一般都是在國家的層面上進行，可見元廷對海洋神靈祭祀的重視。

　　這種海洋祭祀，是建造在元代祭祀的基礎之上的，是傳統祭祀的延伸和繼承。祭祀，對於元廷而言，是重要的事情，且是「盛事」，具有一套繁瑣的

〔註2〕卷三《本紀第三憲宗》：秋，駐蹕於軍腦兒，釃馬乳祭天。
〔註3〕卷六《本紀第六世祖三：敕二分、二至及聖誕節日，祭星於司天臺。
〔註4〕卷十五《本紀第十五世祖十二》：庚寅，祭日於司天臺。
〔註5〕卷十三《本紀第十三世祖十》：辛卯，敕有司祭北斗。
〔註6〕卷十八《本紀第十八成宗一》。

儀式，不得越雷池一步。元泰定帝就說過：「祭祀，盛事也，朕何敢簡其禮。」
〔註7〕此話透露了一個信息，就是元代有祭祀的傳統，而這種祭祀有嚴格的規定，不可有禮節的缺失和禮節的簡化，必須要遵循前朝的禮儀。

　　元代，祭祀是有一定之規。皇帝親自遣使祭祀的有三個方面：社稷、先農、宣聖。〔註8〕

　　為什麼天子親自祭祀社稷、先農、宣聖？因為最高統治者的地位是凌駕於國家、祖先、聖賢之上的。《志第二十三·祭祀一》：「天子者，天地宗廟社稷之主，於郊社禘嘗有事守焉，以其義存乎報本，非有所為而為之。」又，同書《志第二十三·祭祀一》：「北陲之俗，敬天而畏鬼，其巫祝每以為能親見所祭者，而知其喜怒，故天子非有察於幽明之故、禮俗之辨，則未能親格，豈其然歟？」這些文字，都將天子祭祀的必要性作了進一步的闡述。

　　除此之外，對於嶽鎮海瀆的祭祀，天子可以不必親祀，則可以委派使者拿著皇帝詔書到當地行使祭祀儀式。故，《志第二十三·祭祀二》曰：「而嶽鎮海瀆，使者奉璽書即其處行事，稱代祀。」

　　海洋代祀是從忽必烈開始，其原因在於路遠，皇帝祭祀多有不便，故請其他臣使替代。《志第二十三·祭祀五》記載了這樣歷史：至元二十八年（1291）正月，帝（忽必烈）謂中書省臣言曰：「五嶽四瀆祠事，朕宜親往，道遠不可。大臣如卿等又有國務，宜遣重臣代朕祠之，漢人選名儒及道士習祀事者。」

　　這就說明了對於海洋的祭祀，雖不是天子親自祭祀，但也必須要「使者奉璽書」進行祭禮。這種行為稱之為「代祀」。〔註9〕由此可見，代祀是規格很高的國家層面的一種祭祀行為。

　　這種代祀的時間，自1261年忽必烈執政第二年開始〔註10〕。

　　而嶽鎮海瀆代祀的地點，根據《志第二十三·祭祀五》記載：「凡十有九處，分五道。後乃以東嶽、東海、東鎮、北鎮為東道，中嶽、淮瀆、濟瀆、北海、南嶽、南海、南鎮為南道，北嶽、西嶽、后土、河瀆、中鎮、西海、西鎮、江瀆為西道。」

〔註7〕卷二十九《本紀第二十九泰定帝一》。
〔註8〕《元史·志第二十三·祭祀二》：其天子親遣使致祭者三：曰社稷，曰先農，曰宣聖。
〔註9〕卷七十二《志第二十三祭祀一》：「其天子親遣使致祭者三：曰社稷，曰先農，曰宣聖。而嶽鎮海瀆，使者奉璽書即其處行事，稱代祀。」
〔註10〕《志第二十三·祭祀五》：嶽鎮海瀆代祀，自中統二年始。

這裡，代祀的嶽鎮海瀆中，就有海洋，它與山嶽、江河相併列在一起，由此可見，其重要性在元代國家層面上也是非同一般的。無論是山、鎮還是海、水都是自然現象，與元代的信仰是一脈相承的，所不同的是更強調了對海洋的文化崇拜，而不是某一個體海神的敬仰；祭祀儀式不再像前朝，而更加禮儀化、程式化。

其禮物，則每處歲祀銀香合一重二十五兩，五嶽組金幡二、鈔五百貫，四瀆織金幡二、鈔二百五十貫，四海、五鎮銷金幡二、鈔二百五十貫，至則守臣奉詔使行禮。皇帝登寶位，遣官致祭，降香幡合如前禮，惟各加銀五十兩，五嶽各中統鈔五百貫，四瀆、四海、五鎮各中統鈔二百五十貫。或他有禱，禮亦如之。

其封號，至元二十八年春二月，加上東嶽為天齊大生仁聖帝，南嶽司天大化昭聖帝，西嶽金天大利順聖帝，北嶽安天大貞玄聖帝，中嶽中天大寧崇聖帝。加封江瀆為廣源順濟王，河瀆靈源弘濟王，淮瀆長源溥濟王，濟瀆清源善濟王，東海廣德靈會王，南海廣利靈孚王，西海廣潤靈通王，北海廣澤靈祐王。〔註11〕

這樣十分隆重的祭祀儀式與祭品，與皇帝親自祭祀毫無二致，表現的是朝廷對海洋祭祀的最高等級。

元代祭祀海洋，有一定的時間與地點，這是從至元三年（1266）夏天開始的。正月、立春、三月、立夏、七月、立秋、十月、立冬等都要祭祀海洋。

「至元三年夏四月，定歲祀嶽鎮海瀆之制。正月東嶽、鎮、海、瀆，土王日祀泰山於泰安州，沂山於益都府界，立春日祀東海於萊州界，大淮於唐州界。三月南嶽、鎮、海瀆，立夏日遙祭衡山，土王日遙祭會稽山，皆於河南府界，立夏日遙祭南海、大江於萊州界。六月中嶽、鎮，土王日祀嵩山於河南府界，霍山於平陽府界。七月西嶽、鎮、海瀆，土王日祀華山於華州界，吳山於隴縣界，立秋日遙祭西海、大河於河中府界。十月北嶽、鎮、海瀆，土王日祀恒山於曲陽縣界，醫巫閭於遼陽廣寧路界，立冬日遙祭北海於登州界，濟瀆於濟源縣。祀官，以所在守土官為之。既有江南，乃罷遙祭。」〔註12〕

雖說這些「定歲祀嶽鎮海瀆之制」，並不完全是為了海洋而制定的規則，但畢竟是有海洋的相關內容納入其中，也就說明元代對海洋的祭祀已經成為

〔註11〕卷七十六《志第二十七·祭祀五》「嶽鎮海瀆」。
〔註12〕卷七十六《志第二十七祭祀五》。

一種制度。這種制度規定了地方乃至中央官員祭祀海洋的時間、地點等，並為其考核的內容之一。

3. 為什麼要祭祀海洋

第一，是從心裏害怕海洋的威力及其帶來的各種災難，人們認為只有祭祀了海神，就會帶來安康。元代的最高統治者也難免俗。

在浙江省有災難的時候，「潮水衝破鹽官州海岸，令庸田司官征夫修堵，又令僧人誦經，復差人令天師致祭」。還引經據典地論證：「世祖時海岸嘗崩，遣使命天師祈祀，潮即退，今可令直省舍人伯顏奉御香，令天師依前例祈祀」〔註13〕。與此同時，元朝並沒有完全將放任海洋肆虐，而積極應對，抗禦災害。其中最主要的方法就是用祈禱，而這種祈禱不完全有效，只是一種心理安慰而已。

據卷六十五《志第十七上河渠二》記載：至泰定即位之四年二月間，風潮大作，沖捍海小塘，壞州郭四里。「八月以來，秋潮洶湧，水勢愈大，見築沙地塘岸，東西八十餘步，造木櫃石囤以塞其要處。本省左丞相脫歡等議，安置石囤四千九百六十，抵禦鎪齧，以救其急，擬比浙江立石塘，可為久遠。計工物，用鈔七十九萬四千餘錠，糧四萬六千三百餘石，接續興修。」

從這段對話裏，可以看出應對海洋帶來的災害，不是一味的祈禱就能夠解決問題，需要積極應對，要用實際行動來抵禦海洋災害。

在遭到海浪侵蝕、堤壩損壞的時候要舉行祭祀海神的活動。然而一旦無法阻止海洋的破壞，也就做出讓步，無奈搬離海邊。《元史》卷三十《本紀第三十泰定帝二》記載：「鹽官州大風，海溢，壞堤防三十餘里，遣使祭海神，不止，徙居民千二百五十家。」

1296 年 2 月，即元泰定登上皇位的第四年，東南沿海海潮漲溢，祭祀海神，依然沒有效果，只好蘇三人口。因此可見，祭海神是元代經常的一種祭祀活動，但是這種活動不是積極而是消極的應對方法。好在人們不是執迷不悟，只好順其自然，用大量遷徙沿海居民來躲避災難。

第二，海洋是元代重要糧食的運輸航道。

歷代的南北運輸貨物主要依靠內陸河流，到了元初依然如此，只不過這個時候，由於各種各樣的原因，河流運輸已經滿足不了江南運輸貨物到大都

〔註13〕卷六十五《志第十七上河渠二》。

的要求。卷六十四《志第十六河渠一》：「江南行省起運諸物，皆由會通河以達於都，為其河淺澀，大船充塞於其中，阻礙餘船不得來往。每歲省臺差人巡視，其所差官言，始開河時，止許行百五十料船，近年權勢之人，並富商大賈，貪嗜貨利，造三四百料或五百料船，於此河行駕，以致阻滯官民舟楫，如於沽頭置小石閘一，止許行百五十料船便。臣等議，宜依所言，中書及都水監差官於沽頭置小閘一，及於臨清相視宜置閘處，亦置小閘一，禁約二百料之上船，不許入河行運。」

到了至元十二年（1275），《元史》明確記載：從河上運輸糧食到大都，已經顯示出各種不便。〔註14〕

這時候丞相伯顏建議用海運來代替河運，並且得到忽必烈的首肯。關於這一點，《元史》上多有記載。

卷九十三《志第四十二食貨一》：「至元十九年，伯顏追憶海道載宋圖籍之事，以為海運可行，於是請於朝廷，命上海總管羅璧、朱清、張瑄等，造平底海船六十艘，運糧四萬六千餘石，從海道至京師。然創行海洋，沿山求〈山奧〉，風信失時，明年始至直沽。」

《元史・志第四十二・食貨一》：元都於燕，去江南極遠，而百司庶府之繁，衛士編民之眾，無不仰給於江南。自丞相伯顏獻海運之言，而江南之糧分為春夏二運。蓋至於京師者一歲多至三百萬餘石，民無挽輸之勞，國有儲蓄之富，豈非一代之良法歟！

卷一百六十六《列傳第五十三》：十九年，用丞相伯顏言，初通海道漕運，抵直沽以達京城，立運糧萬戶三，而以璧與朱清、張瑄為之。乃首部漕舟，由海洋抵楊村，不數十日入京師，賜金虎符，進懷遠大將軍、管軍萬戶，兼管海道運糧。

這就說明了從至元十九年（1282）開始海上運輸糧食。這樣不僅大大縮短了運輸時間，也增大了糧食的數量。「歲運之數，至元、大德年間為百餘萬石，後來增至三百餘萬石。元代歲運的最高額為天曆二年（1329）的三百五十餘萬石。」〔註15〕這樣，就部分地解決北方糧食問題。

最初的海道，是從劉家港（今瀏河）入海，經揚州路通州海門縣黃連沙頭、萬里長灘開洋，沿山而行，抵淮安路鹽城縣，歷西海州、海寧府東海縣、

〔註14〕卷一百六十六《列傳第五十三》：「至元十二年，始運江南糧，而河運弗便。」
〔註15〕高榮盛《元「海運」航路考》，《地理學報》22 卷第 1 期，1957 年。

密州、膠州界，放靈山洋投東北，路多淺沙，行月餘始抵成山。計其水程，自上海至楊村馬頭，凡一萬三千三百五十里。至元二十九年（1292），朱清等言其路險惡，復開生道。〔註16〕

雖然說第一次海道「險惡」，朱清等開闢的第二次「生道」同樣也不平坦，但是大大縮短了時間。「漕糧分春夏二運，至元三十年新航道開闢前，一般是正月集糧，二月起航，四月至直沽，五月回帆運夏糧，八月重返本港。新航道開闢後，起運時間一般為三月。」〔註17〕

在卷九十七《志第四十五下食貨五》裏，就記載了忽必烈聽從了伯顏的建議，將海洋運輸糧食作為國家戰略的重大決定：「元自世祖用伯顏之言，歲漕東南粟，由海道以給京師，始自至元二十年，至於天曆、至順，由四萬石以上增而為三百萬以上，其所以為國計者大矣。」

為了配合海上運輸戰略，次年（1283）朝廷設立運糧萬戶府。萬戶府，元官署名。至元二十年（1283）始置，掌每年由海道運糧供給大都。有達魯花赤、萬戶、副萬戶等官。卷九十一《志第四十一上百官七》：「海道運糧萬戶府，至元二十年置，秩正三品，掌每歲海道運糧供給大都。達魯花赤一員，萬戶一員，並正三品；副萬戶四員，從三品；經歷一員，從七品；知事一員，從八品；照磨一員，從九品；鎮撫二員，正五品。」

同樣，在卷九十三《志第四十二食貨一》：

時朝廷未知其利，是年十二月立京畿、江淮都漕運司二，仍各置分司，以督綱運。每歲令江淮漕運司運糧至中灤，京畿漕運司自中灤運至大都。二十年，又用王積翁議，命阿八赤等廣開新河。然新河候潮以入，船多損壞，民

〔註16〕卷九十三《志第四十二食貨一》：初，海運之道，自平江劉家港入海，經揚州路通州海門縣黃連沙頭、萬里長灘開洋，沿山〈山奧〉而行，抵淮安路鹽城縣，歷西海州、海寧府東海縣、密州、膠州界，放靈山洋投東北，路多淺沙，行月餘始抵成山。計其水程，自上海至楊村馬頭，凡一萬三千三百五十里。至元二十九年，朱清等言其路險惡，復開生道。自劉家港開洋，至撐腳沙轉沙嘴，至三沙、洋子江，過匾擔沙、大洪，又過萬里長灘，放大洋至青水洋，又經黑水洋至成山，過劉島，至芝罘、沙門二島，放萊州大洋，抵界河口，其道差為徑直。明年，千戶殷明略又開新道，從劉家港入海，至崇明州三沙放洋，向東行，入黑水大洋，取成山轉西至劉家島，又至登州沙門島，於萊州大洋入界河。當舟行風信有時，自浙西至京師，不過旬日而已，視前二道為最便云。然風濤不測，糧船漂溺者無歲無之，間亦有船壞而棄其米者。至元二十三年始責償於運官，人船俱溺者乃免。然視河漕之費，則其所得蓋多矣。

〔註17〕高榮盛《元「海運」航路考》，《地理學報》22卷第1期，1957年。

亦苦之。而忙兀 言海運之舟悉皆至焉。於是罷新開河，頗事海運，立萬戶府二，以朱清為中萬戶，張瑄為千戶，忙兀 為萬戶府達魯花赤。未幾，又分新河軍士水手及船，於揚州、平灤兩處運糧，命三省造船三千艘於濟州河運糧，猶未專於海道也。

卷九十二《志第四十一下百官八》：為了更好地管理海上運輸，朝廷設立漕運司，增添各級官員。「至元二年五月，京畿都漕運司添設提調官、運副、運判各一員。至正九年，添設海道巡防官，給降正七品印信，掌統領軍人水手，防護糧船。巡防官二員，相副官二員。」另外，為了保障海上運輸的安全與順利，在沿海進行配套，如加淡水。

卷一百一《志第四十九兵四》：「二十六年正月，給光祿寺鋪馬劄子四道。二月，從沿海鎮守官蔡澤言，以舊有水軍二千人，於海道置立水站。」

由於上述兩個原因，可見元代對海洋是非常依賴的，敬畏海洋，求助海洋，就成為元代祭祀的重要心理需求。從另外一個角度來說，蒙元統治者最初發跡、征戰的地方都是大陸，而對浩瀚無際的海洋肯定有恐懼感，從某種程度上說，也是陸地祭祀向海洋祭祀的一種文化延伸，是一種現實需求的精神層面上的展現。

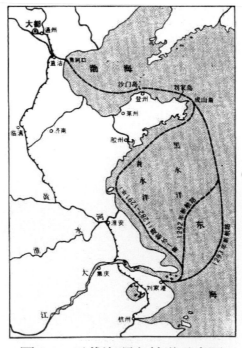

圖 2-1　元代海運主航道示意圖

二、天妃

1. 天妃崇拜是元代海洋文化的重要標誌

關於天妃，在《元史》裏的記載甚多，這是元代海洋文化的重要標誌。

在信仰天妃之前，人們也相信僧人、天師等能夠抵禦海洋災害，並以此希望帶來現實的好運。

元代歷史上每每遇到海洋災害，政府的作為就是又求僧人誦經，再命張天師來致祭，以此驅逐災難，如果效果不佳，則會依照「前例」進行祭祀。這裡所說的「前例」就是用過去的模式進行祭祀，以確保戰勝災害。

《元史‧志第十七上‧河渠二‧黃河》：五月五日，平章禿滿迭兒、茶乃、史參政等奏：「江浙省四月內，潮水衝破鹽官州海岸，令庸田司官征夫修堵，又令僧人誦經，復差人令天師致祭。臣等集議，世祖時海岸嘗崩，遣使命天師祈祀，潮即退，今可令直省舍人伯顏奉御香，令天師依前例祈祀。」制曰：「可。」

這段文字說明，有兩層意思：第一，當潮水衝破海鹽堤壩時，人們除了修築之外，還要請僧人、天師來誦經、致祭；第二，元世祖時，海岸崩潰，曾命天師進行祭祀，潮水即可退去。

因此可知，抵禦海洋以及由於海水引起的災害，人們相信的是僧人和天師，這是毋容置疑的。

眾所周知，元世祖信仰的藏傳佛教，用僧人誦經來抵禦海洋災難，理所當然，但是用天師來作為信仰對象就有疑問。

這裡所謂的天師，到底指的是誰，未作交代。不過可以肯定的是與道教有關。在一些道教流派中，張道陵與葛玄、許遜、薩守堅共為四大天師。所謂的張道陵就是張天師。其本名張陵，字輔漢，東漢沛國豐邑（今江蘇豐縣）人，史稱：「米賊」，是張良的八世孫，被視為道教的創始者，是五斗米道的創始人。元雜劇中有一批以反映道教神仙信仰、宣揚道教教理和修煉方術為內容的劇目，世人俗稱為神仙道化戲。這類戲中的一個重要題材就是演述神仙斷案的故事，從而宣傳道教的天條戒律。如著名的元雜劇作家吳昌齡的《張天師斷風花雪月》，又名《張天師明斷辰鉤月》，就是描述道教張天師斷案的故事。

而張天師是道教範疇的神靈。將道教納入政府信仰之中，可見元代的包容與豁達。

除了天師之外，元代最相信的海上神靈是天妃。而天妃祭祀，主要源自於民間信仰，這種多元的海洋信仰，構築了元代海洋民俗文化的一個重要特徵。

天妃，又稱媽祖姓林，名默，又稱默娘，出生於宋太祖建隆元年。其最早的文獻，是南宋廖鵬飛於紹興廿年（1150 年）所寫的〈聖墩祖廟重建順濟廟記〉，謂：「世傳通天神女也。姓林氏，湄洲嶼人。初以巫祝為事，能預知人禍福……」據此，天妃應是北宋人，被神化的最早時間也在這個時期。

到了南宋，天妃信仰更是非常普遍。南宋李丑父《靈惠妃廟記》：「妃林氏，生於莆之海上湄洲」。南宋李俊甫《莆陽比事》「湄洲神女林氏，生而靈異」。

據《歷代神仙通鑒》記載，北宋宣和（1119～1126 年）年間，路允迪受命出使高麗（今朝鮮），途中遇大風暴，諸船皆溺，只有路允迪的船上有一神女降於桅杆上，飄流了二千多里，停靠在一小島上。路允迪平安歸朝後，稟告朝廷，皇帝十分高興，御賜「順濟」廟額，封媽祖為「崇福靈惠昭應夫人」。

凡此，天妃是從宋開始的海洋神靈，應是無疑的。到了元代，這種民間信仰並沒有停止，而且更是信奉有加。

這是因為元代對海洋的利用與關注的程度比較以往的政權更加密切，它已從內陸轉向了海洋擴張，更多的夢想試圖通過海洋來實現，因此就有了對天妃崇拜的現實依據。

2. 天妃崇拜的做法

一是建立天妃廟。

卷三十《本紀第三十泰定帝二》：辛丑，「作天妃宮於海津鎮」。

海津鎮，今屬天津。金時，稱之為「直沽寨」，是設在武清、柳口（今楊柳青）附近的一個軍事據點，元延祐三年（1316 年）改為海津鎮，為天津聚落最早興起之地。由於元代政府所需糧米由南方地區供給，除了河運，還有海運。這些糧食經海道運至直沽（今天津），再經河道運達大都。至元十九年（1282），元朝政府採用丞相伯顏的建議，命羅璧、朱清和張瑄載糧四萬餘石由海道北上。次年，立二萬戶府管理海運。數年後，運數增至五十餘萬石，由於海上運糧，節約時間，省卻勞力，於是糧食運輸逐步以海運為主，傳統的內河運輸退居次要地位。以後，管理機構不斷調整，但與海運有關的北方接運系統，於至元二十五年定局。因此，海津鎮就成為元朝政府重要的海運基地。

海上運輸的船民信仰天妃，而政府也希望天妃來保祐海運的安全，修建天妃宮就成為順理順章的事情。

在人們看來，天妃的功能就在於可以抵禦海洋災難，即使遇到海浪衝擊堤岸、淹沒海塘也能夠化險為夷。

卷六十五《志第十七上河渠二》：文宗天曆元年（1328），「八月十日至十九日，正當大汛，潮勢不高，風平水穩。十四日，祈請天妃入廟」。

所謂「祈請天妃入廟」是一種祭祀形式，是將天妃從宮裏抬出，巡遊之後再抬會宮內。這是一種祈請方式，只有當海潮大汛的時候才進行如此隆重的儀式，人們相信只有進行這樣的儀式，才能夠求得天妃的保祐。

之所以隆重舉行祭祀天妃儀式，是因為文宗天曆元年（1328）八月，鹽官發生海洋災害，為此還將鹽官改名為海寧。據記載，自本州（即海寧州）岳廟（應指的是東嶽廟，如今松江等地也有將東嶽廟稱之為嶽廟的說法）東海北護岸鱗鱗相接。十五日至十九日，海岸沙漲，東西長七里餘，南北廣或三十步，或數十百步，漸見南北相接。西至石囤，已及五都，修築捍海塘與鹽塘相連，直抵岩門，障御石囤。東至十一都六十里塘，東至東大尖山嘉興、平湖三路所修處海口。自八月一日至二日，探海二丈五尺；至十九日、二十日探之，先二丈者今一丈五尺，先一丈五尺者今一丈。西自六都仁和縣界赭山、雷山為首，添漲沙塗，已過五都四都，鹽官州廊東西二都，沙土流行，水勢俱淺。二十日，復巡視自東至西岸腳漲沙，比之八月十七日漸增高闊。二十七日至九月四日大汛，本州嶽廟東西，水勢俱淺，漲沙東過錢家橋海岸，元下石囤木植，並無頹圮，水息民安。」於是改鹽官州曰海寧州。〔註18〕

正因為海洋會給人們帶來災害，人們希望有一個能夠制服海洋破壞力的神靈，而天妃就是海洋的神靈，她有掌控海洋的能力，能夠逢凶化吉，驅逐災害，因此天妃崇拜就成為沿海民眾的一種信仰，並得到尊崇。

在元代，祭祀天妃，不僅僅是沿海老百姓的神靈祭祀，也是元代統治者的政府行為。特別是元泰定上位之後，更是其祭祀的主要對象；或者說，這時候對天妃的尊崇達到前所未有的高度。

卷二十九《本紀第二十九泰定帝一》：「庚午，以即位，……遣使祀海神天妃。」

卷三十《本紀第三十泰定帝二》：「乙丑，周王和世〈王束〉及諸王燕只哥臺等來貢，賜金、銀、鈔、幣有差。遣使祀海神天妃。」

卷三十《本紀第三十泰定帝二》：「甲申，遣使祀海神天妃。」

〔註18〕卷六十五《志第十七上河渠二》。

以上可見，元泰定皇帝雖然不能親自前往祭祀，但也要派遣朝廷使者去進行祭拜，這同樣表現出朝廷對天妃海神祭祀的重視。

同樣，還有另外一種情況，請官員來進行「代祀」天妃。

這種「代祀」，不是天子親自祭祀，也不是朝廷內具有一定級別的官員去祭祀，而是派遣普通官員進行祭祀。這種祭祀，同樣也說明天妃在朝廷心目中的重要地位，否則是不會遣使或以天子的名義來進行「代祀」的。

到了元文宗時期，依然承襲前朝的傳統，派遣使節去祭祀天妃，如卷三十三《本紀第三十三文宗二》：「戊午，遣使代祀天妃。」卷三十五《本紀第三十五文宗四》：「乙酉，遣使代祀護國庇民廣濟福惠明著天妃。」卷一百八十七《列傳第七十四》：「十三年，遷崇文太監，兼經筵官，代祀天妃。」

除了非常重視天妃的祭祀之外，元代還對天妃不斷進行加封，這是之前皇朝很少見的事情。

卷三十三《本紀第三十三文宗二》：「己亥，加封天妃為護國庇民廣濟福惠明著天妃，賜廟額曰靈慈，遣使致祭。」

為什麼會加封天妃，《元史》卷七十六《志第二十七祭祀五》就一語道破：

> 凡名山大川、忠臣義士在祀典者，所在有司主之。惟南海女神靈惠夫人，至元中，以護海運有奇應，加封天妃神號，積至十字，廟曰靈慈。直沽、平江、周涇、泉、福、興化等處，皆有廟。皇慶以來，歲遣使齎香遍祭，金幡一合，銀一鋌，付平江官漕司及本府官，用柔毛酒醴，便服行事。祝文云：「維年月日，皇帝特遣某官等，致祭於護國庇民廣濟福惠明著天妃。」

在這裡，將天妃受到朝廷加封的原因所得很清楚。其主要是保護海上漕運有功績。不僅在各地建廟，而且還進行隆重的祭祀儀式。天妃的神號，累計為10個字，即「護國庇民廣濟福惠明著」，少了後來的「護聖」的字眼，很顯然至元年間加封者還沒有認識到天妃對自己的護祐作用。或者也可以這樣認為，那時候朝廷還沒有將自己與國家、百姓放在同等的地位，是否的話，肯定不會放棄得到天妃保祐的福緣。

到了元順宗皇帝即位，對天妃進行加封，到了無以復加的地步。卷四十三《本紀第四十三順帝六》：「甲辰，詔加號海神為輔國護聖庇民廣濟福惠明著天妃。」這裡的封號「輔國護聖庇民廣濟福惠明著」，已達12個字數，將天妃的功能擴大為對國、對皇帝、對民眾都有廣泛救濟、幸福惠及、鮮明顯

著的功效。

此外，還要對天妃的父母進行加封，同樣證明了元代朝廷對天妃的重視。

《元史》卷四十二《本紀第四十二順帝五》：「二月丙戌，詔加封天妃父種德積慶侯，母育聖顯慶夫人。」

這種一人得道雞犬昇天的境況出現在神靈世界，或不以為怪的事情，但是在元代這種不斷對天妃及其父母加封，就不能不說是一種奇蹟了。之所以會有這種場景的出現，最根本的原因，就在於海洋文化對於元代統治者而言，是多麼地重要。

三、海船

1. 海船是重要的運輸工具

船在元代是很重要的運輸工具。其不僅可以在湖泊河流裏航行，更是海上運輸的載體，因此船就成為不可或缺的一部分。

關於海道還是河道運輸糧食，元代早期就有爭論，最終忽必烈採用海上運糧的建議，這樣才決定。

《元史·志第十七上·河渠二·黃河》：三十一年，御史臺言：「膠、萊海道淺澀，不能行舟。」臺官玉速帖木兒奏：「阿八失所開河，省遣牙亦速失來，謂漕船泛河則失少，泛海則損多。」既而漕臣囊加　、萬戶孫偉又言：「漕海舟疾且便。」右丞麥術丁又奏：「斡奴兀奴　凡三移文，言阿八失所開河，益少損多，不便轉漕。水手軍人二萬，舟千艘，見閒不用，如得之，可歲漕百萬石。昨奉旨，候忙古　來共議，海道便，則阿八失河可廢。今忙古　已自海道運糧回，有一二南人自願運糧萬石，已許之。」囊加　、孫萬戶復請用軍驗試海運，省院官暨眾議：「阿八失河揚用水手五千、軍五千、船千艘，畀揚州省教習漕運。今擬以此水手軍人，就用平灤船，從利津海漕運。」世祖從之。阿八失所開河遂廢。

何為平灤船，即平灤（今河北灤縣）地方所造的船。為了造船，平灤興師動眾，勞民傷財。有大臣就對元世祖說：「平灤造船，五臺山造寺伐木，及南城建新寺，凡役四萬人，乞罷之。」詔：「伐木建寺即罷之，造船一事，其與省臣議。」〔註19〕

雖然平灤造船，五臺山造寺均需大量人力，但是相比之下，造船更重要，

〔註19〕《元史》卷十二《本紀第十二世祖九》。

不可輕易取消。為了造船等方面的需要，元世祖不惜「罷京兆行省，立行工部」〔註20〕，可見元代對海洋的重視與長遠的戰略考慮。

史書記載，元代所造的海船都為「平底海船」。卷九十三《志第四十二食貨一》：「至元十九年，伯顏追憶海道載宋圖籍之事，以為海運可行，於是請於朝廷，命上海總管羅璧、朱清、張瑄等，造平底海船六十艘，運糧四萬六千餘石，從海道至京師。」

圖 2-2　忽必烈大軍進軍（日本資料圖）

這種平底船，船大底平，裝載量很大，卻不很穩。而在江中航運的船不完全相同，可能是小而底比較深。卷九十三《志第四十二食貨一》記載：湖廣、江西之糧運至真州（今儀徵），「泊入海船，船大底小，亦非江中所宜。於是以嘉興、松江秋糧，並江淮、江浙財賦府歲辦糧充運。海漕之利，蓋至是博矣。」文字說明，這種海船是適合於海上航行的，江浙等地的也都是依靠這種船隻將糧食運輸到元代首都的。

所謂「船大底小」的海船，並不是底部狹小，而是指的是船頭與船尾比

〔註20〕《元史》卷十二《本紀第十二世祖九》。

較狹小，有利於海上航行，符合海上船隻的特點。眾所周知，吃水深，才能夠載貨多，這就是船大的原因之所在。

元代，一艘木製的大型商船，載滿了陶瓷、銅錢、香料等貨物從慶元港（今寧波）出發前往日本進行貿易，誰知中途遭遇大風，在朝鮮半島西南角的新安外方海域沉沒了。據韓國專家研究，新安沉船復原長 34.8 米，寬 11 米，型深 3.75 米，載重量 200 噸。是世界上現存最大、最有價值的中國古代貿易船，也是現存最古老的船隻之一。〔註21〕

這裡的船寬 11 米，而深 3.75 米，顯然符合「船大底小」的海船特徵，因此其載重量達 200 噸，毫不誇張。

而在河道裏航行的船隻，其高度就很有限。2010 年，在山東菏澤地區發現元代船隻，基本確定該船的殘體長 21 米，寬 4.82 米，高 1.8 米。除去船頭、船尾、獨立艙外，共分為 10 個小船艙，大小不等，寬在 1.3 米和 1.8 米之間。〔註22〕只好在江河裏行駛。蒙元時期，菏澤屬於廣濟河流經之地，此航道流經今天的東明—蘭考—開封等地，因此可以推斷，這是內陸的河流的船隻。

元代海船生產非常發達。不僅可以製造實用性很強的戰船，而且也能夠製造裝飾性很高的龍船。

元順帝時，曾經動用了大量的財力、人力，而且在京城饑荒、瘟疫的情況下，建造龍舟。

卷四十三《本紀第四十三順帝六》：帝於內苑造龍船，委內官供奉少監塔思不花監工。帝自製其樣，船首尾長一百二十尺，廣二十尺，前瓦簾棚、穿廊、兩暖閣，後吾殿樓子，龍身並殿宇用五彩金妝，前有兩爪。上用水手二十四人，身衣紫衫，金荔枝帶，四帶頭巾，於船兩旁下各執篙一。自後宮至前宮山下海子內，往來遊戲，行時，其龍首眼口爪尾皆動。又自製宮漏，約高六七尺，廣半之，造木為匱，陰藏諸壺其中，運水上下。匱上設西方三聖殿，匱腰立玉女捧時刻籌，時至，輒浮水而上。左右列二金甲神，一懸鍾，一懸鉦，夜則神人自能按更而擊，無分毫差。當鍾鉦之鳴，獅鳳在側者皆翔舞。匱之西東有日月宮，飛仙六人立宮前，遇子午時，飛仙自能耦進，度仙橋，達三聖

〔註21〕　《元代東亞最大的貿易船——韓國新安沉船出水文物展示寧波古代海外貿易盛況》，見《寧波博物館》網址。
〔註22〕　《中國日報》2010 年 12 月 13 日。

殿，已而復退立如前。其精巧絕出，人謂前代所鮮有。

這時候，「時帝怠於政事，荒於遊宴」，建造這樣巨型的龍船，也就不以為怪了。

為了更好地管理海上航行，元朝在東南沿海先後設置泉州、上海、澉浦、溫州、廣州、杭州、慶元等七處市舶司。

市舶司是管理海外貿易的機構，在宋代就已設立，到了元代由行省直接管轄。每司設提舉二人，從五品。這個市舶司主要功能是管理海上船隻，如根據舶商的申請，發給出海貿易的證明；對船舶進行檢查，察看有無挾帶金、銀、銅錢、軍器、馬匹、人口等違禁之物；等等。

在泉州府，其管轄的海船達到一萬五千艘之多。卷十五《本紀第十五世祖十二》載：「行泉府所統海船萬五千艘，以新附人駕之，緩急殊不可用。」

船多是一種財富，也是與朝廷分庭抗禮的籌碼。

在沿海地區，誰的船多，就會佔據主動；誰的船隻少，就會處於被動。因為當時的交通主要是水路，沒有船就無路可走，特別是在朝廷對海洋管轄權非常有限的情況下，擁有船多的不法之徒就更能夠佔據一定的主動，也會與朝廷分庭抗禮。方國珍就是一個例證。

方國珍（1319～1374），元末台州黃岩（今浙江黃岩）人，方國珍世以浮海販鹽為生。至正中，方國珍的同里蔡亂頭嘯聚海上。卷一百四十三《列傳第三十》就記載台州方國珍入海搶劫糧食：「八年，台州黃岩民方國珍為蔡亂頭、王伏之仇逼，遂入海為亂，劫掠漕運糧，執海道千戶德流於實。」按當時的情況，除了朱元璋、陳友諒、張士誠等外，方國珍也算得上一支勢力強大的義軍。

另外，也據卷四十三《本紀第四十三順帝六》記載：先是，帖里帖木兒與江南行臺侍御史左答納失里奉旨招諭方國珍，報國珍已降，乞立巡防千戶所，朝廷授以五品流官，令納其船，散遣徒眾，國珍不從，擁船一千三百餘艘，仍據海道，阻絕糧運，以故歸罪二人。

可見，方國珍雖然被朝廷詔降，但一聽要沒收其船隻，當然不從，「擁船一千三百餘艘，仍據海道，阻絕糧運」，就可以知道船對於他們來說，是最重要的財產與器物，乃至戰鬥的武器。

當遇到海上戰爭，也是船多人眾者取勝。

卷二百九《列傳第九十六外夷二》記載：「張文虎糧船以去年十二月次屯

山，遇交趾船三十艘，文虎擊之，所殺略相當。至綠水洋，賊船益多，度不能敵，又船重不可行，乃沉米於海，趨瓊州。」這裡，很明顯地表明這樣一個觀點，船多者勝。

這裡所說的是白藤江之戰，指的是元朝軍隊與越南陳朝於 1288 年發生的戰役。元朝曾經兩次討伐越南陳朝，均遭失敗。1287 年，忽必烈立越南宗室陳益稷為安南國王，命令鎮南王脫歡為統帥，調兵五十萬攻打越南。同時命張文虎負責糧草的接應。越將陳慶餘初戰失利，隨後又遇上了張文虎的糧船。兩軍交戰，雖然損失相當，但陳慶餘仍舊洗劫了張文虎的部分糧船。為避免更多糧草被劫，張文虎下令鑿沉一些糧船，撤回瓊州。

2. 海船航行的作用

海船是為了在海上進行航行而建造，元代海船的作用是什麼呢？

（1）開闢海上運糧的需要

海上運輸，首先，是為了滿足北方對南方糧食的需求，為此，元代政府經常動用數百艘船隻組成的船隊進行運輸。

鼓勵海上糧食運輸，政府用提升運費的方法來吸引船隊運輸。

卷九十三《志第四十二食貨一》：「凡運糧，每石有腳價鈔。至元二十一年，給中統鈔八兩五錢，其後遞減至於六兩五錢。至大三年，以福建、浙東船戶至平江載糧者，道遠費廣，通增為至元鈔一兩六錢，香糯一兩七錢。四年，又增為二兩，香糯二兩八錢，稻穀一兩四錢。延祐元年，斟酌遠近，復增其價。福建船運糙粳米每石一十三兩，溫、臺、慶元船運糙粳、香糯每石一十一兩五錢，紹興、浙西船每石一十一兩，白粳價同，稻穀每石八兩，黑豆每石依糙白糧例給焉。」至元二十一年（1284），運輸費從八兩五錢，降至六兩五錢；到了至大三年（1310），根據「海道遠費廣」的原則，予以增加運費；延祐元年（1314），「斟酌遠近，復增其價」，可知，在大多數情況下，運費收入是增加的。這些都證明了海上運輸糧食的收入在提高，這是調動船民運糧動力很主要的方面。此舉一方面說明政府對海上糧食運輸的重視，另一方面也說明政府利用經濟手段來增加運力是正確的，也是高明的。

（2）得更多的海外貢品

在海外交往中，船是必須的交通工具。只有借助船隻才能海外之國，也才能夠瞭解海外風土人情。

《元史·列傳第九十六·外夷三》：「爪哇在海外，視占城益遠。自泉南

登舟海行者，先至占城而後至其國。其風俗土產不可考，大率海外諸蕃國多出奇寶，取貴於中國，而其人則醜怪，情性語言與中國不能相通。」

爪哇（今屬印度尼西亞），離開元代首都甚遠，即使是離開當時的附屬國越南占城同樣遙不可及，而船隻就能夠打通海上道路，通過貿易或者進貢，獲取更多的海外奇珍異寶。卷十一《本紀第十一世祖八》記載：「海南諸國來貢象犀方物。」《馬可波羅遊記》也記載了中國遣使馬達加斯加，取回珍寶的：「大汗遣使至該島，探訪上方所言奇事。……使者又帶獻大汗盧克鳥羽一根，長達九十掌（拇指及小指間開時之距離）。羽管周圍，須兩掌始能抱之，誠異物也。大汗見而悅之，厚贈使者。鳥羽之外，使者又帶回野豬牙兩根，每根重過十四磅。」〔註23〕

由於海外運來的貢品，直接到泉州，為了將這些貢品直接運輸到大都，專門設立海站，派遣專人進行運輸。卷十五《本紀第十五世祖十二》載：「自泉州至杭州立海站十五，站置船五艘、水軍二百，專運番夷貢物及商販奇貨，且防禦海道為便。」從之。這樣，將貨物從海上順利的運到大都，更加有了保障。

《元史》記載，由海道同元朝建立各種關係的國家約有二十餘國。海上通路由杭州通日本，順風七日七夜便可抵達。由南海西通阿拉伯、東非的海路，也頗便利。汪大淵《島夷志略》中列舉東南亞及西亞、東非等處的地名一百處。位於蘇門答臘島上的三佛齊是元朝與南海諸國交通的樞紐。由此而東至於爪哇，向西經馬六甲海峽遠及於印度、錫蘭、阿拉伯半島和東非。各國商人駕船經南海來元朝進行貿易。

3、征戰的需要

其中征戰日本是元朝政府的重要任務，為此徵集了大量的船隻，以備戰爭所需。

在卷十三《本紀第十三世祖十》內有多處提及征戰日本之事。

早在元世祖時期，忽必烈就徵集了各種船隻，準備攻打日本：「丁卯，敕樞密院計膠、萊諸處漕船，高麗、江南諸處所造海舶，括借江淮民船，備征日本。」又載：「仍敕習泛海者，募水工至千人者為千戶，百人為百戶。」「戊寅，遣使告高麗發兵萬人、船六百五十艘，助征日本，仍令於近地多造船。」「丙申，赦囚徒，黥其面，及招宋時販私鹽軍習海道者為水工，以征日本。」

〔註23〕張星烺編注、朱傑勤校訂《中西交通史料彙編》第 2 冊第 43 頁，中華書局1977 年版。

在這裡，提及建造海船，不止一處。另外，徵集民船、招募水手、運輸糧食等，也都與海船有關。至元二十二年（公元 1285 年）十一月，忽必烈曾命漕江淮米百萬石，泛海貯於高麗合浦，並命東京及高麗各貯米十萬石，以備征日本。但次年正月，因江南動亂而罷征日本，此次大規模的海戰計劃未付諸實施。〔註 24〕

4. 打擊走私活動

到了元成宗時期，進行海禁，而實施海禁，必須要有船隻配合，否則是無法海上查禁的。

（1）查詢金銀買賣

元代禁止金銀販賣到國外，因此禁止海上交易金銀就成為重點打擊的對象。卷十九《本紀第十九成宗二》：「八月丁酉朔，禁舶商毋以金銀過海，諸使海外國者不得為商。」卷九十四《志第四十三食貨二》：「凡金銀銅鐵男女，並不許私販入蕃。行省行泉府司、市舶司官，每年於回帆之時，皆前期至抽解之所，以待舶船之至，先封其堵，以次抽分，違期及作弊者罪之。」史書上多次提及禁止金銀買賣，是元代政府打擊海上貿易的一個組成部分。

（2）禁止海上販賣私鹽

私鹽國家專屬銷售物品，任何個人都不許染指。也就是說私鹽買賣，在元代是不允許的，屬於違法的勾當。而不法之徒就利用海道進行走私，以牟取暴利。卷十九《本紀第十九成宗二》：「壬寅，命江浙行省以船五十艘、水工千三百人，沿海巡禁私鹽。」在江浙沿海就布下「船五十艘、水工千三百人」，不可謂不是重兵巡查，打擊私鹽販賣了。

5. 防止海寇

海寇，在這裡一是指海盜，二是指倭寇。由於海上廣闊，沿海礁石叢生，港汊多端，這些都便於海盜的出沒，官兵很難將其捕獲。而且他們熟悉海道，一旦被朝廷利用，也會成為出色的將領。如朱清（1236～1306）就是一個在、例子。他是崇明姚沙人，因不堪虐待，殺其主而避跡海上，淪為海盜。因此熟悉南北海道諸島門戶。後受宋朝廷招安。至元十六年，被升為武略將軍。為

〔註 24〕卷十三《本紀第十三世祖十》：癸巳，敕漕江淮米百萬石，泛海貯於高麗之合浦，仍令東京及高麗各貯米十萬石，備征日本。諸軍期於明年三月以次而發，八月會於合浦。乙未，以禿魯歡為參知政事，盧世榮伏誅。丙申，赦囚徒，黥其面，及招宋時販私鹽軍習海道者為水工，以征日本。

了防止海盜侵襲，「海道漕運船，令探馬赤軍與江南水手相參教習，以防海寇。」〔註25〕探馬赤軍是元朝軍隊一種編制，又名簽軍，由關外邊疆各民族（包括色目人）所組成，精於西方的火器，攻城力強。儘管如此，他們的海上作戰能力不強，因此與江南水手互相教授作戰本領，用以防止海盜，這是非常有效的方法。

特別是在沿海沿江的城市，人口密集，必須要增加各種戰船，增設要塞，勤練水手，增強威懾力，這樣就可以防止海盜。卷十六《本紀第十六世祖十三》：「今擇瀕海沿江要害二十二所，分兵閱習，伺察諸盜。錢塘控扼海口，舊置戰船二十艘，故海賊時出，奪船殺人，今增置戰船百艘、海船二十艘，故盜賊不敢發。」這裡，就提到錢塘江的防海盜的戰績。過去設立戰船二十艘，今天「增置戰船百艘、海船二十艘」，如此的陣容，海盜怎麼可能不被嚇得魂飛魄散呢。

在防止海盜，同樣還需要防止倭寇侵犯。從某種程度上來說，倭寇就是另外一種類型的海盜。

公元 1308 年（元武宗至大元年）倭寇在慶元「城郭，抄略居民」。這是中國歷史上最早倭寇欺負中國的記載。倭寇來騷擾有一定的規律，一般在歲末之時來浙江沿海，進行搶掠，因此元廷在定海設防，以打擊倭寇。卷二十一《本紀第二十一成宗四》：「夏四月丙戌，置千戶所，戍定海，以防歲至倭船。」此地就明確地說明了這一點。

6. 懷柔政策的需要

琉球，自古以來地處偏遠，「在南海之東「，往來甚是不便，史書上也鮮有記載。

根據《元史》記載：琉求，在南海之東。漳、泉、興、福四州界內彭湖諸島，與琉求相對，亦素不通。天氣清明時，望之隱約若煙若霧，其遠不知幾千里也。西南北岸皆水，至彭湖漸低，近琉求則謂之落漈，漈者，水趨下而不回也。凡西岸漁舟到彭湖已下，遇颶風發作，漂流落漈，回者百一。琉求，在外夷最小而險者也。漢、唐以來，史所不載，近代諸蕃市舶不聞至其國。〔註26〕

元代朝廷並沒有放棄這塊土地，忽必烈至元二十八年冬十月，乃命楊祥充宣撫使，給金符，吳志斗禮部員外郎，阮鑒兵部員外郎，並給銀符，往使琉

〔註25〕卷二十《本紀第二十成宗三》。
〔註26〕《元史‧列傳第九十六‧外夷三》。

求。卷二百一十《列傳第九十七外夷三》載詔曰：「收撫江南已十七年，海外諸蕃罔不臣屬。惟琉求邇閩境，未曾歸附。議者請即加兵。朕惟祖宗立法，凡不庭之國，先遣使招諭，來則按堵如故，否則必致征討。今止其兵，命楊祥、阮鑒往諭汝國。果能慕義來朝，存爾國祀，保爾黎庶；若不效順，自恃險阻，舟師奄及，恐貽後悔。爾其慎擇之。」

無論是為了擴張還是懷柔，都必須要有強大的船隊；沒有強大的船隊要揚帆遠航，要成為海上霸主是不可能的。

四、尾語

元代的海洋民俗，還表現在海島民眾的性格與文化。這是一種與陸地有著很大差異的文化，與海洋的生活方式有密切的關聯，因此造就了頑固、剛烈，不易被馴服的海島之民。卷一百八十五《列傳第七十二》：「海島之民，雖頑獷不易治，至有剽掠海中若化外然者，亦為之變俗。」

關於海島民眾性格的剛烈、不易制服，在《續夷堅志》就有記載。有一《海島婦》就可以說明：「近年海邊獵人航海求鶻，至一島，其人穴居野處，與諸夷特異，言語絕不相通。射之中，則捫血而笑。獵者見男子則殺之，載婦人還。將及岸，悉自沉於水。他日再往，船人人載一婦，始得至其家。婦至此不復食，有逾旬日者，皆自經於東岡大樹上。」〔註27〕《續夷堅志》是金人元好問撰寫的作品，也很就代表性，將海島民眾特有的那種不屈不饒的個性展現無遺。

開始，人們並不理解，以為可以用高壓的統治方法來進行管理就可以，事實上卻適得其反。但是干文傳卻用坦誠相待的方式，來感化海島民眾，起到了意想不到的效果。〔註28〕

干文傳（1276～1353），字壽道，平江（今蘇州）人。文傳少嗜學，十歲能屬文，未冠，已有聲譽，用舉者為吳及金壇兩縣學教諭、饒州慈湖書院山長。至正三年（1343）召入朝，預修《宋史》，書成，授集賢待制，不久以嘉議大夫、禮部尚書致仕。干文傳長於政事，其治行往往為諸州縣之最，有古循吏之風。

〔註27〕《續夷堅志·湖海新聞夷堅續志》第75頁，中華書局1986年版。
〔註28〕卷一百八十五《列傳第七十二》：初，長官強愎自恣，文傳推誠以待之，久乃自屈服。

　　由此可見，管理民眾是一門學問，特別的地方是要尊重民眾的生活習慣，要根據不同的民眾性格而採取不同的管理方法，而感化則是其中之一。

　　在元代還有一種強制性的法規，那就是禁止船民與梢水為婚。

　　卷一百八十三《列傳第七十》：初開海道，置海仙鶴哨船四十餘艘，往來警邏。今弊船十數，止於劉家港口，以捕盜為名，實不出海，以致寇賊猖獗，宜即萊州洋等處分兵守之，不令泊船島嶼，禁鎮民與梢水為婚，有能捕賊者，以船畀之，獲賊首者，賞以官。仍移江浙、河南行省，列戍江海諸口，以詰海商還者，審非寇賊，始令泊船。下年糧船開洋之前，遣將士乘海仙鶴於二月終旬入海，庶幾海道寧息。

　　從這段文字，可以看出「禁鎮民與梢水為婚」，其目的是為了打擊海盜，防止盜賊肆虐海上。

　　梢水，是船上管水的人，一般為女性。鎮民即在陸地上居住的人，禁止他們結婚，是為了防止海盜船上到陸地上來任意加淡水。也就是說，從根本上杜絕了利用親戚關係來達到為船隻添加水源的目的。這看上去是簡單的婚姻關係，其實隱藏著深層次的政治目的。

2014 年 6 月 1 日星期日

第三章　明代海洋祭祀及其成因

　　明代是個海岸線很長的封建皇朝，他們對海洋的態度是非常繁雜，既恨且愛。一方面害怕海上的盜賊，也怕外來的倭寇，另一方面又願意與海外國家聯繫，希望這些國家或地區能夠拜倒在明朝皇位的權威之下，進貢大量明朝廷所沒有的珍稀瑰寶，這就決定了明代王朝的海洋文化祭祀。

　　明代對海洋的祭祀，一方面繼承了元代的海洋文化傳統，另一方面又創造了新的明王朝的祭祀文化，而這是與其特定的時代背景緊密相關。明代對海洋的態度，從開放到保守的過程，與沿海地區受到自然災害直接有關，同時還有人為災害有關，如倭寇與海盜的頻繁侵襲，這些都增加了對海洋的恐懼感。另外，明代又處於具有資本主義明顯特徵的萌芽時期，它希望顯示強大、與海外加強聯繫，要遠洋航行，尋找新的未知，因此，這時候的明代政府就將這種種願望寄託於海洋的祭祀上，祈求神靈來護祐。

第一節　海洋祭祀

　　海洋祭祀是一種原始宗教的禮拜形式，屬於早期人類尚未認識海洋這一自然現象，或者說對變化多端的海洋氣候與海洋威力束手無策的情況下，只好任由海洋肆虐，甚至吞噬人們的生命。無奈之下，只好求助於神靈，來進行祭祀，取得神靈的保祐。

一、重視海洋

　　明代的海洋祭祀，說明了朝廷對海洋的重視，沒有重視是不可能去進行海洋祭祀的，只不過這種重視並非單獨的，而是將其放在「嶽、鎮、海、瀆」

的一個組成部分。

所謂嶽，指的是東嶽、南嶽、西嶽、北嶽。鎮，指的是東鎮、南鎮、西鎮、北鎮。海，指的是東海、南海、西海、北海。瀆，指的是江河，如江瀆、河瀆、淮瀆、濟瀆。而這些地方，都有祠廟，以備供奉。在歷代上，嶽鎮海瀆都是朝廷祭祀的重要對象，明代同樣承繼這一傳統。洪武「九年，以諸王將之藩，分日告祭太廟、社稷、嶽鎮海瀆及天下名山大川，復告祀天地於圜丘」。〔註1〕

由此可見，與歷代朝廷一樣，明代朝廷的海洋祭祀也並非是單獨的一個祭祀系統，而是與嶽、鎮、海、瀆聯繫在一起的，是其整體的一個組成部分。

為了取得神靈的護祐，就必須建造嶽鎮海瀆的祠廟，以供奉祀，其中就包括海洋在內。

《明史》卷二《本紀第二太祖二》：洪武八年（1376）「八月己酉」，朱元璋「分遣國子生修嶽鎮海瀆祠。」

國子生又稱國學生，亦是指在國子監肄業的學生，也叫太學生。朱元璋派遣他們分別取修建嶽鎮海瀆的祠廟，也表示一種重視與關心。

除了修建祠廟，還要有用的土和石築的祭壇。這種祭壇雖不甚高，卻突出地面，以示雄偉。《明史》卷四十七《志第二十三 禮一（吉禮一）》：「嶽鎮海瀆山川城隍壇，據高阜，南向，高二尺五寸，方廣十倍，四出陛，南向五級，東西北三級。」雖然明代的度量衡與今天稍有差別，從二尺五寸高，二十五尺見方，四面都有臺階，向南有五級，東西北三級，可知高臺的基本輪廓。

這種祭祀海洋時候需要的高臺，與其他四個祭祀對象「太歲、風雲雷雨、五嶽、五鎮」，共同成為「五壇」。〔註2〕由此可見，海洋在明代朝廷眼裏同樣是重要的祭祀對象之一。

明代，重視海洋，還表現在以朝廷的名義對其進行冊封：

> 三年，詔定嶽鎮海瀆神號。略曰：「為治之道，必本於禮。嶽鎮海瀆之封，起自唐、宋。夫英靈之氣，萃而為神，必受命於上帝，豈國家封號所可加？瀆禮不經，莫此為甚。今依古定制，並去前代

〔註1〕《明史》卷四十九《志第二十五 禮三（吉禮三）》。
〔註2〕《明史》卷四十九《志第二十五 禮三（吉禮三）》：「太歲諸神，凡祈報，則設一十五壇，有事祭告，則設神位二十八壇。中，太歲、風雲雷雨、五嶽、五鎮、四海，凡五壇。」

所封名號。五嶽稱東嶽泰山之神，南嶽衡山之神，中嶽嵩山之神，
西嶽華山之神，北嶽恒山之神。五鎮稱東鎮沂山之神，南鎮會稽山
之神，中鎮霍山之神，西鎮吳山之神，北鎮醫無閭山之神。四海稱
東海之神，南海之神，西海之神，北海之神。四瀆稱東瀆大淮之神，
南瀆大江之神，西瀆大河之神，北瀆大濟之神。」帝躬署名於祝文，
遣官以更定神號告祭。六年，禮官言：「四川未平，望祭江瀆於峽州。
今蜀既下，當遣人於南瀆致祭。」從之。十年，命官十八人分祀嶽
鎮海瀆，賜之制。〔註3〕

在這些文字中，談及洪武上年，對嶽鎮海瀆的封神之舉，對海洋文化而言，
最核心的是「四海稱東海之神，南海之神，西海之神，北海之神」的字眼。

在明朝廷的眼裏，海洋都有神靈在掌控，特別是對「四海」，一直是中國
人心目的神奇的地方，對其進行封神，表現出鮮明的明代海洋文化特質。

海洋祭祀還與皇帝後代的出生也有著直接的關係。

《明史》卷四十九《志第二十五　禮三（吉禮三）》：「十一年，大學士李
時等以聖嗣未降，請廷臣詣嶽鎮名山祝禱。帝欲分遣道士齎香帛行，令所在
守臣行禮，在廷大臣分詣地祇壇祈告。於是禮部尚書夏言言：「我朝建地祇壇，
自嶽鎮海瀆以及遠近名山大川，莫不懷柔，即此而禱，正合古人望衍之義。
但輔臣所請，止於嶽鎮。竊以山川海瀆，發祥效靈，與嶽鎮同功，況基運、翊
聖、神烈、天壽、純德諸山，又祖宗妥靈之地，祈禱之禮，皆不可缺。」遂命
大臣詣壇分祀。」

由於皇帝兒子未出生，是去祝禱「嶽鎮名山」，還是去祝禱「嶽鎮海瀆」，
引起朝廷大臣的一番大爭論。大學士李時等人要祝禱的是前者，而禮部尚書
夏言則要祝禱後者。其中，論及海洋祭祀問題。他認為：輔臣李時所請，「止
於嶽鎮」，而忽略海瀆，這是不妥的，「竊以山川海瀆，發祥效靈，與嶽鎮同
功」。此話基本點穿了他與李時的不同之處。夏言所主張的是山川海瀆一起祭
祀，而李時則純粹去祭祀名山。最後皇帝命大臣「詣壇分祀」，就是對夏言主
張的肯定。

這個例子，看似祭祀對象不同的爭辯，說到底還是對海洋的看法。

夏言，字公謹，貴溪人。父鼎，臨清知州。言舉正德十二年進士，授行
人，擢兵科給事中。性警敏，善屬文。及居言路，謇諤自負。由於夏言的高度

────────

〔註3〕《明史》卷四十九《志第二十五　禮三（吉禮三）》。

智慧，阻止了單一的嶽鎮祭祀，而不去祭祀海瀆的做法，從這一點來說，他是非常在理的。他認為「海瀆，發祥效靈，與嶽鎮同功」，就十分肯定了海洋的作用。

這個例子，同時還說明了另外一個事實，那就是皇帝嗣子尚未誕生之前，要對包括海洋在內的嶽鎮山川進行祝禱。這證明了海洋祭祀在明代朝廷裏，具有何等重要的地步。

在明代，如果不對海洋進行祭祀，就會遭到批評，就是朱元璋也會受到大臣們的一致非議。

1369年（洪武二年）朱元璋沒有對山嶽、河瀆進行專門的祭祀，就遭到禮儀官員的進言，並且用古制來說服：

洪武二年，太祖以嶽瀆諸神合祭城南，未有專祀。又享祀之所，屋而不壇，非尊神之道。禮官言：「虞舜祭四嶽，《王制》始有五嶽之稱。《周官》：「兆四望於四郊」，《鄭注》以四望為五嶽四鎮四瀆。《詩序》巡狩而禮四嶽河海，則又有四海之祭。蓋天子方望之事，無所不通。而嶽鎮海瀆，在諸侯封內，則各祀之。秦罷封建，嶽瀆皆領於祠官。漢復建諸侯，則侯國各祀其封內山川，天子無與。武帝時，諸侯或分或廢，五嶽皆在天子之邦。宣帝時，始有使者持節祠嶽瀆之禮。由魏及隋，嶽鎮海瀆，即其地立祠，有司致祭。唐、宋之制，有命本界刺史、縣令之祀，有因郊祀而望祭之祀，又有遣使之祀。元遣使祀嶽鎮海瀆，分東西南北中為五道。今宜以嶽鎮海瀆及天下山川城隍諸地祇合為一壇。與天神埒，春秋專祀。」遂定祭日以清明霜降。前期一日，皇帝躬省牲。至日，服通天冠絳紗袍，詣嶽鎮海瀆前，行三獻禮。山川城隍，分獻官行禮。是年，命官十八人，祭天下嶽鎮海瀆之神。帝皮弁御奉天殿，躬署御名，以香祝授使者。百官公服，送至中書省，使者奉以行。黃金合貯香，黃綺幡二，白金二十五兩市祭物。〔註4〕

從「虞舜祭四嶽」，說到「元遣使祀嶽鎮海瀆」，並且認為「今宜以嶽鎮海瀆及天下山川城隍諸地祇合為一壇」。禮官這樣一番理論，終於說服了朱元璋。

此例亦說明，海洋祭祀已經成為所有神靈祭祀不可缺少的一部分，離開海洋的祭祀，是不完整的祭祀；朱元璋之所以被說服，派人去「祭天下嶽鎮海瀆之神」，也說明他已經有了祭祀海洋的想法，至少不再固執己見了。

〔註4〕《明史》卷四十九《志第二十五 禮三（吉禮三）》。

二、基本程序

海洋祭祀，在明代是有一套程序的。

1. 祭祀時間

祭祀嶽鎮海瀆的時間為清明、霜降兩個時節。有《明史》卷四十九《志》第二十五《禮三（吉禮三）》為證：「凡嶽鎮海瀆及他山川所在，令有司歲二祭，以清明、霜降。」

2. 祭祀方位

祭祀海洋的方位，也一定講究，而且每一王朝亦不相同。

《明史》卷四十七《志第二十三　禮一（吉禮一）》記載：「十二年正月，合祀大祀殿。正殿三壇，上帝、皇地祇並南向。仁祖配位在東，西向。從祀十四壇。丹陛東一壇曰大明，西一壇曰夜明。兩廡壇各六：星辰二壇；次東，太歲、五嶽、四海，次西，風雲雷雨、五鎮、四瀆二壇；又次天下山川神祇二壇。俱東西向。二十一年，增修丹墀內石臺四，大明、夜明各一，星辰二。內壇外石臺二十：東十壇，北嶽、北鎮、東嶽、東鎮、東海、太歲、帝王、山川、神祇、四瀆；西十壇，北海、西嶽、西鎮、西海、中嶽、中鎮、風雲雷雨、南嶽、南鎮、南海。俱東西向。臺高三尺有奇，周以石欄，陟降為磴道。臺上琢石礱龕，以置神位。建文時，撤仁祖，改奉太祖配，位第一成。西向。」

仁祖，指的是明仁祖，即朱世珍，明太祖朱元璋之父。在這裡，祭祀海洋的方位是隨著死去皇帝的牌位不同而不同的。在明仁祖「配位在東」面，「次東」則是「四海」等的祭壇。到了洪武二十一年，分別在東壇祭祀東海，在西壇祭祀北海、南海，它們都屬於「俱東西向」的高臺。古人認為，東西向是好的方位，將東海、北海、南海放置在東西兩邊，顯然是對海洋神靈的一種重視。

3. 祭器

祭祀海洋的祭器都有一定的器形，需要多少個祭器，不同的神，擺放不同的祭器，甚至連祭祀時間都有規定，不可越雷池一步。

《明史》卷四十七《志第二十三　禮一（吉禮一）》：祭器「洪武元年定，正位，登一，籩豆各十二，簠簋各二，爵三；壇上，太尊二，著尊、犧尊、山罍各一；壇下，太尊一，山罍二。從祀位，登一，籩豆各下，簠簋各二，東西各設著尊二，犧尊二。北郊同。七年增圜丘從祀，共設酒尊六於壇西，大明，夜明位各三。天下神祇，鉶三，籩豆各八，簠簋各二，壇內外東西各設酒尊三，每位爵三。方丘、嶽鎮，各設酒尊三，壇內東西各設酒尊三，壇外東西各

設酒尊三，每位爵三。神祇與圜丘同。八年，圜丘從祀，更設登一、鉶二。每位增酒晬，星辰、天下神祇各三十，太歲、風雲雷雨、嶽鎮海瀆各十五。方丘，從祀同。十年，定合祀之典，各壇陳設如舊，惟太歲、風雲雷雨酒盞各十，東西廡俱共設酒尊三、爵十八於壇南。」

4. 祭祀準備

祭祀海洋神靈，需要沐浴、更衣，還要致齋三日。〔註5〕「前期，齋一日。皇帝服通天冠、絳紗袍，省牲視滌。祭之日，服武弁，行一獻禮。凱旋，告祭宗社，禮與出師同。獻俘廟社，以露布詔天下，然後論功行賞。永樂、宣德、正統間，率遵用之。」〔註6〕

5. 犧牲

祭祀嶽鎮海瀆，需要犧牲，不同的規格的祭祀需要有不同的動物作為犧牲來進行。

《明史》卷五十七《志》第三十三《禮十一（軍禮）》：「洪武元年閏七月，詔定軍禮」，「凡所過山川嶽鎮海瀆用太牢，其次少牢，又次特牲。若行速，止用酒脯，祭器籩豆各一。」「前期，齋一日。皇帝服通天冠、絳紗袍，省牲視滌。祭之日，服武弁，行一獻禮。凱旋，告祭宗社，禮與出師同。獻俘廟社，以露布詔天下，然後論功行賞。永樂、宣德、正統間，率遵用之。」

太牢，為牛、羊、豕三牲；少牢只有羊、豕，沒有牛；特牲，是祭禮或賓禮只用一種牲畜。根據 1368 年（洪武元年）制定的「軍禮」，凡是所經過的嶽鎮海瀆都要用太牢進行祭祀。這就也是說祭祀海洋同樣需要用牛、羊、豕三牲，說明了明代對海洋是十分崇敬的。

6. 祭祀樂曲

明代祭祀海洋，要有祭祀樂曲。到了弘治之初，要演奏《中和韶樂》，而是「三年一祭」，被認為是「褻神明，傷大體」的行為：

「弘治之初，孝宗親耕耤田，教坊司以雜劇承應，間出狎語。都御史馬

〔註5〕 《明史》卷四十七《志第二十三 禮一（吉禮一）》：凡祭天地，正祭前五日午後，沐浴更衣，處外室，次早，百官於奉天門觀誓戒牌。次日，告仁祖廟，退處齋宮，致齋三日。享宗廟，正祭前四日午後，沐浴更衣，處外室。次日為始，致齋三日。祭社稷、朝日、夕月、周天星辰、太歲、風雲雷雨、嶽鎮海瀆、山川等神，致齋二日，如前儀。

〔註6〕 《明史》卷五十七《志》第三十三《禮十一（軍禮）》。

文升厲色斥去。給事中胡瑞嘗言：『御殿受朝，典禮至大，而殿中中和韶樂乃屬之教坊司，嶽鎮海瀆，三年一祭，乃委之神樂觀樂舞生，褻神明，傷大體。望敕廷臣議，嶽瀆等祭，當以縉紳從事。中和韶樂，擇民間子弟肄習，設官掌之。年久則量授職事。』帝以奏樂遣祭，皆國朝舊典，不能從也。」〔註7〕

中和表現的是儒家倫理道德觀念。韶樂則為上古舜帝之樂，是一種集詩、樂、舞為一體的綜合古典藝術。《中和韶樂》是歷代帝王都有專用的祭祀樂舞。它包括祭祀樂曲七段：《肇平之章》、《興平之章》、《崇平之章》、《恬平之章》、《淳平之章》、《臣平之章》、《和祐之章》。到了明代，用《中和韶樂》祭祀嶽鎮海瀆，早已成為一種慣制，雖然有大臣反對，明孝宗朱祐樘「以奏樂遣祭，皆國朝舊典，不能從」，而拒絕了胡瑞否定用《中和韶樂》祭祀海洋的建議。

關於祭祀海洋用樂曲的記載，在《明史》裏有多處：

迎地祇，奏《中和之曲》：吉日良辰，祀典式陳。惟地之祇，百靈繽紛。嶽鎮海瀆，山川城隍，內而中國，外及四方。濯濯厥靈，昭鑒我心。以候以迎，來格來歆。〔註8〕

迎神，《保和之曲》：吉日良辰，祀典式陳。太歲尊神，雷雨風雲，嶽鎮海瀆，山川城隍。內而中國，外及四方。濯濯厥靈，昭鑒我心。以候以迎。來格來歆。〔註9〕

終獻，《寧和之曲》：儀式弗逾，奠爵維三。樂舞雍容，以雅以南。仰仁源德澤，嶽崇海淵。願啟我子孫，緝熙光明，維兩儀是參。〔註10〕

所有這些記載，都一再證明了祭祀海洋需要配有樂曲，而樂曲的內容與海洋有一定關聯。這一方面說明，對海洋祭祀是明代祭祀的重要禮儀之一，另一方面這些樂曲篇章與文字也為我們留下珍貴的歷史資料。

第二節　海神祭祀

在明代，除了對海洋祭祀本身之外，還有對海神的祭祀。

海神的祭祀是海洋祭祀的更高層次的精神文化。祭祀來自信仰，而海洋信仰是一種自然崇拜，而海神則是海洋信仰的人格化，已經從自然現象抽象

〔註7〕《明史》卷六十一《志》第三十七《樂一》。
〔註8〕《明史》卷六十二《志》第三十八《樂二》。
〔註9〕《明史》卷六十二《志》第三十八《樂二》。
〔註10〕《明史》卷六十二《志》第三十八《樂二》。

成為象徵神靈，是人為宗教的發軔，是一種重要的信仰思想的轉折。

一、海洋之神

海洋之神，顧名思義，就是海神，是控制海洋的神靈。明朝時期人們在海洋面前，毫無招架之力，只好任憑海洋的擺佈。為了祈求平安，只好求助於神靈。因此，祭祀海神都是有功利目的，特別是在受到海洋侵襲之後，這種意願尤為強烈。

《明史》卷十三《本紀第十三憲宗一》：「秋八月甲辰，振山東、浙江水災。閏九月己未，浙江潮溢，漂民居、鹽場，遣工部侍郎李顒往祭海神，修築堤岸。」

為了祭祀，需要有地方，人們往往會為此修建廟宇來安頓海神。這種海神廟，還預示作用。

《明史》卷二十九《志》第五五《行二（火木）》記載：「萬曆二十五年二月壬午，岳州民家有鴨，含絮裏火，飛上屋，入竹椽茅茨中。火四起，延燒數百家。四十三年四月壬午，雙鶴銜火，飛集掖縣海神廟殿。明日，廟火。」

掖縣，舊時山東省萊州市稱謂。萊州市位於山東半島西北部，是個靠海的地方。在這樣一個靠近海洋的地方建造一座海神廟，是無可非議的。但是奇怪的是，萬曆四十三年（1615）發生雙鶴銜火，「飛集掖縣海神廟殿」，到了第二天才起火。難怪《明史》將其載人奇災異象之中。

海神廟，往往是一個明顯的地方標誌，因此會用海神廟來對某個地方、某個山頭進行命名。關於這樣的命名過程，我們無法得知，但是從與此相關的地名中可以知曉一二。

例如《明史》卷一百三十四《列傳第二十二》有這樣一段記載：

洪武四年，都試百戶諸善用槍者，率莫能與銘抗。累官至長淮衛指揮僉事，移守溫州。上疏曰：「臣所領鎮，外控島夷，城池樓櫓仍陋襲簡，非獨不足壯國威，猝有風潮之變，捍禦無所，勢須改為。」帝報可。於是繕城濬濠，悉倍於舊。加築外垣，起海神山屬郭公山，首尾二千餘丈，宏敞壯麗，屹然東浙巨鎮。帝甚嘉之，予世襲。銘嘗請告暫還和州。溫士女遮道送迎。長吏皆相顧歎曰：「吾屬為天子牧民，民視吾屬去來漠然，愧王指揮多矣。」歷右軍都督僉事，二十六年坐藍玉黨死。

將這段文字翻譯成為白話文，就是：洪武四年（1371），考察百戶中各善

用槍者，沒有誰能與王銘抗衡。累官至長淮衛指揮僉事，移守溫州。上奏說：
「臣所領鎮之地，對外控制海盜，城池樓櫓仍然十分簡陋，不但不能壯國威，
如突遇大風潮水，便毫無抵禦能力，勢必要進行改造。」太祖批示同意。於是
修繕城池和濠溝，加築外垣，從海神山到郭公山，首尾二千餘丈，宏偉壯麗，
屹立東浙巨鎮之中。太祖十分讚賞，給予世襲。王銘曾請求暫時回到和州。
溫州的百姓夾道迎送。長吏相顧歎息道「：我等為天子統治百姓，但百姓對
我輩的去來十分漠然，比起王指揮遜色多了。」歷任右軍都督僉事，二十六
年，受藍玉黨案株連而死。〔註11〕

　　這是關於王銘的歷史記載，說的是他到溫州後，建造城牆的事情。王銘，
字子敬，和州人。初隸元帥俞通海麾下，從攻蠻子海牙於采石。以銘驍勇，選
充奇兵。戰方合，帥敢死士大噪突之，拔其水寨。自是數有功。與吳軍戰太
湖，流矢中右臂，引佩刀出其鏃，復戰。通海勞之。〔註12〕

　　這裡，主要不是說王銘的驍勇善戰，而是借這樣一則故事，說明溫州地
區有一座海神山。王銘在「繕城濬濠」之後，還加築「外垣」（即外城牆），「起
海神山屬郭公山，首尾二千餘丈，宏敞壯麗，屹然東浙巨鎮」。

二、祭祀目的

1. 為了修築水閘，而祭祀海神

關於此事，需要提及的是湯紹恩。

　　湯紹恩，安嶽人。父佐，弘治初進士，仕至參政。紹恩以嘉靖五年擢第。
十四年由戶部郎中遷德安知府，尋移紹興。為人寬厚長者，性儉素，內服疏布，
外以父所遺故袍襲之。始至，新學宮，廣設社學。歲大旱，徒步禱烈日中，雨
即降。緩刑罰，恤貧弱，旌節孝，民情大和。山陰、會稽、蕭山三邑之水，匯
三江口入海，潮汐日至，擁沙積如丘陵。遇霪潦則水阻，沙不能驟泄，良田盡
成巨浸，當事者不得已決塘以瀉之。塘決則憂旱，歲苦修築。紹恩遍行水道，
至三江口，見兩山對峙，喜曰：「此下必有石根，余其於此建閘乎？」募善水者
探之，果有石脈橫亙兩山間，遂興工。先投以鐵石，繼以籠盛甃屑沉之。工未
半，潮沖蕩不能就，怨讟煩興。紹恩不為動，禱於海神，潮不至者累日，工遂
竣。修五十餘尋，為閘二十有八，以應列宿。於內為備閘三，曰經溇，曰撞塘，

〔註11〕《白話明史‧王銘傳》。
〔註12〕《明史》卷一百三十四《列傳第二十二》。

曰平水，以防大閘之潰。閘外築石堤四百餘丈扼潮，始不為閘患。刻水則石間，俾後人相水勢以時啟閉。自是，三邑方數百里間無水患矣。士民德之，立廟閘左，歲時奉祀不絕。屢遷山東右布政使，致仕歸，年九十七而卒。〔註13〕

　　湯紹恩在紹興做官，為政清廉，深受百姓愛戴。山陰、會稽、蕭山三邑之水，匯三江口入海。由於潮汐日至，擁沙堆積如丘。遇淫雨內澇，沙堆阻隔不能驟泄於外，致使良田淹沒，水澇成災。嘉靖十五年七月，湯紹恩察看山川地勢，瞭解河道流向，在彩鳳山與龍背山之間倚峽建閘，主持三江閘工程。開工後，投入鐵石以及裝在籠內的「甃屑」等物，都被海水沖走。在此無可奈何之際，「紹恩不為動，禱於海神」。這一方面表現湯紹恩的堅定信心，另一方面也希望得到海神的護祐。從中，可以看出湯紹恩是個有神論者，同時他又是一個有信念的人，相信水閘能夠修成功。

　　果不其然，歷時 6 個月竣工，全閘 28 孔，用二十八星宿的名稱來編號，所以也叫「應宿閘」。是我國古代大型擋潮排水閘。長 310 尺，閘身全部用塊石壘成，石體巨大，每塊重千斤以上。從此無乾旱水溢之虞，改變了三縣水利狀態，對發展農業、漁業等具極大作用。為此緣故，「士民德之，立廟閘左，歲時奉祀不絕」，從某種程度上來說，人們也將他作為海神來立廟進行供奉。

2. 為了抗拒倭寇，而祭祀海神

　　《明史》卷三百八《列傳第一百九十六姦臣》：「東南倭患棘，文華獻七事。首以祭海神為言，請遣官望祭於江陰、常熟。次訟有司掩骼輕繇。次增募水軍。次蘇、松、常、鎮民田，一夫過百畝者，重科其賦，且預徵官田稅三年。次募富人輸財力自效，事寧論功。次遣重臣督師。次招通番舊黨並海鹽徒，易以忠義之名，令偵伺賊情，因以為間。兵部尚書聶豹議行其五事，惟增田賦、遣重臣二事不行。帝怒，奪豹官，而用嵩言即遣文華祭告海神，因察賊情。」

　　文華，即趙文華，字元質，慈谿（今浙江慈谿縣）人。嘉靖八年進士。授刑部主事。以考察謫東平州同知。久之，累官至通政使。性傾狡，未第時在國學，嚴嵩為祭酒，才之。後仕於朝，而嵩日貴倖，遂相與結為父子。嵩念己過惡多，得私人在通政，劾疏至，可預為計，故以文華任之。文華欲自結於帝，

〔註13〕《明史》卷二百八十一《列傳第一百六十九循吏》。

進百華仙酒，詭曰：「臣師嵩服之而壽。」〔註14〕

　　引此文字，說明趙文華之為人，奸詐是其個性。東南沿海有倭患，本應該興兵抵抗，他為此提出七件事，其首條卻是祭海神。皇帝昏庸無能，聽信嚴嵩之言，居然派遣趙文華去祭告海神，用以查看賊情。

　　從事例中，也可以得到反證，在嚴嵩等人的眼裏，海神祭祀要比抵抗倭寇更重要。

第三節　天妃祭祀

一、海洋女神

　　或許海神無性別的神靈，那麼天妃就是一個純粹女性的海洋神靈。

　　其實，女性海神是十分普遍的民眾信仰，早在希臘神話中，就有女性海神，叫忒提斯，是海神涅柔斯（Nereus）和海洋女神多麗斯（Doris）的女兒，是他們女兒中最賢惠的一個。忒提斯是珀琉斯的妻子，阿基里斯的母親。〔註15〕

　　中國的海洋女神就是天妃。

　　天妃，又稱天妃娘娘，亦稱天后娘娘，俗稱媽祖。本姓林名默，世居福建莆田湄洲嶼。因出生一個多月，未曾啼哭，故而得其名曰默。據《古今圖書集成·神異典》卷二八按《莆田縣志》云：林默出生時，「而地變紫，有祥光異香」。因此死後具有神奇色彩。

　　天妃是從一個民間女子，登上女神的寶座，事實上就是被神化的過程，而其從民間神祇上升為宮廷祭祀的對象，時間很短。據史料記載，天妃是宋時期的女性，死後被宋人奉為神靈，到了元代更是被不斷尊崇。〔註16〕另外，從宋代起，朝廷對天妃的冊封未有間斷，元代對天妃的冊封更是不斷冊封，達到了前所未有的高度。明代對天妃的冊封雖沒有像元代那麼頻繁，也沒有停止。據《明史》卷五十《志第二十六·禮四（吉禮四）》載：「天妃，永樂七年封為護國庇民妙靈昭應弘仁普濟天妃，以正月十五日、三月二十三日，南

〔註14〕《明史》卷三百零八《列傳第一百九十六姦臣》。

〔註15〕《希臘羅馬神話和〈聖經〉小辭典》第141頁，外語教學與研究出版社1982年版。

〔註16〕關於天妃在元代被不斷尊崇，見拙作《元代海洋文化》、《鬼神崇拜與天妃信仰》等文。

京太常寺官祭。」

二、祭祀地點

祭祀天妃的地方，有廟、祠、宮等稱呼。這些都是海洋文化的標誌，一般都建在海邊，或者靠海的地方。

1. 天妃廟

《明史》卷八十四《志第六十 河渠二》：「未幾，河決韋家樓，又決沛縣縷水堤，豐、曹二縣長堤，豐、沛、徐州、睢寧、金鄉、魚臺、單、曹田廬漂溺無算，河流齧宿遷城。帝從桂芳請，遷縣治、築土城避之。於是御史陳世寶請復老黃河故道，言：『河自桃源三義鎮歷清河縣北，至大河口會淮入海。運道自淮安天妃廟亂淮而下，十里至大河口，從三義鎮出口向桃源大河而去，凡七十餘里，是為老黃河。至嘉靖初，三義鎮口淤，而黃河改趨清河縣南與淮會，自此運道不由大河口而徑由清河北上矣。近者，崔鎮屢決，河勢漸趨故道。若仍開三義鎮口引河入清河北，或令出大河口與淮流合，或從清河西別開一河，引淮出河上游，則運道無恐，而淮、泗之水不為黃流所漲。』部復允行。」

黃河泛濫，督漕侍郎吳桂芳請求「遷縣治、築土城避之」。此時，「御史陳世寶請復老黃河故道」時候，說及淮安有天妃廟。

淮安近海，有天妃廟，本無奇怪，值得注意的是後面的幾個字「亂淮而下」。這說明，黃河運道在淮安天妃廟之上的淮河水流平穩，而到了天妃廟之後，使得淮河產生亂流的現象。

換言之，產生這兩種運道不同水流的現象，或許就是建立天妃廟的原因。人們祈求運道平穩，不要產生水災，就建立天妃廟來寄託願望，這是可以理解的。

2. 天妃祠

在《明史》卷八十五《志第六十一 河渠三》也多次提及在淮安有座天妃祠（亦云天妃廟）的地方疏通河道與建立閘口，同樣證明天妃廟是淮安重要的水利地點：

> 恭又言：「清江浦河六十里，陳瑄濬至天妃祠東，注於黃河。運艘出天妃口入黃穿清特半餉耳。後黃漲，逆注入口，清遂多淤。議者不制天妃口而遽塞之，令淮水勿與黃值。開新河以接淮河，曰「接清流勿接濁流，可不淤也」。不知黃河非安流之水，伏秋盛發，則西

擁淮流數十里，並灌新開河。彼天妃口，一黃水之淤耳。今淮、黃
會於新閘開河口，是二淤也。防一淤，生二淤，又生淮、黃交會之
淺。歲役丁夫千百，濬治方畢，水過復合。又使運艘迂八里淺帶而
始達於清河，孰與出天妃口者之便且利？請建天妃閘，俾漕船直達
清河。運盡而黃水盛發，則閉閘絕黃，水落則啟天妃閘以利商船。
新河口勿濬可也。」。乃建天妃廟口石閘。

這裡的「恭」，即總河侍郎萬恭。這是他向朝廷建議修築天妃廟口石閘的一段文
字。建造石閘是為了便於漕運，在《讀史方輿紀要》同樣一記載。〔註17〕

以往，害怕修閘，每壞一閘即湮沒一閘，時間一久，全部閘口都壞，堤
壩也沒有多大用處，〔註18〕造成漕運不暢。為了建造閘口，多次請求建閘，
並再三申訴原因：「閘欲密，密則水疏，無漲潰患；閘欲狹，狹則勢緩，無齧
決虞」。

文中「清江浦河六十里，陳瑄濬至天妃祠東，注於黃河」，敘述的是陳瑄
疏通清江浦河的事。

陳瑄，是一武將，驍勇善戰，雖是武夫出身，但重視民生，改善河道，開
清江浦河（今江蘇省淮安市清浦區）導淮安（今江蘇省淮安市淮安區）城西
管家湖水流入淮河。清江浦，是淮安市的主城區中的清河、清浦二區部分地
區的古稱。清江浦於 1415 年開埠，在明代是京杭大運河沿線最繁榮的交通樞
紐，至今已有六百年的歷史。清江浦河疏通之後，使漕運暢通無阻，大大提
高運輸能力。同時，「陳瑄大置減水閘數十」，使得「湖水溢則瀉以利堤，水落
則閉以利漕」〔註19〕。

由於天妃常常處於河海交叉的地方，因此此處建造閘口，以防止海水倒
灌。所以在《明史》裏不斷可以見到天妃閘的記載。

自徐而下，河身日高，而為堤以束之，堤與徐州城等。束益急，流益迅，

〔註17〕《讀史方輿紀要》卷一百二十九：通濟閘（舊名新莊閘，亦曰天妃閘，與清
河口對岸。嘉靖末，濁流填淤，因改置通濟閘於浦南三里溝。隆慶中，河臣
萬恭復開天妃閘以通運。

〔註18〕《明史》卷八十五《志》第六十一《河渠三》：比年畏修閘之勞，每壞一閘即
堙一閘，歲月既久，諸閘盡堙，而長堤為死障矣。畏濬淺之苦，每湖淺一尺
則加堤一尺，歲月既久，湖水捧起，而高、寶為盂城矣。且湖漕勿堤與無漕
同，湖堤勿閘與無堤同。陳瑄大置減水閘數十，湖水溢則瀉以利堤，水落則
閉以利漕，最為完計。積久而減水故跡不可復得，湖且沉堤。

〔註19〕《明史》卷八十五《志》第六十一《河渠三》。

委全力於淮而淮不任。故昔之黃、淮合，今黃強而淮益縮，不復合矣。黃強而一啟天妃、通濟諸閘，則灌運河如建瓴。高、寶一梗，江南之運坐廢。淮縮則退而侵泗。為祖陵計，不得不建石堤護之。堤增河益高，根本大可虞也。河至清河凡四折而後入海。淮安、高、寶、鹽、興數百萬生靈之命託之一丸泥，決則盡成魚蝦矣。〔註20〕

這一段說的是黃河自徐州開始，河身高起，河堤與徐州城牆一般，河堤約束，流速快，全部流入淮河，淮河也不會讓河水泛濫，這是黃河、淮河合力的結果。如今黃河水威力不減，而淮河萎縮，不再有合力，黃河水大，開啟天妃、通濟閘口，則高屋建瓴灌入運河，如果高郵、寶應的湖泊一旦被堵塞，江南運輸則被廢。同時淮河萎縮，則可能危及泗水，侵害明皇陵，這樣就需要加固堤壩。堤壩高河水也會跟著提高，這是非常危險的。黃河水到清河經過四次折返而入海的話，那麼淮安、高郵、寶應、鹽城、興化等地數百萬民眾會被淹而成為魚蝦。

這是關於治理黃河的歷史，也闡述了建造天妃廟石閘的重要性。

3. 天妃宮

《讀史方輿紀要》卷二十四：嘉靖中，倭寇屢繇劉家河突犯，南略嘉定，北擾太倉，所至塗炭，劉河益為汛守重地。河口有天妃宮，初為鎮海衛兵戍守。今設把守官軍營。

《讀史方輿紀要》，又稱之為《二十一史方輿紀要》，亦簡稱《方輿紀要》，為清朝初年顧祖禹所撰。由於去明未遠，可以知道，在嘉靖年間，在瀏河入海之處有天妃宮的存在。

總之，天妃廟、天妃祠、天妃宮都是祭祀天妃的地方。而這些都是明代海洋文化的一部分，寄託了當時人們對海洋的理想與願望。

第四節　祭祀之成因

海洋祭祀，並非是明代朝廷的初衷，而是整個社會神靈信仰所導致的結果。

一、社會基礎

據《明史》卷五十《志》第二十六禮四《吉禮四》》載：到了洪武三年，

〔註20〕《明史》卷八十四《志》第六十《河渠二》。

朝廷做了規定，一是「定諸神封號，凡後世溢美之稱皆革去」。二是「天下神祠不應祀典者，即淫祠也，有司毋得致祭。」

事實上，民間對佛教、道教、儒家的人物進行崇拜，還信仰自然界的一切動物、植物乃至無生命的物體（如山神、水神等）。在浙東，人們相信蛇神：「邑有淫祠，每祀輒有蛇出戶，民指為神。」〔註21〕

由於明代是個神靈崇拜非常盛行的社會，因此各地都建有各種祠廟。

這些祠廟的祭祀，往往會各種各樣的目的，有時候不能如願，會使得人心不正，誤入歧途。因此，弘治元年，有一禮科〔註22〕官員「張九功言：『祀典正則人心正。今朝廷常祭之外，又有釋迦牟尼文佛、三清三境九天應元雷聲普化天尊、金玉闕真君元君、神父神母，諸宮觀中又有水官星君、諸天諸帝之祭，非所以法天下。』」這裡，他呼籲的是要廢除民間各種各樣的神靈祀典，而應該以朝廷的祭祀對象為根本，否則就無法治理國家。從另外一個角度來看，民間祠廟以及各種祀典活動到了十分猖狂的程度。

這種民間祠廟祭祀，都有個人的目的，與國家祀典大相徑庭。

所謂的「祀典正則人心正」，這不僅僅代表的是朝廷幾個官員的想法，而且將祀典上升到社會純正、心靈淨化的高度。官員們認為，只有國家祀典才能夠做到，而民間信仰則根本無法企及，因此他們將所有非朝廷祭祀的祠廟，統統稱之為淫祠，並加以廢除。

關於廢除淫祠，《明史》有很多記載，於此選擇三個例子：

《明史》卷一百九十四《列傳》第八十二：林俊，字待用，莆田人。成化十四年進士。「鶴慶玄化寺稱有活佛，歲時集士女萬人，爭以金塗其面。俊命焚之，得金悉以償民逋。又毀淫祠三百六十區，皆撤其材修學宮。」〔註23〕

《明史》卷一百六十一《列傳》第四十九記載：張昺，字仲明，慈谿人，都御史楷孫也。舉成化八年進士，授鉛山知縣。性剛明，善治獄。「乃盡毀諸淫祠」。

《明史》卷一百八十《列傳》第六十八：「除壽州知州，毀境內淫祠幾盡，三年教化大行。」

類似這樣的廢除淫祠的例子，還有很多。如：吳廷舉，字獻臣，其先嘉

〔註21〕《明史》卷二百八十一《列傳》第一百六十九《循吏》。
〔註22〕禮科，全稱：禮科都給事中，是正七品官員。
〔註23〕《明史》卷一百九十四《列傳》第八十二。

魚人，祖戍梧州，遂家焉。成化二十三年登進士，除順德知縣。「會廷舉毀淫祠二百五十所」，就是很典型的事例。〔註24〕

為什麼會有如此之多的淫祠被拆毀，說明了淫祠之多，舉不勝舉，從而也說明了明代民眾的神靈信仰非常普遍。

在明代，開明的官員一邊廢除淫祠，一邊將所得用於建造學校（如社學、學宮等）。這顯然是一種善舉，受到百姓歡迎。

《明史》卷二百八十六《列傳》第一百七十四《文苑二》：張弼，字汝弼，松江華亭人。成化二年進士。授兵部主事，進員外郎。遷南安知府，地當兩廣沖，奸人聚山谷為惡，悉捕滅之。「毀淫祠百數十區，建為社學」。

《明史》卷一百九十七《列傳》第八十五：霍韜，字渭先，南海人。舉正德九年會試第一。「在南都，禁喪家宴飲，絕婦女入寺觀，罪娼戶市良人女，毀淫祠，建社學，散僧尼，表忠節。」

《明史》卷二百三《列傳》第九十一：歐陽鐸，字崇道，泰和人。正德三年進士。「出為延平知府。毀淫祠數十百所，以其材葺學宮。」

《明史》卷二百六《列傳第九十四》：王科，字進卿，涉縣人。正德十二年進士。授藍田知縣。「毀境內淫祠，以其材葺學宮」。

《明史》卷二百八十三《列傳》第一百七十一《儒林二》：鄒守益，字謙之，安福人。父賢，字恢才，弘治九年進士。後被謫為「廣德州判官。廢淫祠，建復初書院，與學者講授其間」。

上述這些朝廷大臣對淫祠的廢除，再將建造學校，這種做法應該肯定。

此外，拆除淫祠，還將這些材料去修建「橋樑、公廨」。《明史》卷二百七《列傳》第九十五：黃直，字以方，金溪人。後至漳州當官。當時「漳俗尚鬼，盡廢境內淫祠，易其材以葺橋樑、公廨」。

如果用現代眼光來看，廢除淫祠，是要民眾拋棄傳統的迷信，另一方面也希望用教育來提高思想，這無疑是一種進步的表現。另外將淫祠拆下來的材料去做公益事業（如修橋、官吏辦公的地方），當然值得稱頌。

還有的地方，廢除了淫祠，另外建造土地廟，建穀壇，讓農民祈報好的年成。《明史》卷二百八十二《列傳第一百七十《儒林一》：（曹）端初讀謝應芳《辨惑編》，篤好之，一切浮屠、巫覡、風水、時日之說屏不用。上書邑宰，

〔註24〕《明史》卷二百一《列傳》第八十九。

「毀淫祠百餘，為設里社〔註25〕、里穀壇，使民祈報」。很明顯，土地廟是不屬於淫祠範疇的。由此可見，在一個封建的農業社會裏，淫祠與供奉農業神靈的廟宇是有明確的區別的。

二、神仙思想

關於這一點，在隆慶元年（1567年），明穆宗朱載垕登基，「徐階為御史劉康所劾」，海瑞為徐階辯護，海「瑞言：『階事先帝，無能救於神仙土木之誤，畏威保位，誠亦有之。然自執政以來，憂勤國事，休休有容，有足多者。康乃甘心鷹犬，捕噬善類，其罪又浮於高拱。』人韙其言」〔註26〕。

這裡，海瑞是為徐階在辯護，認為徐階有「神仙」思想，並以此誤導皇帝，這是有罪的。但是御史劉康甘心當「鷹犬」，「捕噬善類，其罪又浮於高拱」。

海瑞不僅揭露了劉康，而且還帶出高拱。

高拱，嘉靖二十年進士。穆宗為裕王時，任侍講學士。他勵精圖治，辦事有膽有識，為朝廷做了很多好事，但他性情高傲，以才略自許，得罪了不少同僚。從上述文字裏，也可以看出海瑞對高拱同樣是十分痛恨的。

到明世宗時期，他喜好神仙達到登峰造極的地步。他不顧官員的反對，聽說有方士立刻召見，用金銀器皿來盛裝食物，希望召見神仙來：「世宗好神仙。給事中顧存仁、高金、王納言皆以直諫得罪。會方士段朝用者，以所煉白金器百餘因郭勳以進，云以盛飲食物，供齋醮，即神仙可致也。帝立召與語，大悅。」〔註27〕

並且相信：他「深居無與外人接，則黃金可成，不死藥可得」。〔註28〕為了獲得黃金與不死藥，他居然還說「朕少假一二年，親政如初」。最終「舉朝愕不敢言」。不過還是有人不拍死，有一「最抗疏諫曰：『陛下春秋方壯，乃聖諭及此，不過得一方士，欲服食求神仙耳。神仙乃山棲澡練者所為，豈有高居黃屋紫闥，充衣玉食，而能白日狲舉者？臣雖至愚，不敢奉詔。』」其結果可想而知，「帝大怒，立下詔獄，重杖之，杖未畢而死。」〔註29〕

這種相信神仙之說，已經達到完全不可理喻的地步。

〔註25〕祭祀土地神的處所。
〔註26〕《明史》卷二百二十六《列傳第一百十四》。
〔註27〕《明史》卷二百九《列傳第九十七》。
〔註28〕《明史》卷二百九《列傳第九十七》。
〔註29〕《明史》卷二百九《列傳第九十七》。

三、相信神靈

明代朝廷相信神靈，其思想基礎在於萬物有靈觀的作祟。他們相信任何物體都有支配它們的神靈，而這些神靈是看不見摸不著的，但會有靈性，能夠保祐世人與社稷。

為此，「洪武元年，命中書省下郡縣，訪求應祀神祇。名山大川、聖帝明王、忠臣烈士，凡有功於國家及惠愛在民者，著於祀典，令有司歲時致祭。二年，又詔天下神祇，常有功德於民，事蹟昭著者，雖不致祭，禁人毀撤祠宇。」〔註30〕

很顯然，這是朱元璋政權下達的旨意，要對所有的神祇進行祭祀。「訪求應祀神祇」一句中的「訪求」、「應祀」兩個詞彙，前者的意思是到處訪問、尋找，後者的意思，應該祭祀的神靈一個也不要放過。凡是「聖帝明王、忠臣烈士，凡有功於國家及惠愛在民者」，都在祭祀之列。到了第二年，再次下達詔書，「功德於民，事蹟昭著者」，雖不一定要去祭奠，但禁止去破壞這樣的廟宇。

所有這一切都表明了明代初期對祭祀的重視。

在民間，人們同樣相信神靈，特別是好人死後要進行祭祀。

《明史》卷一百六十五《列傳第五十三》：（林）「錦在兵間，以教化為務。靈山尚鬼，則禁淫祠，修學校，勸農桑。其治廉、欽，皆飭學宮，振起文教。為人誠實，洞見肺腑，瑤蠻莫不愛信。其行軍，與士卒同甘苦，有功輒推以與人，以故士多效死，所在祠祀。」

林錦是福建連江人，他很會打仗，一次靈山縣「城毀於賊，（林）錦因形便，為柵以守，廣設戰具，賊不敢逼。滿秩去官，民曰：『公去，賊復至，誰御者？』悉逃入山」。巡撫葉盛「以狀聞，詔即以錦為知縣。馳驛之官，民復來歸。」〔註31〕很明顯的是，林錦為老百姓做了好事，人們會時時刻刻記住他，其形式之一就是建祠祭祀。

另外，還有一種情況，即使是活著的人，人們也祭拜，表示對他過去為民做了好事的回敬。

《明史》卷一百八十九《列傳第七十七》：記載：陸震，字汝亭，蘭溪人。受業同縣章懋，以學行知名。正德三年進士。除泰和知縣。時劉瑾擅政。以逋鹽課責縣民償者連數百人，震力白之上官，得免。鎮守中官歲徵貢絺，為減

〔註30〕《明史》卷五十《志第二十六禮四（吉禮四）》。
〔註31〕《明史》卷一百六十五《列傳第五十三》。

其額。增築學舍居諸生，毀淫祠祀忠節。浮糧累民，稽賦籍，得詭寄隱匿者萬五千石以補之。建倉縣左，儲穀待振。親行鄉落，勸課農桑。立保伍法，使民備盜。甓城七里，外為土城十里周之。時發狼兵討賊，所至擾民。震言於總督，令毋聽檥舟，官具糧糗，以次續食，兵行肅然。督捕永豐、新淦賊，以功受賞。撫按交薦，徵為兵部主事。泰和人生祠之。

所謂「泰和人生祠之」，就是指泰和縣的民眾祭拜還活著的陸震。為什麼會這樣，因為陸震為民做了不少有益的事情，如減免「貢絺」的份額，建造學生宿舍，摧毀淫祠，祭祀忠節，儲蓄糧食，防盜驅賊，等等，而這一切都與百姓安居樂業密切相關，難怪其還未死，人們就建祠祭拜了。

這種祭祀，是為了記住別人的恩情，也是潛在的神靈意識在起作用。人們相信，這些有恩於他們的人會永遠保護祭祀他的人。這是簡單的中國人樸素的以恩報恩的方法，但是也是最有效的方法，所以一直被民間所運用，而長久不衰。

第五節　結論

明代海洋祭祀有以下幾個特徵：

一是海洋賦予了神的概念。

海洋到了明代，不僅對其進行祭祀，而且將其賦予了神的概念，這從四海被冊封就可以知道這一點。明初，朝廷就規定四海及其神名：東海之神，在山東萊州府；南海之神，在廣東南海縣；西海之神，在山西蒲州；北海之神，在懷慶府濟源縣。〔註32〕

二是朝廷祭祀海洋神靈。

一般來說海洋祭祀，都在國家層面上進行的，或者也可以這樣說海洋祭祀，是明代朝廷行為。這一方面表示承繼舊制，另一方面亦表示出對海洋的尊崇。

三是海洋沒有成為一個獨立的祭祀主體。

在明代的海洋祭祀裏，它只是嶽鎮海瀆的一部分。而以往嶽鎮海瀆是一個完整的祭祀主體，歷朝都遵循這樣的原則，明代也沒有跳出束縛的窠臼。

2014 年 8 月 1 日星期五

〔註32〕郎瑛《七修類稿》卷十一《國事類·本朝嶽鎮海瀆碑》。

第四章　海洋文化對上海城市發展的
　　　　歷史貢獻

　　上海城市民俗文化的誕生與發展，離不開海洋文化，或者也可以這樣說，海洋文化造就了上海城市民俗文化，沒有海洋文化就沒有上海城市民俗文化的形成與進步。

　　上海民俗文化的出現，首先是上海作為城市的形成，從而為城市民俗的誕生奠定基礎，其次是海洋文化對上海傳統風俗習慣的巨大衝擊，而產生新的城市民俗文化。正是基於這兩點，就形成了上海特有的與中國傳統農業文化相背離的文化形態。因此可見，上海城市民俗文化與海洋文化是密不可分的。

一、海洋文化與上海的發展息息相關

1. 港口的建立，帶來上海的繁榮

　　上海原本是的小漁村。這是用一種文學的語言在描述上海早期的狀況，雖說不太準確，但還是將上海與海洋的關係做了一個直接的表述。

　　從唐代開始，上海就是一個與外界聯繫的地方，當時以青龍鎮為上海地區最繁華的區域。青龍鎮，相傳唐天寶五年置，宋梅聖俞有回自青龍呈謝司直詩，《九域志》華亭縣青龍鎮，《續圖經》也權造青龍戰艦於此。青龍鎮以港口繁榮而得名。青龍港水深域廣，闊達二十里，十分便於海上進出口貿易，主要來做生意的是相鄰的日本人和朝鮮人。宋代以來，青龍港優越的港口條件不復存在，由於吳淞江下游泥沙淤積嚴重，水道逐漸變窄，海岸線東移，上海十六鋪一帶就貿易船隻的集中地，慢慢地在成為當地最大的港口。北宋天聖年間，官府設立上海務，收取酒稅。南宋咸淳年間（1267 年之前），政府

在此設立上海鎮，這樣，上海市區原本是臨近海邊的一個漁村，逐漸發展發展為一個繁華的港口。

到了清代，上海更是忙碌的地方，對外對內的貿易更加頻繁。嘉慶《上海縣志》卷首《陳文述序》：「閩、廣、遼、沈之貨，鱗萃羽集，遠及西洋暹羅之舟，歲亦間至，地大物博，號稱繁劇，誠江海之通津，東南之都會也。」主要貨物為棉布、紗布、沙石、茶葉等，成為萬商雲集煙戶眾多的地方，到了上海開埠之前，上海已經是全國人口最高的地區之一。隨著港口貿易的繁華，更形成「歌樓酒肆，商賈輻輻」的非常繁華的都市局面，當時還流行「鄉人有賽蘇州之謠」。眾所周知，蘇州是明清時期，最繁華的地區，人們當時能有「賽蘇州」的說法，可知上海等地一定不比蘇州差，則可以得到進一步的印證。

到了 19 世紀中葉，上海港口設施當時已為世界上所罕見，航道、碼頭、倉庫、裝卸都屬第一流。裝卸速度是其他港口的七倍。船舶修理業居遠東第一，在 1850 年時已設五家有關企業，1856 年已造出兩艘小輪船。1862 年一共有十六家有關企業開張，耶松船廠已有十一年歷史，祥生船廠已正式開業。虹口的上海船塢公司於本年二月發通告，招徠生意，寫明它有 280 英寸、吃水 14 英寸的大船塢。從這些資料裏，可以看出上海港口繁榮是有目共睹的現象。

在當時日本人的眼裏，上海港同樣十分繁華。同治元年，日本德川幕府向中國派遣一條官船「千歲丸」，到了上海港，「遠遠地望去，各國的商船大約有 600 餘艘集中在一起。船上高聳的桅杆好似冬季荒山上的林子一樣。其中蒸汽船有 30 到 60 艘。最大的當屬英國和法國兩艘，船長約 100 餘米，是備有 50 門大炮的蒸汽軍艦。」〔註1〕「右岸上，西方各國的商船好像梳子齒一樣整齊地停在那裡，十分壯觀。事實上，曾經聽說過上海是中國各個港口中最繁華的港口，現在看來確實如此。」〔註2〕

2. 鹽業的發展，形成新的市鎮

上海是個沿海地區，也是曬鹽的好地方。由於鹽業的發展，形成新的人口集聚點。宋、元時期，南匯鹽業鼎盛，下沙、周浦、新場已形成較大規模的集鎮。南宋乾道年間，額定鹽產量達 3570t 左右，元代和明代中前期為下沙鹽場的鼎盛期，額定鹽產量高達 5680t，位居浙西所屬 27 個鹽場之首。下沙鹽

〔註1〕納富介次郎《上海雜記》第 13 頁，見《檔案與史學》2004 年第 6 期第 60 頁。
〔註2〕名倉予何人《海外日錄》第 99 頁，見《檔案與史學》2004 年第 6 期第 60 頁。

場不僅範圍廣、灶戶多、名重於時，致使不少地名沿存至今，而且製鹽技術高超、質量優異，元人陳椿的《熬波圖》有詳盡記載。與此同時，南匯沿海一批聚落及以集聚海鹽為主的市應運而生，六灶、大團、新場等皆因鹽業而興。其中場最大，以下分團、灶，均屬製鹽單位，灶稱灶戶，有灶丁，亦稱鹽丁、煎丁、場丁，是灶戶中承擔鹽役的人。

如新場，是以鹽繁榮起來的市鎮，其最早可以追溯到元代，當時正值下沙鹽場鼎盛時期，鹽產量和鹽灶之多，勝過浙西諸鹽場。隨著鹽業的不斷發展，商賈雲集，人口急劇增加，歌樓酒肆，其繁華程度曾一度超過上海縣城。另外所謂的大團、二團、四團、三灶、四灶、六灶等地名的出現，也都與鹽業的發展密不可分。

從以上兩個方面來看，與海洋極其相關的產業對上海的發展起到至關重要的作用。或者說沒有海洋文化就沒有上海的繁榮與發展。

因此，上海城市民俗的形成，與港口的建立與市鎮的發展緊密相關。城市民俗就必須建立在城市之上，而其民俗則是城市文化所帶來的結果。而這一切都來自城市人口的聚集。大量的農村裏的人從四面八方匯聚到上海，各自將他們那裡的風俗帶到新的地方，為了要互相交流，也為了適應新的生活，於是有了新的習俗。這樣他們的聚集，使得他們過去傳統的農業社會的風俗習慣在新的地方發生變化，產生一種與城市相吻合的風俗習慣。而這種風俗習慣不再是某個地方的民風習俗，而是一種帶有更加廣泛意義上新的文化特徵的城市民俗。

二、海洋文化對上海民俗文化的三次重大影響

海洋文化是一種開放的文化，不僅僅是一種外來文化，而是與當地文化進行交流、衝撞之後形成的新的文化，這種文化中間既有外來文化的因素，也有本土文化的傳統，才那個算是海洋文化，只有這樣發展起來的文化才能構成對社會發展的動力。

第一次是明代。

明代永樂年間，鄭和下西洋（即為南洋群島），當時隨同去的人很多，其中就有上海人陳常，根據同治《上海縣志》卷二十二記載：「陳常，字用恒，漢成里人。以醫名於時。永樂十四年，遣使下西洋，以醫士從，歷洪熙宣德間，凡三往返。所歷自占城至忽魯謨斯，凡三十國。」因此有人認為，「我們

有了這條史料，可以得到兩點關於歷史的知識。其一，是上海在那時候初和
南洋交通的情況。其二，是當時一大批的人出發，船上帶了醫生，可想見他
們的設備的完美。」

在明代這個時期，最有影響力的是以徐光啟為代表的海洋文化的倡導者。

《明史》卷二百五十一列傳第一百三十九記載：「徐光啟，字子先，上海
人。萬曆二十五年舉鄉試第一，又七年成進士。由庶吉士歷贊善。從西洋人
利瑪竇學天文、曆算、火器，盡其術。」他不僅關注中國傳統的科學文化，而
且更將眼光放置在海外先進的科學文化的引進與運用上。

明代是一個閉關鎖國的朝代，雖然有向外發展的想法與做法，但是都沒
有得到有效的進步而導致失敗。在這樣一個國家中，要引進西方科技文化，
其壓力甚大。即便如此，徐光啟還是與外國教士利瑪竇合作翻譯數學典籍《幾
何原本》、《測量法義》；引進外國的天文觀測儀，修正曆法，並著作《簡平儀
說》、《平渾圖說》、《日晷圖說》、《夜晷圖說》等觀測解說書。其中影響最大的
是《幾何原本》。《幾何原本》是古希臘數學家歐幾里得（約公元前330～公元
前275）著作的一本書，在世界數學史上最負盛名，也是世界上最早的數學經
典，其數學思想和演繹方法支配了兩千多年來數學的發展。徐光啟與老師、
天主教傳教士利瑪竇（1552～1610）合譯的《幾何原本》（前六卷），開創了引
進西方科學之先河，這是翻譯成漢文的第一部外國科學著作。為了修正曆法，
徐光啟推薦外國人一起進行演算。《明史》卷三十一志第七：「因舉南京太僕
少卿李之藻、西洋人能華民、鄧玉涵。報可。九月癸卯開曆局。三年，玉函
卒，又征西洋人湯若望、羅雅谷譯書演算。光啟進本部尚書，仍督修曆法。」
由於集中了中外科學家的智慧，再加上徐光啟的聰明才幹，將曆法的計算到
「最為詳密」的地步，這是前所未有的事情，並且改正了許多過去存在的曆
法計算上的錯誤。《明史》卷二百五十一列傳第一百三十九記載：「四年春正
月，光啟進《日躔曆指》一卷、《測天約說》二卷、《大測》二卷、《日躔表》
二卷、《割圓八線表》六卷、《黃道升度》七卷、《黃赤距度表》一卷、《通率
表》一卷。是冬十月辛丑朔日食，復上測候四說。其辯時差裏差之法，最為詳
密。」這種利用西方詳密的計算方法，引起朝廷的驚訝。《明史》卷三十一志
第七：「崇禎二年五月乙酉朔日食，禮部侍郎徐光啟依西法預推，順天府見食
二分有奇，瓊州食既，大寧以北不食。」

除此之外，徐光啟在利用西方的科學技術來鑄造大炮、操練士兵方面都

很有建樹，也得到了明代最高統治者的欣賞。《明史》卷二百五十一列傳第一百三十九記載：「未幾，熹宗即位。光啟志不得展，請裁去，不聽。既而以疾歸。遼陽破，召起之。還朝，力請多鑄西洋大炮，以資城守。帝善其言。」「崇禎元年召還，復申練兵之說。未幾，以左侍郎理部事。」

以上徐光啟所做的事情，雖然不在上海，但是關於科技、文化的思想還是影響到他的故鄉。上海徐家匯的出現，就與徐光啟有著密切的關係。徐光啟曾在此建農莊別業，從事農業實驗並著書立說，逝世後即安葬於此，其後裔在此繁衍生息，這裡逐漸形成天主教徒集中的地區，初名「徐家庫」，後漸成集鎮，也稱之為徐家匯。

1847年，法國天主教耶穌會江南教區擇地徐家匯這個世代篤信天主教的徐光啟後裔居住地建造耶穌會會院。此後，一批以文傳道的耶穌會會士相率入境，興建教堂，創辦學校，傳播西方宗教文化，徐家匯地區因之成為西方文化輸入的窗口，一大批文化教育設施應運而生，主要有：藏書樓、天文臺、博物院、土山灣孤兒院等。其中孤兒院在撫養之餘，教他們學工藝美術，並創辦土山灣工藝廠，先後開設木工、五金、製鞋、編織、繪畫、照相、印刷等工場，中國近代不少新工藝、新技術皆發源於此，如西洋油畫、鑲嵌畫、彩繪玻璃生產工藝、珂珞版活體鉛字印刷工藝、石印工藝、銅鋅玻璃版照相工藝等，尤其是畫館，被譽為中國西洋畫的搖籃。土山灣工藝廠掀開了中國文化史上重要一頁。

在此，人們的信仰發生改變，成為天主教教徒，相信耶穌。不僅如此，而且具有西方文化特徵的各種各樣的新技術、新工藝也逐漸被接受，與徐家匯乃至上海廣大農村地區人們的信仰密不可分。

第二次是上海開埠之後。

如果說，徐光啟時代，西方文化還停留在被動地介紹，那麼到了鴉片戰爭之後，外國炮艦則大舉進攻，在上海形成新型的海洋文化的格局，那就是租界以及西方文化的浸入。

外國的船隻從外洋直溯而上，1845年英國殖民者首先在上海縣境域劃定英租界。1849年，法國殖民者也要求劃定法租界，1863年，美租界與英租界合併成立公共租界，形成了上海租界的基本格局。隨之，西方文化（包括先進的科學技術等）接踵而來，直接影響人們的思想與生活。光緒《松江府續志》：「上海番舶所聚，洋貨充斥，民易炫惑，洋貨率始貴而後賤，市商易於財

利，喜為販運，大而服食器用，小而戲耍玩物，漸推漸廣，莫不能遏。」

　　改變過去的生活習慣，主要依據公共事業的發展。沒有公共事業的發展，就不會改變上海人傳統的生活習慣，兩者之間的相互依存的關係。

　　在公共事業方面，主要在照明和供水，為改善上海市政措施有直接的作用。當時有 4 家公共事業：1864 年的大英自來火房（也叫上海自來火公司）、1865 年的法商自來火房、1865 年的上海電燈公司、1882 年的上海電燈公司（也叫上海電光公司）、1881 年的上海自來水公司，這些都是全國最早的公共事業公司，而且都集中在上海。其結果，給人們的生活帶來便利，並且改變的城市面貌。自來火就是現在的煤氣，最初用來解決租界道路的照明。到了 1882 年電燈出現在南京路、揚子路（今山東一路裝上路燈）上，1883 年 5 月 31 日《申報》報導：「其木杆之高出樓屋之上」，其明與「火無異，而光較白」。電燈公司也連續刊登廣告，可以在城市碼頭、家中裝設電燈，隨之戲園、酒館、煙室等公共場所也都裝上電燈。這時與愛迪生發明電燈不到 5 年。在租界，由於外國移民的管理與經營，使得原先上海老城廂北部地區洋涇浜一帶變得與過去大相徑庭：「道途則時加修築，不使半步之崎嶇，溝地則時加疏濬，無使淤泥之稍積；晴則輪水奔沸，塵漠不飛；夜則電球地燈，照耀如晝。」

　　上海自來水公司成立兩年後，在租界鋪設管道，1883 年開辦供水業務，派人四出勸說，並且以每擔 10 錢的低廉的價格，依然沒有取得成功，應者寥寥，因為大家更喜歡飲用不出錢的井水。雖然如此，但是飲用自來水畢竟是城市供水的必然之道，有錢的人提前用上了乾淨的日常飲用水。為了籌集資金的需要，上海自來水公司發行股票，1881 年公開招股，要求入股的人遠遠超過額定的股份。另外，1882 年上海電光公司進行招股，原本只有 500 股，卻申請股數竟然有 8000 份，可見申請非常踴躍。股票原是西方募集資金的方法，早在 100 多年已被上海人所接受。

　　外國資本在上海經營的近代工業，主要是對華貿易、航運服務以及與日常生活所需要的工廠。根據 1882 年上海英國領事館貿易報關，外國資本在上海設立有：3 家繅絲廠，1 家火柴廠，1 家玻璃廠，幾家汽水廠和幾家鐵廠，還有 4 家船塢廠等。

　　交通工具的改變，更加改善了人們出行的方便。「光緒戊申以還，公共租界及法租界皆行駛電車。旋又有黃包車出焉，其車之形式類腕車，惟稍低，且為橡皮輪。其後又有摩托車，則藉汽力以駛行，而以一人為之司機，捷於

飛鳥，有公司專賃之，每租一小時，須銀幣四五圓。腳踏車，則必習其行駛之術，始可乘之。塌車以板為之，惟以載貨。」

徐珂在《清稗類鈔・舟船類》一章節裏還詳細地敘述電車的外觀、軌道、行駛方式以及基本經營情況：

「電車，以電力駛行之車也。特設發電所，用蒸氣力轉動發電機以生電流，由架空電線及車頂鐵杆傳達車底之電動機。電動機之軸，由齒輪與電車軸相銜接，故電動機旋轉，電車亦動。車之前後端有半圓筒狀之物，司機人轉其把手，調節電力，可使車隨宜以緩急進退。因供給電力之不同，分為三種。一為單線架空式，用電柱架電線一條，地上鋪鐵軌，電流入車，車分為二，一燃電燈，一通發動機，復相合為一，循鐵軌以還至發電所。二為覆線架空式，上架二線，不設鐵軌，電流由甲線而來，作用既終，由乙線還至發電所。亦有將電線埋於地下者，歐美大都會多用之。三為蓄電池式，不用發電所，藉車中所備蓄電池之電流以行車，與通常之摩托車同，光、宣間，天津、上海均有之。上海電車，乃西人所經營，華人雖亦投資，而實權皆為彼所握。車位分兩等，曰頭等，曰三等。初開時，華人慮或觸電，類多望而卻步，頭等座中則更絕無僅有。於是西人假優待婦女之名，以為招徠，於周行某處至某處之路，所號稱圓路者，許婦女出三等車資而坐頭等。殆亦揣摩華人心理，意謂車有婦女，則尋芳獵豔之男子自必相率偕來。自是不及一年，其營業果日益發達，而幽期密約之事，亦出之於車中矣。」

不僅普通民眾享受西方科學技術帶來的成果，其實更能夠享受這種成果的是達官貴人。李鴻章就是其中一人。他受到歐風的影響，不再固執己見，也開始享受西方的科技。據記載，他從上海到天津以後，還保持電氣按摩、電氣燙麵，身邊有西醫診療。〔註3〕

第三次是 20 世紀 80 年代以後。

這一時期，主要的改革開放的結果。所謂改革，是對內而言，是割除對生產力束縛、對頭腦的禁錮，是衝破不適合社會主義生產力的體制，使之順應社會的發展。所謂開放，是對外而言，就是將先進的生產方式引進國內，但是隨著生產的進步，各種各樣國外先進的生活用品以及文化工具也進入人們的視野，成為他們生活的一部分。

最大的改變是生活習慣與民俗文化。肯德基、麥當勞完全是美國的文化，

〔註3〕于醒民《上海，1862 年》第 364 頁，上海人民出版社 1991 年版。

逐漸成為人們日常飲食，被人們所接受，並且成為犒勞孩子的食品。電視機、電冰箱、收錄機等家用電器成為人們追逐的目標。我的第一個收錄機是三洋牌，當時是鄰居在單位裏獲得一張票子，他們家的孩子還小，就送給我，我用了 180 元買來後，十分欣喜，幾乎天天錄音來玩。此外，西式家具、地毯等進入普通老百姓家庭，成為一種現代生活的標誌。

90 年代以後，上海開始房改，人們開始擁有自己的居住空間。隨後房地產蓬勃發展，一派欣欣向榮氣象。各種各樣的房屋建築風格，西班牙、丹麥、美國、法國、日本等國家的建築形式在上海各個角落興建起來，成為形態各異、風格多樣的居住小區。這種西式洋房的再現，其實就是人們潛在的文化思維所造成的，反映的是人們的一種海洋文化的觀念在起作用。居住者沒有多餘的選擇，只能住在這些外來房屋風格之中，而建造者同樣用西方的居住觀念來建造房屋。有人這樣總結二十多年來的房地產開發模式，分為三種：第一種是美國式的，絕大部分都是靠市場。一種方式是新加坡的方式，70%、80%政府提供保障。30%、20%市場來解決。第三種方式是德國的方式，德國的方式是 50%、到 60%的人都去租房，大部分人在租賃的房子中生活。從這裡可以看出，不管的建造房子，還是租房子來住，都存在一個向西方看齊，借鑒西方經驗的模型。這種模型，最大的缺陷是，沒有中國人自己的文化與思考。

另外，1987 年的寶鋼建設是一種海洋文化的延伸，它要利用的是國外的鐵礦石與科學技術，21 世紀的洋山港建設也是一種海洋文化的繼續，要利用深水碼頭來發展與其他國家的貿易方面的聯繫，發展中國的經濟。

三、海洋文化對上海所帶來的文化價值

1. 海洋文化創造新的城市大都會

城市是一種文化，大城市更帶有開放性的一種海洋文化。從中國大城市發展史來看，凡是大城市的誕生都與海洋文化聯繫在一起。「19、20 世紀，今天中國的著名都市逐漸湧現。第一級的大都會是上海，獨自一級，無可倫比。」〔註4〕此話很有見地，看到了上海作為「第一級的大都會」的地位，是無法撼動的。而這一地位的誕生，與國際貿易放不開，或者可以這樣說，國際貿易促進上海大都市的發展，「19、20 世紀的大都會，除了南北兩京，都是因國際

〔註 4〕許倬雲《萬古江河》第 336 頁，上海文藝出版社 2006 年版。

貿易而勃興。上海、天津與武漢，原來不過是小城鎮，其勃然興起成為重要都會，全因為它們是通商口岸。上海是尤為特出的個例：它原是一海隅縣城，因緣時會，竟一躍而握中國都市的牛耳，堪稱時代異數。」〔註5〕

　　許倬雲還說，中國近代工業的發展，主要分布在上海、武漢、廣州、天津等沿海及內河重要港口，在每個港口都有一個分工的生產地帶。在此中間，最主要的生產用品是：麵粉、火柴、紡織品、陶瓷、煙草等，而這些日常生活用品，直接改善了人們的日常生活，並且成為大都會主要的生活消費品與文化消費品，這些具有時代特徵的消費品，成為其他地方追逐時尚的目標，其中上海是人們模仿的對象。「近代中國的工業，幾乎都在這些大都會的周邊。江南是麵粉、紡織、火柴、陶瓷、電器、機器、造船諸項工業集中之處，而上海周邊又是江南工業的中心。天津是化工工業、毛紡工業的中心；武漢是鋼鐵、機器、日用品工業的中心；廣州是煙草、紡織及農產加工工業集中之處……在這些地方，外資首先投入建廠，中國官私資本接著也紛紛發展中國自己的工業。舶來的商品，運入這些口岸，加上這些地區的工業產品，由上述水路運輸路線，四向運入腹地，供應全國日常生活的工業製品，決定了一般人民的生活方式。近代中國人的消費文化，其品位與時尚，是以北京、上海、廣州、香港為榜樣，主要即由於消費商品來自都會區。而上海，尤為榜樣中的榜樣。」〔註6〕

　　在此，我更想說的是，除了上述兩點之外，江河與海洋交匯之處，才會產生大都會，才產生一種新的文化內涵與文化形態。海洋文化主要是西方文化，而江河文化是一種中國傳統文化，只有兩者的有機結合，才能夠達到一個新的層次，成為新的中外合璧的文化。就在西方資本進入的同時，中國本土的企業家利用江河的運輸之便，在蘇州河邊同樣建立了紡織廠、火柴廠、麵粉廠等，將海上運來的機器，加工內地運來的物品，從而生產出人們生活的必需品。在此基礎上，有的則可以進行更高層次的設計與加工，形成新的產品，滿足不同階層的生活需求與文化需求。

　　而沿江河的地帶，不僅形成新的工廠區域，而且也成為人們生活、居住集聚區，這樣就自然擴大了以海洋文化而形成的居住區，成為上海大都會的一個組成部分。

〔註5〕許倬雲《萬古江河》第336～337頁，上海文藝出版社2006年版。
〔註6〕許倬雲《萬古江河》第339頁，上海文藝出版社2006年版。

由於大都會的建立，也會因此帶來許多問題，乃至民風的變化。有人說：「至於海外貿易工作之商民不下數千百萬，五方雜處，良莠不齊，賭殺凶毆之案層見迭出。」〔註7〕因此，有識之士呼籲，要用西方的法律：「中、西律例不同，必深知其意者，始修參用其法而無弊。惟西國之法猶能法古人明慎之心，苟能參酌而行之，實可以恤刑獄而致太平。」〔註8〕並且要用巡捕制度來管理：「考西法通都大邑，俱設巡捕房，分別日班、夜班，派巡捕站立街道，按段稽查。遇有形跡可疑及鬥毆、拐騙、盜劫等事，立即拘往捕房，送官究辦。故流氓不敢滋事，宵小無隙生心。即有睚眥小忿，口舌紛爭，一見巡捕當前，亦各釋忿罷爭，不致釀成命案。而其禁止犯法，保護居民，實於地方民生大有裨益，誠泰西善政之一端也，」〔註9〕

之所以這樣做的原因，就在於社會環境、傳統民風發生根本性的改變，必須要有新的管理方法與管理模式。而開埠之後的上海，作為一個新興的城市，中外各色人等大量湧入的時候，學習、利用西方國家的巡捕制度，應該是行之有效的方法。

2. 海洋文化必然會與本土文化發生衝突

海洋文化是一種開放的文化，與一種外來的文化，勢必與傳統的中國本土文化發生衝撞，這中間既思想、意識方面的差別，也有風俗習慣方面的不同而引發的糾紛。

最具有代表性的舉動是盲目排外。這種行為在開埠時期的上海表現得很突出。朝廷派到華爾街洋槍隊去的官員責難西式軍服不成體統，誰穿誰不知羞恥，其中道理十分簡單與普及：這種服裝是鬼獸之衣。洋人是被叫作魔鬼——鬼子、禽獸——犬羊的。〔註10〕在普通老百姓中間同樣也會發生排外的情緒，謾罵穿西裝的知識分子，甚至對他們動粗。這種情形在早期上海報紙雜誌裏，是屢見不鮮的。

除此之外，對外國的穿著打扮，格外好奇，甚至圍觀，也是一種文化衝突的表現。在肩擦肩的擁擠狀態下，對於第一次看到日本人的上海人來說，實在是稀罕。髮髻和佩刀的身姿引來眾多的行人。「日本人一上岸，來圍觀的

〔註7〕《馮桂芬、鄭觀應、黃遵憲卷》第 214 頁，上海文藝出版社 2010 年版。
〔註8〕《馮桂芬、鄭觀應、黃遵憲卷》第 216 頁，上海文藝出版社 2010 年版。
〔註9〕《馮桂芬、鄭觀應、黃遵憲卷》第 223 頁，上海文藝出版社 2010 年版。
〔註10〕于醒民《上海，1862 年》第 441 頁。

人就聚集起來。那場景好像西洋的婦女剛到日本時一樣。擁擠的狀態到了連走路都走不開的程度。」〔註11〕中國學者對於這段歷史，也有一定的描寫：他們對日本官員峨冠博帶的散發唐宋遺風的裝束大驚小怪，前呼後擁，圍觀不已，有的甚至無禮地捏日本官員的衣服盤問買價。〔註12〕

發生衝突的地方還有很多，例如對於衛生習慣的理解。有人說：「上海街道的髒臭難以言表。特別是狹窄的街道和小路上糞便堆積得連下腳的地方都沒有。即使這樣也沒有人打掃。」〔註13〕但是在租界裏，道路乾淨漂亮，跨出租界情形完全兩樣。當時有記載說：外國人「下宿的旅館是租界裏荷蘭領事館附近的名為宏記洋行的洋式建築。這個旅館位於黃浦江邊，前面的大道寬約十五六米或者十八米，沿著黃浦江延續下去。這裡自從洋人居住以來，建起了很多新的房屋，新修的街道縱橫交錯，路面也很寬闊。看起來市容乾淨整齊。」〔註14〕當時的上海不是每家每戶都有廁所，室內用便盆解手，然後再把其處理掉。有的在路上或者空地挖坑，就此來解手。解完手不收拾的人也為數不少。此外，飲水問題更大，大多數上海人喝的是黃浦江水，而江裏流的是污水，還有各種動物屍體及其內臟。1862 年，全上海只有三四口井，因此很多人生病。這樣生活習慣的不同，反映的是早期上海人與外國人的文化衝突。

而這種衝突的結果，是以消除上海人的惡劣的生活習慣為一種長期的陣痛，而逐漸改變固有的不良生活習慣，學習外來的文化，接受新的生活方式，只有這樣，才能最終解決這種文化上的衝突。

3. 海洋文化改變人們生活理念，提高生活質量

海洋文化不僅會帶來全新的生活，而且還會將新的教育、傳播方式的改變。

在上海集中了傳播現代知識的學校，有高等學府，也有初級中級學校。如徐匯中學、南洋公學、聖約翰大學、震旦公校等，這些學校多多少少都與西方文化有直接或間接的聯繫。再如在新場，光緒二十八年就有女子學堂，而女子學堂的出現，更是西方文明進入上海的表現。

出版機構雲集，在棋盤街，到了 20 世紀 30 年代，有商務印書館、開明書局、世界書局、正中書局、廣文書局、廣雅書局、申報書局等，雜誌有《新

〔註11〕松田屋伴吉《唐國渡海日記》第 55 頁，見《檔案與史學》2004 年第 6 期第 60 頁。
〔註12〕于醒民《上海，1862 年》第 441 頁。
〔註13〕高衫晉作《遊清五錄》第 76 頁，見《檔案與史學》2004 年第 6 期第 61 頁。
〔註14〕峰潔《清國上海見聞錄》第 27 頁，見《檔案與史學》2004 年第 6 期第 60 頁。

青年》、《東方雜誌》、《教育雜誌》、《小說月報》、《少年雜誌》、《婦女雜誌》、《科學月刊》等，報紙有《申報》、《新聞報》等等。王韜等人還將《幾何原本》、《聯邦志略》、《西醫略論》、《內科新說》、《婦嬰新說》、《新約全書》翻譯到中國來。〔註15〕而這一切都與西方先進的印刷技術有著的關係。王韜說：「上海自與泰西通商，時局一變。」一次，他去參觀外國人創辦的以活字板機器印書的書局：「時西氏麥都思主持「墨海書館」，以活字板機器印書，竟謂創見。余特往訪之，竹籬花架，菊圃蘭畦，頗有野外風趣。入其室中，縹緗插架，滿目琳琅。麥君有二女，長曰瑪梨，幼曰婭嫻，皆出相見。坐甫定，即以晶杯注葡萄酒殷勤相勸，味甘色紅，不啻公瑾醇醴也。又為鼓琴一曲，抗墜抑揚，咸中音節，雖曰異方之樂，殊令人之意也消。」在這裡，王韜看到的不僅是「活字板機器印書」的場面，而且親身感受了西方人喝葡萄酒與鼓琴的文化享受。

上海是電影、話劇、西洋繪畫這些外來藝術的生產基地，而且成為許多中國地方戲劇進行發展、創新的空間。很多地方小戲到上海才發展成為具有一定影響力的戲劇品種，如越劇、滬劇、淮劇，包括京劇在內，都在上海這塊土地上創新，與獨具海洋文化的色彩緊密相關的。這一方面是上海引進了最新的科學科技、表演藝術，另一方面上海不認可固守陳規，相反有著普遍的求新求變的文化訴求。由於這兩方面的關係，幾乎所有的文學藝術都在發生變化，成為一種嶄新的文化流派──海派文化，不是沒有道理的。

除了，原來的民間戲劇在上海發展成為獨具特色的地方戲種之外。民間說唱藝術也不斷得到發展，成為一種人們喜聞樂見的民間藝術。鈸子書就是一例。據《松江縣志》有關鈸子書的記載，鈸子書「祖師爺為清光緒年間」有個南匯人名叫褚蘭芳。他收過三個徒弟，大徒弟傅炎泉是南匯大團人，曾在南匯、浦東等地區收徒弟傳技藝，創立了鈸子書東鄉調。鈸子書不僅有了新的曲調，而且還有了傳承人，其他的民間藝術品種是如此，在上海這塊土地上迎合各種各樣外來人口的審美要求而不斷創新。

在娛樂方面，1922年，姓張的旅日華僑與美國奧斯邦合作，創辦中國無線電公司，建立上海第一家無線電廣播電臺，這也是中國的第一家。在這些廣播電臺的節目裏，同樣有許多娛樂的新聞與節目，也直接改變人們傳統娛樂形式與傳播方式。

〔註15〕于醒民《上海，1862年》第435頁，上海人民出版社1991年版。

　　所有這些變化都與海洋文化的進入有著直接的關係。一直到了民國時期，這種舶來品從城市延伸到了農村。民國《真如里志》：「中外市以來，洋貨充斥，炫彩奪目，喜新厭故者流棄其已有。群相購置。」由此可見，肥皂、洋燈、毛巾、火柴等開始進入尋常百姓家，成為他們生活的重要的一部分，也直接改變了他們的生活習慣，也因此帶來許多生活的便利與生活質量的提高。

　　公園是西方帶來的新的公共場所，它打破了過去園林只是私家花園的概念，從僅僅屬於個人空間轉變成為公共空間，這是一種文明的突進。

　　張園可謂是上海早期公園的雛形，地處靜安寺路（今南京西路）之南，同孚路（石門一路）之西，舊址在今泰興路南端。自 1885 年開放之初，是免費的，從 1886 年 1 月，開始低廉收費，門票一角，用於花草維護等費用。張園是當時上海最大公共活動場所，可供觀光、旅遊、遊樂。園內有最高的樓，可以登高望遠，鳥瞰上海全景。這裡有彈子房、拋球場、腳踏車，有書場、灘簧、髦兒戲（後兩者俱為地方戲曲），有茶樓、飯館，可吃、可喝、可看、可聽、可玩、可鍛鍊。〔註 16〕另外，衡山公園、襄陽公園、外灘公園等都是此類公共園林。

　　襄陽公園，也叫泰山公園、林森公園、杜美公園等，原是顏料巨商薛葆城的墓園。1938 年，法租界當局公董局購置的土地作為新建辦公樓的地基。1941 年公董局決定建成公園，專供法國兒童遊玩，一度稱之為兒童公園。1942 年 1 月 30 日對外開放，一直到現在都是公共園林。衡山公園，原名為「貝當公園」，始建於 1935 年，是紀念法國人貝當而命名的公共園林，供人遊玩、休閒的地方。

　　因此可見，公園的出現應該視為海洋文化對上海社會的重要影響的一部分，是現代文明的一個重要標誌，直接改變人們的生活習慣。休息不再是無聊的打麻將、上妓院，也可以到公園去玩耍，這可以視為是一種西方生活方式的表現。

4. 海洋文化改變上海的風俗習慣

　　開埠之後，上海人的風俗習慣逐漸方式變化，服裝業跟隨西風東漸，也慢慢的發生變化。

　　王韜《瀛壖雜誌》說：「近來風俗日趨華靡，衣服僭侈，上下無別，而滬

〔註 16〕熊月之《張園與晚清上海社會》，《南方周末》2002 年 4 月 4 日。

為尤甚。洋涇浜負販之子，猝有厚獲，即御狐貉，炫耀過市。」這裡，一是說西風漸進，社會風氣巨變，二是說人們的著裝觀念也發生變化，不再依照封建社會等級制度來穿著衣服，而是有錢就可以將過去只有貴族才能穿的皮毛衣服穿著起來，大搖大擺地在街上行走。

將西方的生活方式納入自己的生活中間。他們改變自己的穿著，市民打破了穿衣的封建時代界限，有錢什麼都可以穿，完全打破過去按照等級制度而穿著衣服的。到了民國，衣服的樣式有了新的變化，但其借鑒的樣式也都外來的，例如中山裝、旗袍等。中山裝，眾所周知是根據日本士官服而加以改造而成的，旗袍則是用西式服裝的剪裁方法，並結合西方文化的審美要求而設計出來的。

除了衣服變化之外，為了應對大量江浙等地人口的進入而出現房屋緊張情況，上海建造磚木結構的石庫門住宅。這種住宅，不是純粹的傳統建築模式，而是加上了歐洲聯排住宅的格局，上下三層或兩層，既節約了土地資源，可以住上更多的人，而且安全可靠。樓下還能夠開設錢莊、銀樓等商鋪。1914年以後，上海人口增加到 200 萬左右，於是有了經過改進的新石庫門里弄建築，採光、通風更好，設計更加緊湊，滿足普通職員以及中低人群的生活需求。到了 20 年代，在西郊地區出現大量西式洋房、別墅，這些模仿西班牙、美國、法國的建築風格，屋內有了新的衛生設備，環境優美，一般都是富裕階層或者外國人居住。另外，還有新式里弄住宅也跟著出現，成為上海當時比較高級的住宅形式。

居住的形式也發生根本性的變化。特別是租界的洋樓成為一種新的居住形式。但是，李鴻章對闊佬們都喜歡住在租界表示大為疑惑。曾國藩對兩省官紳螞聚一隅火氣更大，曾專函責難：「江南衣冠右族避地轉徙，宜選擇蘇北寬闊之地，宜有一種蕭穆之氣，進退可綽綽有餘，不宜叢集滬上，地小人多，未警先擾。」〔註17〕儘管如此，並沒有動搖那些官紳的居住在洋房裏的決心。同時，家裏的布置也都是西式家具，在一些買辦家裏，器具華麗，一點不讓洋商。

在飲食方面，為了滿足外國人的生活，出現了麵包房、咖啡店等，這種西方的飲食方式同樣也默默地影響了上海人的生活成為他們羨慕的生活模型。

在髮式方面，1862 年前，仕宦人家嬌女貴婦爭向青樓學扮的髮式有形似

〔註17〕《湘鄉曾氏文獻》第 708 頁。

元寶的「元寶頭」，元寶頭加梳燕尾燈，中年者要淡雅梳「平三套」，線條柔和。〔註18〕到20世紀30年代，出現女子出現大波浪髮型，而男子則是大包頭的髮式。有競爭意識的理髮店老闆看到上海喜好西方髮型的特點，不惜重金，對理髮店進行設計，華安人保公司老闆就是如此。他花鉅資對華安進行徹底調整與擴大裝修，專門聘請留法歸國工程設計師設計施工和內部裝潢。裝修後的華安店堂內布局全部根據法國新時代風格，理髮大鏡都以巴黎三十度斜角式布局，男子部為方鏡子，女子部為圓鏡子，給人以很強的立體感，所用的設備、設施、用具及化妝用品，全部從法國引進。華安老闆為奪人眼球，還在店堂兩側櫥窗旁放置了兩尊塑料模特兒，一尊是披著金黃色長波浪、姿勢浪漫的法國女郎；另一尊是櫻桃小嘴、披著黑髮長波浪、美麗文靜的中國女郎。而且模特兒頭上的髮式都是不同季節的流行髮型。「華安」的企業知名度由此不斷上升，被當時的上海消費者稱為「中國的法國美髮館」，深受高檔顧客和在滬洋商的青睞。尤其是法國人特別喜歡到華安理髮燙髮，享受「回家」的感覺。〔註19〕

在婚禮方面，由於人們推崇西方文化，也用上西式結婚儀式，男人穿西服，打領帶，女人披上白色婚紗，成為非常流行的婚禮服裝。到了20世紀30年代，這種流行文化已為廣大民眾所接受。

在禮儀方面，見面不再是打拱作揖，而是行握手禮。在鴉片戰爭以後，還流行傳統的稱謂、跪拜、社交禮俗和祭典禮俗，人們見面要行作揖、拱手、跪拜、請安等禮。辛亥革命之後，使用「先生」、「君」的稱呼，脫帽、鞠躬、握手、鼓掌等新禮俗，這些都反映出西方文明的特徵，表現的是現代社會人與人之間的平等關係。

四、結論

綜上所述，上海城市文化的發展與風俗習慣的改變，與海洋文化有著直接的連帶關係。海洋文化帶來的是一種社會、歷史、文化進步，沒有海洋文化，就沒有現代化，就沒有新的物質文明，因此，在研究海洋文化的時候，其著眼點，應該放在提高民眾的生活水平，直接帶來幸福指數的提升。

上海市人民政府關於印發《上海海洋經濟發展「十一五」規劃》的通知

〔註18〕于醒民《上海，1862年》第421頁，上海人民出版社1991年版。
〔註19〕孫孟英《老上海美髮業的「春秋戰國」》，龍源期刊網。

的第四部分「主要措施」（七）「提高海洋意識，加強海洋文化建設」裏有這樣的表述：「通過各類媒體和海洋宣傳活動，在市民群眾中普及海洋知識，提高公眾對海洋的認識。培育海洋文化，樹立海洋國土和海洋經濟的觀念，尤其要加強對中小學生進行海洋意識的培養。建設航海博物館，舉辦海洋國際文化節，營造海洋文化氛圍。鼓勵公眾對海洋開發和管理的支持、參與和監督，為海洋的開發利用創造良好的社會環境。」

這句話清晰易懂，邏輯關係非常明確，其最後的落腳點，就是海洋文化要「為海洋的開發利用創造良好的社會環境」。如果再加以分解的話，那就是海洋文化的建設：一是為海洋的開發利用，二是創造良好的社會環境。此話好像並不錯，但是仔細分析，發現其依然沒有走出「文化搭臺，經濟唱戲」的窠臼。總之，其關鍵點沒有將文化建設與人們的生活聯繫起來。海洋文化的建設，不僅僅是為了經濟本身的發展，更重要的是它會對上海的社會產生積極的影響，會與海洋和睦共處，會改善人們的生活質量，提高健康水平，最終能夠為民眾的生活提升幸福指數。

幸福指數亦稱幸福感指數。幸福指數最早是由美國經濟學家薩繆爾森提出的。他認為，幸福＝效用／欲望。也就是說，幸福與效用成正比、與欲望成反比。他還把影響效用的因素分為物質財富、健康長壽、環境改善、社會公正、人的自尊五大類。〔註 20〕幸福是人們對生活滿意程度的一種主觀感受，其中包括社會福利、醫療、教育、養老，以及社會環境、鄰里關係、倫理道德等等，這些都會直接使人感受到是否幸福。所謂幸福指數，就是衡量民眾這種感受具體程度的主觀指標數。如今要研究海洋文化，就是要研究海洋文化對於人們所帶來的幸福感覺，以及它給生活所帶來的變化和質量的提高，其中包含物質的豐富、社會公平，只有將幸福納入海洋文化考量指標，才能夠在物質與精神之間尋找平衡。

在提倡幸福指數的今天，發展海洋文化，其目的就應該是以幸福指數作為最終的重要的目標，而不能僅僅落實在一個寬泛的外在的形象工程上。

2011 年 11 月 26 日星期六
2011 年 11 月 29 日星期二

〔註 20〕新華網《幸福指數：社會評價的新指標》，新華網 2011 年 9 月 21 日。

第五章　海洋社會學：神話運作之妙趣[註1]

　　海洋與神話是社會學中很重要的一個組成部分，是早期人類在海洋生活、生產中所產生的文化想像，它雖然幼稚，但卻充滿了人類的智慧，有著深厚的現實的社會基礎。《海洋社會學》一書很好地利用神話的素材，闡述了人類在海洋文化中體驗與活動，精準獨到，具有睿智的文化觸角。

　　地球是由陸地與海洋構成的。如果說，過去關心的陸地神話比較多話，而現在開始注意海洋神話，這是神話學的一大進步與重要發展。在《海洋社會學》一書裏，對於神話的研究與運作有了新的思路，其中不乏有其許多真知灼見，與妙趣橫生的地方。

　　從神話的角度來闡述海洋社會學，是一很有見地的做法，雖然這不一定是第一次，但卻是有獨到的視野。這裡，不僅可以從遠古的神話裏，看出海洋文化、海洋社會、海洋經濟等的發展、變化，而且也能夠從海洋社會學裏，反映出現代神話學在其領域上的擴大和認知的提升。

一、神話運作的特點

　　《海洋社會學》中的神話運作是有其特點的，這些特點表現為：

　　1. 放在人類文明起源的基礎之上來談海洋文化

　　眾所周知，海洋是在人類出現之前就已經存在，而人類誕生的早期還沒有文字，也根本談不上有記載，而神話就是最早人類對於海洋的真實記錄。

〔註1〕本篇原是一書評文章。

洪水神話是人類遭受大災難的一次記憶。因此，大洪水是世界多個民族共同傳說，在人類學家的研究中發現，美索不達米亞、希臘、印度、中國、瑪雅等文明中，都有洪水滅世的傳說。例如《聖經》中就有諾亞方舟的故事。中國古籍《尚書·堯典》中就記載上古之時，「湯湯洪水方割，浩浩懷山襄陵」；《孟子·滕文公》云：「當堯之時，天下猶未平，洪水橫流，泛濫於天下」；《淮南子·天文訓》謂：「舜之時，共工振滔洪水。」其結論是：中國洪水神話反映遠古某個時期人類在遭到毀滅性洪水災異之後得以生存繁衍的故事。〔註2〕

洪水神話是早期人類集體的歷史記憶，至今保留在世界各個國家與地區的神話裏，這不是偶然的事情，可以說明其是真實存在的。《山海經·海內經》載：「鯀竊帝之息壤以堙洪水，不待帝命。帝令祝融殺鯀於羽郊。鯀復（腹）生禹，帝乃命禹卒布土以定九州。」這可能是最早的洪水神話。在印度《摩訶婆羅多》、《摩奴法典》等古籍裏也都有各種版本的洪水神話。在《百道梵書》裏說：摩奴在水池洗手，一條魚忽然跳到他手中，開口對他說：「好好照料我，我將保祐你。」並告訴他洪水將至。摩奴將魚養在陶缽，並隨其長大而移至溝中，最後放入大海。後來在洪水來臨時，摩奴登舟，將舟繫於魚角，魚將其拉到北山，那裡後來被稱為「摩奴登陸處」。摩奴登陸後以黃油和牛奶、乳清、凝乳向神祭祀，從祭品中出現一個女人，她自稱是摩奴之女，後來與摩奴一起繁衍出他們的子孫。在馬來西亞，有一土著部落傳說：大地是一塊蓋在茫茫大水之上的外殼。在遠古的時候，大神 Pirman 打破了這塊外殼，世界被大洪水淹滅。但 Pirman 創造了一個男人和一個女人，將他們放在一條以 Pulai 木做成的船上，這條船完全被封著，沒有打開。兩人在船中漂浮顛簸了一段時間後，船終於停了下來。兩人從船側一點一點地弄開條通道來到陸地。

洪水神話往往與人類繁衍神話聯繫在一起，這就有了兄妹結婚的神話，如亞當與夏娃、伏羲與女媧的神話都是人類延續的傳說。因此，這些洪水神話說明一個事實：洪水並沒有消滅人類及其文明，相反的是，人類通過大洪水的洗禮，後代更加繁盛；人類社會也在洪水之後得到進一步的發展。

對於海洋社會學來說，海陸變遷並非只有人類出現之前的古地質年代才有，在古代神話中多有可怕的洪水之吻，這與地殼和海平面的變化引起的海

〔註2〕《海洋社會學》第 112 頁，世界圖書出版公司 2012 年版。以下凡引用此書，不再注明出版單位。

陸變化有關係，表明人類親歷過滄桑變遷。〔註3〕對於洪水神話來說，它反映了人類的歷史與文明都與海洋有著密切的關係，海洋給人類帶來的不僅是災難，也是人類文明的萌動與崛起。

2. 放在民俗文化的基礎上來談海洋文明

海洋是一個神奇的世界，「雲霧繚繞、一望無際、波濤洶湧、深幻莫測加上不時出現的海市蜃樓，海洋總是喚起人們的想像，主體駕馭自然力的強烈欲望演化成為膾炙人口的神話故事如八仙過海等等。海外仙山、不老藥就成為中國大秦皇帝夢寐以求的寶地方物了。」〔註4〕

在這裡，傳說與現實交織在一起，表現的是神話後期的文化形態。

在少數民族之間，這種傳說與現實交織的海洋神話存在。布依族《十二層海》說：開天闢地時，造了十二層海，下海要走十二天。第一層是蝦子管的地方，它怕大魚吃。第二層住著石蚌，它怕人們捉。第三層遊著鯉魚，十分歡快。第四層有海螺的家，美麗牢固。第五層裏，龍王女兒在唱歌。第六層住著龍王，他常騎著海馬出宮，紅鬍子龍開路，黑鬍子龍隨後；紅鬍子龍、黑鬍子龍還審案辦案，斬殺為非作歹的龍。第七層是犀牛住地，它常在石柱上磨角，誰惹它就刺誰。第八層有水鴨、水鵝，哪裏好它們住哪裏，哪裏不好它們就逃。第九層，龍王在那裡造井造水，送給人們吃和灌田。第十層，龍王女兒在繡花，曬花被、花綢。第十一層有三十八條路、四十八條街，龍匆匆忙忙趕場做生意。第十二層是海底，廣大無邊，千萬根石柱撐著大地。〔註5〕在納西族中流傳的《金沙江與玉龍山》神話也很有情趣：少女金沙江聽說東海王子在找她，就下決心到東海去，玉龍山老人陪伴著她。走到雲南麗江，老人睡著了，一睡就是幾十萬年。少女從他的腿縫間鑽過去，一直流到東海，和王子結成了美滿的姻緣。在她身後，留下一條大江，人叫金沙江。〔註6〕這種擬人化的將金沙江義無反顧地奔向大海的神話，反映的是內陸人嚮往海洋的一種願望。

這種超現實的想像力，是人們不瞭解海洋的結果。人類對海洋充滿恐懼，這種既害怕又崇拜，產生了各種各樣的複雜心理。「近海的原始先民，面對一望無際且變幻莫測的海洋，誤以為大海受超自然力量所控制，因而萌發出樸

〔註3〕《海洋社會學》第 112 頁。
〔註4〕《海洋社會學》第 116 頁。
〔註5〕見劉城淮《中國上古神話通論》第 278 頁，雲南人民出版社 1992 年版。
〔註6〕見劉城淮《中國上古神話通論》第 277～278 頁，雲南人民出版社 1992 年版。

素的信仰觀念，產生了海洋崇拜。海龍王成為最早佔據中國人類意識形態的海洋主宰者。中國隋朝開皇十四年（公元 594 年），文帝下詔祭四海，冊封了東海龍王、西海龍王、南海龍王和北海龍王。隨著時代的發展和變遷，人們臆造的海龍王滿足不了中國沿海居民對海洋信仰的願望和需求。因而，便相繼產生了在現實中確有其人而又將其神化的新海神，即觀音、媽祖和孫仙姑等。而媽祖成為被朝廷敕封的『國家級』海洋女神，凡民間航海遇險化險為夷者，人多歸功於媽祖，因而宋、元、明、清幾個朝代都對媽祖多次褒封，封號從『大人』、『天妃』、『天后』到『天上聖母』，神格越來越高，並列為國家祀典。而且海神的職能能不斷地擴展且無所不管，囊括航海安全、漁業豐歉、男女婚配、生兒育女、祛病消災等等。」〔註7〕這裡，高度概括了海洋與人們信仰的關係作了地道的解說。

關於媽祖，在書中不止一次的提及。如「媽祖信仰在中國沿海地區影響廣泛」〔註8〕；還說「媽祖信仰，在臺灣省很普遍。在大多數臺灣同胞心目中，媽祖不但是戰勝風浪，與自然災害進行鬥爭的精神支柱，而且媽祖還代表了民族的根，是一種感情紐帶」〔註9〕等。

的確，媽祖是東南沿海一位重要的海神，這在古籍中經常看到，有的在一個地方就修建多個廟宇，可見其影響力之深遠。《古今圖書集成·方輿典》第 660 卷《江寧府部匯考》：天妃廟「在郭城門外上新河北岸，明洪武間建，二十二年重修。」還記載：天妃廟「四，一在縣東南五里，一在縣東南二十五里，一在縣凍二十五里，一在縣東南三十里。」

根據宋以來的各種文獻記載，媽祖原為福建地區一女子，死後被人尊奉為神，特別是在海上遇到危險的時候，她會保祐眾人。清《長樂縣志》記載：「相傳天后姓林，為莆田都巡簡孚之女，生於五代之末，少而能知人禍福。室處三十載而卒。航海遇風禱之，累著靈驗」。因此可知，媽祖被奉為海神，是民眾的一種祈求平安的願望。

除了崇拜之外，人們產生種種民俗活動。每年祭海時，由德高望重的老漁民牽頭，青壯漁民設祭壇，抬神像等，格外踴躍。〔註10〕造船時，先要把

〔註7〕《海洋社會學》第 191 頁。
〔註8〕《海洋社會學》第 318 頁。
〔註9〕《海洋社會學》第 332 頁。
〔註10〕《海洋社會學》第 311 頁。

船底「龍骨」豎立起來，用紅布繫在龍骨上以辟邪，接近竣工時，最後一道工序便是在船頭裝上一對「船眼睛」，也叫「定彩」，在安龍目時選定吉時，備牲禮向諸神叩拜。……船主擇「黃道吉日」，進廟拜神。〔註11〕

　　與此同時，漁民在拜神的時候，也有各種風俗與禁忌。海洋社會早期，海洋個體主要從事漁業生產活動，打魚、捕魚、抓魚、吃魚，其社會風俗以漁風漁俗、漁神信仰、漁業禁忌、漁船漁具等為主要內容。〔註12〕

　　在捕魚的時候，有各種祭祀的儀式，用來表示對神靈的尊重。「世界各地都有著海洋韻味十足的民俗文化。例如捕魚節，它是漁民敬奉海神的節日，世界很多地方都有捕魚節。……無論哪個地區，捕魚節第一項活動無不例外地要舉行隆重的祭海儀式。還有海神節，每年2月2日，是充滿神奇宗教色彩的巴西海神節。」〔註13〕

　　凡此種種，都顯示出人們對於海洋神靈的敬仰與崇拜。《海洋社會學》對此進行了非常形象的表述：海神信仰和涉海民間信仰是涉海人群在面對浩森無垠、變幻無常、神秘莫測的海洋和人類的無助時，為充滿了兇險和挑戰的涉海生活找到精神護祐，或為家庭進行祈福避凶，對神靈的信仰使人獲得精神上的慰藉。南海觀音崇拜香火旺盛。〔註14〕這種表述，無疑是準確的。它將人與自然之間的關係表達得非常清楚。人們在浩瀚無際的海洋面前，無疑是十分渺小的，根本無法與之抗衡，只有求助海洋神靈的幫助，才能夠得以生存，於是產生祭祀來表達一種信仰。這種信仰，不是所謂的迷信，而是人類在於自然鬥爭中的一種生存之道，是人與自然之間的一種心靈上的交往。

二、神話運作的妙趣

1. 以神話來證明歷史

　　太平洋底部是否有人類文明，過去由於資料、認識的侷限，沒有人提出過。其實，在我國典籍裏就有記載。《列子‧湯問》：「渤海之東，不知幾億萬里，有大壑焉，實惟無底之谷，其下無底，名曰歸墟。」所謂「墟」，就是一塊土地，只不過這裡原來有人住過而現已荒廢。所謂「歸墟」，表示的是太平洋上原來有人類文明的存在，只是地理巨變，而沉沒到海底，成為

〔註11〕《海洋社會學》第317頁。
〔註12〕《海洋社會學》第462頁。
〔註13〕《海洋社會學》第80頁。
〔註14〕《海洋社會學》第318頁。

「無底之谷」。《山海經·大荒東經》則說得更明確：「東海之外大壑，少昊之國。少昊孺帝顓頊於此，棄其琴瑟。」這裡的「少昊之國」就在東海之外的太平洋上。

到了 20 世紀初，英國人種學家麥克米蘭·布朗發現了曾經存在的人類文明，提出太平洋中曾有過古大陸的觀點。他在《太平洋之謎》一書中首次提出遠古時期太平洋曾經有過一個高度文明發達的大陸。此後，有關這方面的著作屢見不鮮，以英國學者詹姆斯·喬治瓦特的研究成果最有影響力。他通過大膽的假設、廣泛的調查、獨到的推理乃至自信的筆勾勒出遠古時期太平洋中姆大陸的概貌。關於消逝的姆大陸，喬治瓦特是這樣描述的：在遠古時期，太平洋中曾經存在過一個古大陸，它是人類文明的搖籃，鼎盛時期的人口約 6400 萬，生活在這個大陸上的居民有黃、白、黑各種膚色的人種，他們無貴賤之分，和睦相處。古大陸的國君名叫拉·姆，他既是古大陸的最高統治者，又是最神聖的宗教領袖。姆大陸居民信奉單一的宗教。後來由於地震，這塊國土沉入太平洋。〔註 15〕

在《海洋社會學》裏，以麻姑來說明：「在太平洋底部發現了曾經存在的人類文明，被稱為『三海平原』。中國的渤海、黃海、東海的大部分地區在第冰期變成陸地，而且是良好的平原地貌。」〔註 16〕

麻姑是道教之神仙，在各種古籍及道教經典裏都有記載。

葛洪《神仙傳·麻姑傳》曰：「漢孝桓帝時，神仙王遠，字方平，降於蔡經家，與經父母、兄弟相見。獨坐久之，即令人相訪（麻姑）。」繼云：「麻姑至，……是好女子，年十八九許。於頂中作髻，餘髮垂至腰。其衣有文章，而非錦綺，光彩耀目，不可名狀。入拜方平，方平為之起立。坐定，召進行廚。麻姑自說云：接侍以來，已見東海三為桑田。向到蓬萊，水又淺於往者會時略半也，豈將復還為陵陸乎？方平笑曰：聖人皆言海中復揚塵也。又說：麻姑鳥爪。蔡經見之，心中念言，背大癢時，得此爪以爬背，當佳。方平已知（蔡）經心中所念，即使人牽經鞭之。謂曰：麻姑神人也，汝何思謂爪可以爬背耶？但見鞭著經背，亦不見有人持鞭者。」「宴畢，方平、麻姑命駕，昇天而去，簫鼓、道從如初焉。」

<hr>

〔註 15〕《太平洋曾經有一塊大陸存在嗎》，soso 問問 2009 年 8 月 10 日。
〔註 16〕見《海洋社會學》第 5 章《源遠流長：海洋社會的內在變遷》第 1 節《海洋社會的發生》（2）《滄桑巨變的海民沉浮》，世界圖書

　　《神仙傳》中之麻姑，原是親見「東海三為桑田」的仙人，是長壽不死者，故後世多以之象徵長壽，至遲在明代即有畫家作「麻姑獻壽圖」，以為人祝壽之禮品。

　　為什麼麻姑作為壽星，不是沒有緣故的，因為她非常長壽，所以能夠見證山海滄桑的變化，「東海三為桑田」和「海中復揚塵也」，更成為後世著名的「滄海桑田」和「東海揚塵」典故的來源。由此可見，麻姑在此進行舉例說明，是十分恰當不過的了。

2. 以神話來證實現實

　　海洋裏有著許多寶藏，而且與人們的生活息息相關。如鹽就是一例。鹽是怎麼來的，民間有這樣的傳說：很久以前，在很遠很遠的地方，住著兩兄弟。一個很富有，一個很貧窮。富兄弟住在一個小島上，他是一個鹽商，他經營了很多年的鹽，掙了一大筆錢，另一個兄弟窮得連他妻子和孩子飯都吃不飽。後來窮兄弟得到一個神磨，他的壞兄弟用計換來了神磨，並在船上不停地轉磨，鹽不斷地從磨裏出來，越來越多，船沉入海裏，鹽依然不停地從磨裏出來，最後把整個大海水都變得鹹了。這就是海水為什麼是鹹的原因。《世本·氏姓篇》：「廩君乃乘土船從夷水到鹽陽，鹽水有神女謂廩君曰：此地廣大，魚鹽所出，願留共居。廩君不許。」這裡所說的「從夷水到鹽陽」，一路是在海上行駛，其證：一是水是鹹的，有鹽；二是神女說她統轄的地方非常「廣大」。因此可以判斷這個神女乃是一位海中之神。

　　從海水裏提取鹽，最好的辦法就是燒煮。煮海為鹽，這是一則神話。但可以知道海鹽生產源遠流長，「傳說中國古代炎帝時宿沙氏煮海為鹽。《禹貢》更有鹽貢。春秋時魚鹽之利為富國之本。西漢時鹽鐵成為國家重要財賦收入，鹽田廣布海岸帶。」〔註17〕

　　宿沙氏在《世本》、《戰國策》、《呂氏春秋》、《逸周書》、《路史》等書中均有記載。許慎《說文解字》釋鹽曰：「鹵咸也。從鹵，監聲。古者，宿沙初作煮海鹽。」也有人說：「中國古代鹽業史的開端，可以追溯到『夙（宿）沙氏初煮海鹽』」時期。〔註18〕宿沙氏可能是山東半島一個部落的首領，故《世本·作篇》認為：他是炎帝神農氏的「諸侯」，也有稱他是黃帝的臣子，《太平御覽》又說他是春秋時代「齊靈公臣」。從古籍來看，他從海水裏，「煮乳煎成

〔註17〕《海洋社會學》第 118 頁。
〔註18〕郭正忠主編《中國鹽業史》，人民出版社 1999 年版。

鹽，其色有青、紅、白、黑、紫五樣。」〔註19〕可知，宿沙氏初煮海鹽的記載看來是可信的。不僅如此，人們還建寺來紀念他。《路史·後紀四》注云：「今安邑東南十里有鹽宗廟，呂枕云：宿沙氏煮鹽之神，謂之鹽宗，尊之也。」

海洋裏有魚類，可以供給人們的生存。中國的先民在遠古時代就已經開始海洋捕撈，已能獵取在大洋和近海之間洄游的中、上層魚類，對海洋魚類習性的認識已有一定的水平。〔註20〕

於是捕撈帶動造船的發展。最早的在海上進行捕撈與渡水的工具，是葫蘆和筏子，這在神話裏早有記載。從古籍《物原》中所述「燧人氏以匏濟水，伏羲氏始乘桴（筏）」的傳說記載看，在距今1萬年前，以漁獵為生的先人們與海洋發生了接觸，而且能夠利用樹干進行近距離的海上漂浮。〔註21〕在書中，此條古籍所述多次引用，可見此記載十分珍貴。燧人氏和伏羲氏都是古代傳說中的人物。從歷史而言，燧人氏比伏羲氏更為久遠。燧人氏，顧名思義，鑽木取火，屬於漁獵游牧時期的氏族；而伏羲氏，則是是中華民族人文始祖，所處時代約為新石器時代早期，他會結繩為網，用來捕鳥打獵，還發明了瑟，創造了八卦，這些都說明伏羲氏要晚於燧人氏。正因為如此，筏子遠比葫蘆來得更科學更先進。《周易》中所說：「伏羲氏剡木為舟，剡木為楫，舟楫之利，以濟不通，致遠於天下。」這裡，說的是「剡木為舟」的「舟」，即獨木舟，其要比筏子要進步得多了。正由於如此，其「反映出我們的祖先對海洋利用的理性認識。」〔註22〕

居住在水邊的人利用船來捕撈與交通，是其生活的環境所決定。古代地中海邊的腓尼基族，他們是最早造船的人，而「腓尼基」其本意是造船者。〔註23〕在非洲許多沿海地區的民族，他們也都是利用獨木舟來進行航運與捕撈。這就說明，海洋環境決定了人們的生活、生存的狀態中，船是十分重要的工具。

無論是神話來說明歷史，還是神話證實現實，都有妙趣橫生的獨到之處：一是形象生動，寥寥數筆，就將文章的觀點闡述清楚。二是例證可靠，言之有據，擺脫乾枯的理論說教。

〔註19〕明彭大翼《山堂肆考》羽集二卷。
〔註20〕《海洋社會學》第9頁。
〔註21〕《海洋社會學》第245頁。
〔註22〕《海洋社會學》第245頁。
〔註23〕《海洋社會學》第119頁。

三、海洋神話的思考

1. 不能固守原有的神話概念

神話是千百年以前人類想像的文化創造，但是作為現代社會學科的一種概念，人們對其解釋各不相同。

在本書裏，運用的是一種廣義神話學的概念。這是袁珂先生所堅持的觀點，早在 80 年代，就引起學術界的強烈反響，也引起人們的多次爭論。在《中國神話傳說詞典》一書的《出版說明》裏就這樣寫道：「這部詞典的一個特點是，它主要反映了袁珂先生目前的研究狀況及學術觀點。正如狠多學術問題往往有不同見解一樣，對於袁先生的有些觀點，學術界可能有不同的看法。」這裡事實上也將當時的學術爭論做了一點透露。應該說對於這種廣義神話的見解，還是有很多學者是不能接受的。但是作為一種新的學術觀點，無疑是值得肯定的。至少對於解決懸而未決，或者在分類上模棱兩可的作了一個明確的劃斷，有積極意義的。

在《海洋社會學》裏，基本根據的是袁珂先生的廣義神話的觀念來進行描述與論證的。將現代民間文化分類學中的神話（狹義）、傳說、鬼話、仙話、佛話、妖、怪、精等作品均納入囊中，這是學術上的一種開放的文化系統，體現了作者的匯聚千家之說為我所用的學術情懷。

「中國海洋宗教與海洋民間信仰具有多樣性，如龍王崇拜、觀音崇拜、媽祖崇拜；信龍母、洪聖水神；信船王等」〔註24〕，就是這種廣義神話概念的體現。

這種廣義神話的產生，與人們的海洋信仰有著直接的關係。當時海洋社會文化中開始形成的海神信仰，其內容便與海洋個體的漁業活動密切相關，他們活動中的許多要素都會成為海洋神靈的一個來源。如四海神、潮神、港神等隨海洋水體崇拜而產生，鯨魚、鱉魚等水族神是由對海洋水族的崇拜而產生，風神是對自然現象中的風崇拜而產生，海船以及船上是舵、錨、桅、漁網等的神靈化是將海洋交通、生產工具神靈化。〔註25〕將與海洋相關的一切都神靈化，這是原始初民的一種樸素的信仰意識，至今一直保留在海洋文化中間。

一般來說，科學文明水平相對原始落後的民族，神話往往極其發達。在

〔註24〕《海洋社會學》第 320 頁。
〔註25〕《海洋社會學》第 463 頁。

太平洋島嶼上居住著的眾多民族，分別創造了形形色色、難以數計的神話故事。他們用神話解釋人的由來，事物的起源，給各種現存的社會關係提供存在的依據。神話作為文化最重要的標誌之一，倍受人類學家的重視。透過構築神話的思維結構和想像力，可以判斷文化發達程度與智慧水平。〔註26〕此話有一定道理，神話畢竟是人類原始文化的遺存，而這種遺存以後還會有發展，會演化成為其他概念，但是其本體依然是神話，這是毋容置疑的。

2. 神話發達的地區，其文化的影響力也就巨大

神話是古老的文化記憶，反映的是這一地區人類的文明與歷史，而海洋神話則是人類與海洋之間文化的早期記錄。歷史證明：凡是海洋神話愈是發達，其文化的影響力也就愈大。古埃及、古希臘神話是舉世公認的，正由於如此，其文明在世界上同樣佔有很高的地位。希臘神話源於古老的愛琴文明，是西洋文明的始祖，具有卓越的天性和不凡的想像力。在那原始時代，他們對自然現象，對人的生老病死，都感到神秘和難解，於是有了幻想與想像。在這些幻想與想像中，出現了征服宇宙的英雄。

與此相聯繫的歷史是，「公元前3000年代初希臘愛琴海地區進入早期青銅器時代。公元前2000年代則為中、晚期青銅器時代，先在克里特、後在希臘半島出現了最早的文明和國家，統稱愛琴文明。」〔註27〕然而在多利亞人入侵愛琴文明後，希臘半島人口開始過剩，他們不得不向外（其中也包括向海外）尋拓生活空間。

這樣，就有了各種各樣與海相關的神話傳說。

希臘神話裏的波塞冬（Poseidon）是海神、水神，是宙斯的哥哥。蓬托斯（「波濤」）在希臘神話中是象徵「大海之底」的男神，在希臘語裏，蓬托斯是波濤之意，所以蓬托斯的實質是一位海神。與之相關的，蓬托斯與母親該亞結合，生下了表徵海的各種屬性的諸多兒女：涅柔斯（海之友善）、陶瑪斯（海之奇觀）、福耳庫斯（海之憤怒）、刻托（海之危險）和歐律比亞（海之力量）。這些海神都是希臘人崇拜的對象。這些海神神話影響了整個世界文化史，也因此被稱之為一個「神話時代」，可見其影響之烈。

在太平洋東岸的中國同樣是個神話發達的地區，有著豐富的神話資源。

〔註26〕《太平洋島嶼的智慧：神秘的激情體驗》第150頁，浙江人民出版社1994年版。

〔註27〕《海洋社會學》第122頁。

古典文獻中的神話層出不窮。《史記・皇帝本紀》就記載有軒轅黃帝曾「東至於海」的傳說。《莊子・逍遙遊》：「北冥有魚，其名為鯤。」釋文：「北冥，本亦作溟，北海也。」可見，這就是一個關於海的神話。東方朔《十洲記》也說：「海水正黑而謂之冥海也。無風而洪波百丈。」宋王象之《輿地紀勝》卷174：「昔有蜀士韋昉寶岩，夜泊涪陵江。忽遇龍女，譴騎迎入宮。後昉以狀元及第，十年後知簡州。龍女復遣（遺）書相迎，敕命昉充北海水仙。」等等，都說明在中國古籍裏，海洋神話同樣不勝枚舉。

其神話在東南亞等地區的影響同樣不可小視。「中國、日本、韓國和東南亞各國海洋族群主要信奉佛教和海龍王，中國浙江舟山群島的海洋群體大多信奉觀音娘娘，中國東南沿海各地海洋族群主要信奉媽祖娘娘等。值得注意的是，在眾多的海洋信仰之中，大多是天神或海神，只有媽祖娘娘是一位現實生活中的護航使者。……全世界有 4000 座媽祖廟，信眾達到 2 億人。尤其是每年媽祖誕辰的祭祀大典時，臺灣海峽兩岸同袍共同朝拜媽祖，成為一件轟動民間的大事。」〔註 28〕由此可見，中國神話及其神話中的人物在世界各地的影響是巨大的，單從媽祖信仰與祭祀裏就可以看出。

只不過，中國的神話傳說的內涵，有的也過於深奧，以至於沒有得到應有的關注。如美人魚的神話就是一個例子。丹麥的美人魚的神話，在世界都有影響，其實中國的美人魚神話早就有之。《山海經・海內南經》：「氐國人在建木西，其為人人面而魚身，無足。」這可能是世界上最早的美人魚傳說的原型。只是中國的神話過於妖魔化，而沒有與社會的交往，也沒有人的情緒與感情，因此往往沒有得到民眾的認可，流傳空間也就十分狹隘。

在日本，徐福被日本人奉為農耕之神、蠶桑之神、紡織之神、醫藥之神、冶煉之神等等。〔註 29〕眾所周知，徐福是秦代人，為給秦始皇求得長生不老藥而東渡的。《三國志・吳書・吳主權傳》、《後漢書・東夷列傳》都有提及徐福東渡之事。是否到過日本，眾說紛紜。不管怎樣，傳說徐福到了日本，並被尊奉為神，是有道理的。「相傳徐福去後，日本開始了農耕文化，史稱『彌生時代』，由於徐福帶去了大批工匠能人，傳播了農耕技術、種桑養蠶技術、鋼鐵冶煉技術、醫藥技術，對日本社會發展做出了不朽的貢獻。」〔註 30〕可見，

〔註 28〕《海洋社會學》第 486 頁。
〔註 29〕《海洋社會學》第 492 頁。
〔註 30〕《海洋社會學》第 492 頁。

徐福神話,真切地反映了那個時代的歷史現實。

　　如今,現代生活裏,用神話來命名的產品、用品很多,同樣反映了海洋神話文化的影響力。舉例來說,巴哈姆特是阿拉伯神話裏的巨魚,它飄浮在一片沒有泡沫的汪洋大海上,在它的背上是一頭巨牛,牛背上扛著一座紅寶石山,山上有一天使,天使頭上是六重地獄,地獄之上是地球,地球上面是七重天堂。在巴哈姆特的身下是一望無際的海洋,海洋下面是黑暗的深淵,再下面是火的海洋,最下面爬著一條巨蛇。以巴哈姆特命名的有項鍊、吉他、網絡遊戲等。類似這樣的例子,不勝枚舉,其反映的是海洋神話依然會對現實社會產生或多或少的影響,當然,其影響程度的多少與神話本身的知名度和人們對其認知度有著直接的關聯。

　　當然任何事物都不可能十全十美,本文也有一點不足之處,那就是缺少中國著名的海洋神話的代表作「精衛填海」的詳細闡述和引用。精衛填海是中國海洋神話的典型之作,反映了中國人戰勝海洋的信心,並與之頑強鬥爭的行為,缺少對其進行分析、運用,無論如何是一種憾事。

2012 年 2 月 21 日星期二

第六章　鬼神信仰與媽祖崇拜

　　媽祖是福建地區的神祇，帶有民間信仰的許多特質，從其一開始就與鬼神信仰聯繫在一起。而鬼神是民間最基本的信仰。媽祖並沒有僅僅停留在民間信仰的層面，而是被歷朝歷代不斷加以推崇，因此其從民間一個普通的鬼神，轉變成為全國性的神靈。在民間信仰史上，這樣成功轉型的例子為數不少，但媽祖被最高統治者加封為神的卻為數不多。媽祖沒有民間鬼神的恐怖與張揚，而是安詳端莊的神女形象，還會給海洋行駛中以及其他遇到災難的人帶來福音。媽祖從鬼上升到神，這是中國民間宗教史上的華麗轉身，成為國家、民眾共同的精神支柱，這是非常值得研究的問題，特別是在當前海洋文化研究如火如荼之際，媽祖成為人們關注的焦點不是沒有道理的。

一、媽祖原型

　　在人們的印象裏，媽祖如同端莊、秀美、善良的女性，現在所見的媽祖雕塑、繪畫等藝術作品一般都採納這樣的形象。其實，媽祖的原型是鬼。

　　宋嘉定二年李俊甫《莆陽比事》卷七記載：「湄洲神女林氏，生而神異，能言人休咎。死，廟食焉。」

　　宋紹興二年《咸淳臨安志》卷七三《祠祀三》引丁伯桂《順濟聖妃廟記》：「莆陽湄洲林氏女，少能言人禍福，歿，廟祀之。號通神女，或曰龍女也。」〔註1〕

　　類似這樣媽祖生前與死後的記載，在很多典籍中都有，如「通賢神女，

〔註1〕宋紹定二年《咸淳臨安志》卷七十三《祠祀三》。

姓林氏，湄洲嶼人，初，以巫祝為事，能預知人福禍」〔註2〕，「湄洲神女林氏，生而神異，能言人休咎。死，廟食焉」〔註3〕。這些記載，都有兩個基本內容：一媽祖生前非凡，二其死後受人崇祀，而後者更是關鍵。《禮記·祭義》云：「眾生必死，死必歸土，此之謂鬼。」《說文》亦云：「人所歸為鬼。」被儘管如此，但人們還不太注意媽祖為鬼的信息，而往往僅將目光聚焦在媽祖為神的方面，其實從一定的角度上來說，這些記載更揭示了人們的從鬼到神的信仰軌跡。

媽祖最初是一鬼，這是無容諱言的事實。中外文化史都有這樣一個規律，無論是神還是鬼都是人死後變化而成；如果沒有死的過程，就不可能出現鬼或者神。

為什麼媽祖是鬼，與福建地區的民間信仰直接相關。

福建是一個民間信仰濃厚的地區，特別是在偏遠的山上或海邊，鬼神信仰盛行彌漫。明萬曆《永安縣志》卷二《地理志》：「舊傳神仙往來其間，峰巒嶽岫，不可勝數。神制鬼劃，高下相屬，煙雲出沒無時。」

在宋《臨汀志·祠廟》裏，有兩則人死變鬼的記載，可以證明福建的鬼神信仰：

> 洲湖潤德大王廟：在長汀縣南富文坊。莫詳封爵創始之由。長老相傳，漢末人以忠義死節此地，出為靈響，郡人為立小廟。忽一日山洪驟漲，廟流而下，止於南山之麓，後枕石屏，前瞰麻潭。後坊民欲移歸故址，舉莫能勝，始悟神安靈於此。

> 助威盤瑞二王廟：在長汀縣南駐紮寨。長老相傳，漢末人以身禦敵，死節城下，時有顯應，眾創廟宇，號「石固」。一日，廟前小澗漲溢，忽有神像乘流而至，自立於石固之左。眾異之，號「石猛大王」。後以息火功封左王為「石猛助威」，右王為「石固盤瑞」。宋朝元豐間創今廟。〔註4〕

明黃仲昭《八閩通志》卷五十八《祠廟》亦載：「閩俗好巫尚鬼，祠廟寄閭閻山野，在在有之。」

這些記載都說明一個事實，媽祖信仰之初是與鬼聯繫在一起的。人們不

〔註2〕南宋紹興二十年廖鵬飛《聖墩祖廟重建順治廟記·林氏族譜》。
〔註3〕南宋嘉定二年《莆陽比事》卷七。
〔註4〕宋胡太初修，趙與沐纂《臨汀志·祠廟》，福建人民出版社1990年版。

僅相信鬼，而且從事與鬼打交道的巫覡也很多，這些巫覡往往會與信眾密切聯繫而成為街頭一景。明萬曆蘇民望修《永安縣志》：「坊市婦女尚寺觀嬉遊者，師巫合夥而云禮金橋水懺者，坊市演戲則沿街塞巷搭小臺以觀望者，此皆俗之蠹也。」〔註5〕由此可見，巫覡雖是一特殊群體，但已被一般民眾所接受所理解，儘管明《永安縣志》認為這是「俗之蠹」，說明了當時人們對待巫覡是認可的，能夠接受巫覡的禮拜，這是社會風氣使然的結果。更有人指出：「大凡吾郡人尚鬼而好巫章，醮無虛日，至於婦女，祈嗣保胎，及子長成，祈賽以百數，其所禱諸神亦皆里嫗村媒之屬，而強附以姓名，尤大可笑也。」〔註6〕話雖如此，但是無法改變人們相信鬼神的事實。

如果再從更大的地域角度來分析，福建隸屬越地，而越文化中鬼神信仰非常濃厚，而且歷史久遠，對福建一帶人們的信仰產生作用。《淮南子》云：吳人鬼，越人禨。《說文》曰：「禨，鬼俗也，從鬼幾聲。」《史記‧封禪書》亦說：「越人俗信鬼，而其祠皆見鬼，數有效。昔東甌王敬鬼，壽至百六十歲，後世漫怠，故衰耗。」這些都說明越人信鬼，而且到了癡迷的程度。

在這樣的社會背景下，媽祖的信仰也不可能脫離如此濃烈的鬼神信仰的文化氛圍，因此媽祖被打上鬼神的符號也是在所難免。明朱淛說：「世衰道微，鬼怪百出，俗所敬信而承奉之者，莫如天妃，而莫知其所自始。宋元間，吾莆海上黃螺港林氏之女，及笄蹈海而卒。俚語好怪，傳以為神，訛以傳訛，誰從辯詰。」〔註7〕這裡，將天妃信仰的真實的社會因素表露無疑。其實，其說未必準確。天妃信仰的存在，與「世衰道微」不一定有著內在關係。但是天妃信仰的存在，的確有一些必然的客觀原因，例如對海的恐懼與懼怕，應該是一個重要的原因，這也是不可否認的事實。由於人們對海洋的認知，處於十分幼稚的階段，認為海洋是被一種神秘的力量所控制，而天妃則是被認為是能夠掌控這種神秘力量的神靈，因此祈禱天妃就成為一種自覺的行動。在這裡，朱淛所說的天妃「及笄蹈海而卒」，而「傳以為神」，其中最根本的要素未加明說，那就是「死而為鬼然後才被傳為神」的民間信仰的根本路徑。

這種精神層面上的信仰支柱，是長期以來形成的，而且早在人類有了善

〔註5〕明萬曆《永安縣志》，載「日本藏中國罕見地方志叢刊」，書目文獻出版社1991年版。
〔註6〕明朝謝肇淛著《五雜俎》卷十五《事部三》。
〔註7〕明朱淛《天馬山房遺稿》卷六《天妃辯》。

惡觀念之後，就存在鬼與神的分野。這種鬼神之區分，在普通百姓的觀念裏一直存在。宋代湄洲林氏女死後即被尊為神靈，其原因有二：一是其生前有「神異」，二是其死後能夠顯靈救人。故其被尊祀為神，是有廣泛的民間基礎的，為其建廟就是最核心的表現之一。

天妃，「閩浙土人稱為媽祖，在洋遇險，祈求而應，故海船出入之口岸，莫不建廟奉祀。而閩廣蘇州等處，廟貌輝煌，且內有樓閣、臺池、山石、花木，極其華藻。」〔註8〕為媽祖建廟，已經成為近海地區人們信仰的普遍習俗。

有一次清祖仁皇帝（康熙）南巡杭州，有大臣告訴他說：「凡近海之處，俱有大廟，商民往來祈福。獨杭州為省會重地，控扼江海，未有專祀，現今寧邑已奉致建海神廟。」並且說：「天后臣愚以為似宜止作，臣意將天主教堂改為天后宮字樣。諸凡合式不用更造，只須裝塑神像，擇德行羽流，供奉香火。」〔註9〕這種將其他建築改建成為媽祖廟的做法，既省錢還立竿見影，當然得到首肯。

眾所周知，民間建廟，是對民眾所敬奉的神靈的敬仰，而媽祖廟的建立，就標誌著媽祖從鬼改變成為神的最直接的表現。「閩海省湄洲廈島臺灣俱屬閩海要地，各有創建廟宇崇奉天妃。」〔註10〕即使如此，民間對於媽祖是神是鬼，還有爭論不息。

在《媽祖廟內大鐘的故事》裏，人們對於媽祖是鬼神的看法有了一些改變，但是其爭辯的痕跡依然明晰可見：

以前在內埔鄉新北勢，有一位老婆婆的家中供奉著一尊觀音菩薩，因為菩薩很靈驗，所以信徒也很多。媽祖廟內的乩童看了很嫉妒，就到處散播謠言，說老婆婆家中的觀音菩薩有邪魔附身，才會那麼靈驗。當這些話傳到老婆婆家人耳中時，他們感到相當煩惱，於是到大陸請一位道士來察看他們家的菩薩是否有鬼怪附身。之後，這位道士又去了福建湄洲，得知老婆婆家中的觀音及內埔媽祖廟的媽祖都是從湄洲請來的神明，因此絕非一般的妖魔鬼怪可以入侵附身的。可是這個消息被乩童知道後，就大罵他們一頓，說：「你

〔註8〕 中國第一歷史檔案館等編選《清代媽祖檔案史料彙編》第31頁，中國檔案出版社2003年版。

〔註9〕 中國第一歷史檔案館等編選《清代媽祖檔案史料彙編》第37頁，中國檔案出版社2003年版。

〔註10〕 中國第一歷史檔案館等編選《清代媽祖檔案史料彙編》第8頁，中國檔案出版社2003年版。

到大陸請道士來調查媽祖廟的媽祖，就是對我們媽祖大不敬，要罰你捐一口鐘，以提醒後代人，只要對媽祖不敬，就合受到懲罰。」老婆婆的家人為了表示歉意，就訂了一口大鐘，獻給內埔的媽祖廟，這就是內埔媽祖廟內大鐘的由來。〔註11〕

這裡，有非常明顯的民間宗教與道教、佛教的爭鬥，其核心依然是鬼神之爭。無論是老婆婆請道士來察看觀音是否有鬼怪附身，還是最後發現觀音、媽祖「絕非一般的妖魔鬼怪可以入侵附身的」結果來看，鬼神是這篇故事的核心與要點。只不過這則故事已經將媽祖的鬼的色彩略去，正面強調了其神的身份，而定製大鐘則是表示對過去認為媽祖是鬼神而做出的相應懲罰。事實上，這樣故事的演繹就大大提升了媽祖的地位與神性，同時也加大了媽祖與民間鬼神的區別。

在民間，將媽祖稱之為神，而且還注入社會的家族的特徵。

媽祖有妹妹，為臨水夫人廟內供奉的雲夫人。「羅源、長樂皆有臨水夫人廟，雲夫人，天妃之妹也。海上諸舶，祀之甚虔，然亦近淫矣。」〔註12〕這裡所說的雲夫人即天妃之妹，也是海上神靈之一。

另外，媽祖有屬下，如千里眼、順風耳等，還有晏公總管。明《永安縣志》卷三記載：「晏公廟，在縣治北門內。」所謂晏公，原是也是一個人。明王士禎《廣志繹》卷四載：「晏公名戌仔，亦臨江府之清江鎮人，濃眉虯髯，面黑如漆，生而疾惡太甚。元初以人材應選，入為文錦堂長，因疾歸，登舟遂奄然而逝，鄉人先見其騶從歸，一月訃至，開棺無所有，立廟祀之。」這裡所說的晏公原來個有名有姓的人，由於登舟而亡，故也可以稱之為鬼。後來傳說晏公為海上神靈，常年於海上興風作浪。後被媽祖收為部下，其部下總管。〔註13〕

千里眼、順風耳，就是離婁和師曠。離婁則是傳說中的人物，能在很遠的地方看到動物身上細毛的毛尖。《孟子·離婁上》：「孟子曰：『離婁之明，公輸子之巧，不以規矩，不能成方圓。』」焦循《正義》：「離婁，古之明目者，黃帝時人也。黃帝亡其玄珠，使離朱索之。離朱，即離婁也，能視於百步之

〔註11〕陳麗娜《屏東後堆客家民間故事》42頁，中國口傳文學學會2006年印刷。
〔註12〕明朝謝肇淛著《五雜俎》卷十五《事部三》。
〔註13〕黃江平《上海的晏公信仰與海洋文化》，載《2012年上海海洋文化與民俗研討會論文集》（內部資料）。

外，見秋毫之末。」師曠是春秋時期著名的音樂家，博學多才，尤精音樂，善彈琴，辨音力極強，卻是雙目失明的人，耳朵卻非常靈敏。因此民間附會出許多離婁能辨秋毫之末、師曠奏樂的神異故事，而這一切也都在發生在其生後，再加上《封神演義》等作品的傳播，更加使得千里眼、順風耳的故事老少皆知、家喻戶曉。

在《封神演義》中，商紂王有兩員大將，一個叫高明，一個叫高覺。這兩個人原是棋盤山上的桃精和柳鬼，有很多妖術。高明眼觀千里，人稱千里眼；高覺耳聽八方，故名順風耳。商紂王把他倆差往前線，與周國姜子牙作戰。他們果真了得，施展本領，能把姜子牙每說一話，都被順風耳聽見；每行一事，都被千里眼看到，姜子牙屢屢設下計謀，都被他們識破。姜子牙得到好不心焦。楊戩請教玉鼎真人。真人告訴兩怪的來由，並授與滅怪之計。晚上，高明、高覺領兵來劫周營。姜子牙早有準備，先派三千人馬到棋盤山，把桃樹柳樹統統挖盡，放火焚燒，斷了妖根。然後眾兵將把千里眼、順風耳團團圍住。這時，他們神通難施。被姜子牙的打神鞭，把他們打得一命嗚呼，命歸西天。

同時，千里眼與順風耳也都是海神。在道教中，千里眼、順風耳是兩位守護神，他們的塑像一般安置在宮觀的大門口，同時又在他們的旁邊加了兩位武士，被稱為「四大海神」。

關於千里眼和順風耳的生平傳說有很多，有一種說法則與媽祖有關。順風耳、千里眼為兄弟，兄名高明，弟名高覺，作戰身亡，魂歸桃花山，原為擾亂地方、為害百姓的妖精，後來媽祖經過此山，高氏兄弟向媽祖逼婚，媽祖與其相約鬥法，敗則從之，勝則收其為僕，高氏同意，決戰結果，兄弟落敗，兩位神將終成媽祖之僕隨侍左右。關於這一點，民間傳說更加將此故事神奇化：

媽祖是五代十國督巡檢林願的女兒，又稱為「九娘」。媽祖出生時，滿堂祥光，滿月時，無哭聲，所以又稱為「默娘」。媽祖得道昇天時，年二十八歲。在初得道時，曾遇到兩位想調戲她的人，媽祖將兩人收服，做為徒弟，也是現今身旁的探路先釋──千里眼和順風耳。傳說中千里眼是柳樹精的化身，順風耳是桃花樹精的化身，所以他們的膚色分別是綠色及紅色。在許多廟宇所見到的媽祖金身，其膚色有金、紅、黑三種，這也各有緣故。民間習俗中，一般神明得道時往往用金身塑像。金臉媽祖，意味著媽祖神通廣大、貴氣、莊嚴。紅臉媽祖，是指媽祖成道時，正值青春年華容易害羞臉紅。漁夫在海

上作業時常遇見妖魔鬼怪，媽祖為了保護及照顧漁民，便將自己的臉變成黑色，用來喝阻妖魔鬼怪，所以就有了黑臉媽祖的塑像。〔註14〕

　　《收高里鬼》一則民間傳說則體現了媽祖與鬼的關係：相傳媽祖在世時，有一個叫高里的地方出了一個妖怪，當地百姓受其害，染上百病，當地百姓前去求媽祖醫治，媽祖給求治者一符咒，叮囑百姓回去後，將符咒貼於病人床頭上。妖怪知符咒法力巨大，於是變成一隻鳥逃去，媽祖追出，見鳥藏在樹上，鳥嘴還噴出一團黑氣，媽祖口中念到：「此怪物不能留此，為患鄉里」，追擊並將鳥抓獲。原來是一隻鷦鷯，媽祖用符水噴灑小鳥，小鳥落地變成一撮枯髮，媽祖取火燒之，枯髮現出小鬼原相。小鬼忙叩請媽祖收留，媽祖於是將它收在臺下服役。〔註15〕

　　從上述這些文字記載裏，無論是媽祖的身邊的晏公、千里眼、順風耳等原型來看，還是「收高里鬼」來看，可以知道他們大都為鬼神，與媽祖的鬼神身份是基本相符的。

二、從鬼變神

　　媽祖由鬼轉變成為神，這是人們鬼神觀念的自然變化，也是提升一個文化層次的表現。

　　根據宋朝地方志記載：有個感應惠利夫人廟　即舊七娘廟，在清流縣東北一百二十里明溪，故墓在焉。紹興間，巡檢李宧移創寨側。傳者以昔有過客投宿驛中，聞吟詠聲，因使反之，且許為傳播。果琅然再誦，客遂書其詩示壁間而去。「妾身本是良家女，少習女工及書史，笄年父母常趁歧，遂選良人職軍史。五季亂兮多寇盜，良人被令為征討，因隨奔走到途間，忽染山嵐命喪夭。軍令嚴兮行緊急，命既歿兮難收拾，獨將骸骨葬明溪，夜長孤魂空寂寂。屈指經今二百年，四時絕祀長瀟然，未能超脫紅塵路，妾心積恨生雲煙。」自是鄉人敬而祀之。端平間，調寨兵戍建康。忽一日，旁近人聞廟中若有鉦鼓聲。後戍兵有書回，恰是日與虜會戰，始知其助威焉。〔註16〕

　　七娘廟的出現，是女性之鬼為其軍人丈夫，死後被遺棄山中，而感到憤憤不平，這樣的女鬼當然受到當地民眾的敬仰而被祭祀，特別是其幫助政府

〔註14〕《媽祖的故事》，陳麗娜《屏東後堆客家民間故事》50 頁，中國口傳文學學會 2006 年印刷。

〔註15〕《互動百科‧媽祖》，作者李三元。

〔註16〕宋胡太初修，趙與沐纂《臨汀志‧祠廟》，福建人民出版社1990 年版。

「寨兵」戰勝虜寇,更加神奇,因此這位女性也就從鬼變成了神。

神,在人們的觀念中,一定會幫助好人,一定會有求必應。在這樣一種邏輯背景下,媽祖從鬼變成神,也是符合這樣一種文化思維的。「航海者有禱必應」〔註17〕「宣和壬寅給事路公允迪載書使高麗,中流震風,入海沉溺,獨公所乘,神降於檣,獲安濟。」這裡的神,即指的是天妃。〔註18〕從鬼變成神的有一條基本規律,那就是鬼必須做好事才可能變成神,如果沒有這樣的過程,很難達到這樣的鬼神轉型。

在宋《臨汀志·祠廟》裏,類似的記載還有,如:「洲湖潤德大王廟　在長汀縣南富文坊。莫詳封爵創始之由。長老相傳,漢末人以忠義死節此地,出為靈響,郡人為立小廟。忽一日山洪驟漲,廟流而下,止於南山之麓,後枕石屏,前瞰麻潭。後坊民欲移歸故址,舉莫能勝,始悟神安靈於此。」〔註19〕再如:助威盤瑞二王廟　在長汀縣南駐槳寨。長老相傳,漢末人以身禦敵,死節城下,時有顯應,眾創廟宇,號「石固」。一日,廟前小澗漲溢,忽有神像乘流而至,自立於石固之左。眾異之,號「石猛大王」。後以息火功封左王為「石猛助威」,右王為「石固盤瑞」。宋朝元豐間創今廟。〔註20〕這些在長汀縣的廟宇裏,被祭祀的神靈都是漢末壯士。他們以忠義、禦敵而死,受到民眾的愛戴,這說明了生前是英雄,死後同樣會受到尊重,而被稱之為神。這是為神的另一個重要因素。

應該說,死後為神有兩個基本條件:一是生前是為國為地方做了好事的,二是死後依然為民眾做好事的。符合這樣的條件,才可能被祭祀,才可能被敬奉為神靈。

而媽祖就屬於這樣的同時符合上述兩個條件的神靈。人們開始建廟祭祀,東嶽宮、天妃宮「二宮在貢川堡。」〔註21〕

媽祖成為人們崇信的偶像,特別是在航海遇到風險的時候,祈求媽祖的保祐,成為一種民族的共識。

清張學禮《使琉球錄》記載了他們出使琉球的情景,數次提及對媽祖的祭祀:

〔註17〕南宋《仙溪縣志》卷三《祠廟》。
〔註18〕丁伯桂《順濟聖妃廟記》,載宋紹定二年《咸淳臨安志》卷七十三《祠祀三》。
〔註19〕宋胡太初修,趙與沐纂《臨汀志·祠廟》,福建人民出版社1990年版。
〔註20〕宋胡太初修,趙與沐纂《臨汀志·祠廟》,福建人民出版社1990年版。
〔註21〕明萬曆《永安縣志》卷八。

「二年四月，抵閩；督、撫設席於南臺，閱視般隻。其船形如梭子，上下三層，闊二丈二尺、長十八丈、高二丈三尺。桅艙左、右二門，中官廳，次房艙；後立天妃堂，船尾設戰臺。桅杆，眾木湊合，高十八丈，俱川鐵裹；杆頭有斗，可容數人觀風瞭望。」在船上供奉媽祖，是清代新的規定。「水部尚書陳文龍嘉慶道光年間，冊封琉球均經使，臣恭請神像供奉舟中。」〔註22〕

《使琉球錄》還說：「初八日，迎供天妃像。二十日，過閩安鎮，鎮將李遣游擊鄭洪以烏船百餘、兵三千護送出海。次猴嶼，祭天妃。二十二日，候風廣石，風訊不定，復回猴嶼；再過閩安，避風羅星塔下。閱十日，風訊定，再過猴嶼；見梅花所故城，荒榛瓦礫，滿目淒然。通官謝必振稟云：『天妃姓蔡，此地人；為父投海身亡，後封天妃，本朝定鼎，尚未封。』於是至廟行香，許事竣封。」後來，大典既竣，返航遇風浪，「船傾側將危，與副使王公登戰臺，籲禱天妃」，終於順利返回大陸。

很顯然，這裡所描述的媽祖，完全是個海上航行的保護神。明朝謝肇淛著《五雜俎》之四《地部二》載：「海上有天妃神，甚威靈，航海者多深信不疑。若在風濤之中，忽見蝴蝶雙飛，或者夜半忽見紅燈閃爍，此乃危險的象徵，但終然可履險如夷，安然無恙。蓋天妃德配天地，澤庇萬民。」〔註23〕

到了清代，媽祖被提升至前所未有的高度，並將其全稱加封為六十四個字之多：護國庇民、靈妙昭應、宏仁普濟、福祐群生、誠感咸孚、顯神贊順、垂慈篤祐、安瀾利運、澤覃海寧、恬波宣德、導流衍慶、靖洋錫祉、恩周德溥、衛漕保泰、振武綏疆、嘉祐天后之神。

這是清代媽祖崇拜盛行的結果，特別是在靠近海洋的地方尤為如此。在「天后暨泗州鋪崇祀」中，就可以看到皇帝不斷給天妃加封的情景：「水部尚書陳文龍均為海洋正神屢著靈顯，凡諸官商航海往返，無不仰藉神庥得以穩渡，恭查天后靈祐昭垂，歷徵顯應，溯自康乾年間，疊奉加封為護國庇民妙靈昭應仁普濟福祐群生，誠感咸孚天后之神。又乾隆五十三年臺灣大功告旨於福建湄洲天后神廟，舊有封號上加封顯神贊順四字，又嘉慶五年，冊封琉球，奉旨於福建湄洲天后廟，封號上加垂慈篤祐四字。道光六年辦理海運完竣，奉旨江蘇上海縣天后神廟，加封安瀾利運四字。道光十八年冊封琉球，

〔註22〕中國第一歷史檔案館等編選《清代媽祖檔案史料彙編》第307頁，中國檔案出版社2003年版。

〔註23〕明謝肇淛《五雜組》125頁，中華書局1959年版。

奏奉諭旨,晉封澤覃海寧四字。咸寧二年,兩江督臣陸建瀛等奏,海運安穩獲邀神祐,奉旨於上海縣天后神廟,加封導流衍慶四字。咸豐三年,臺灣灣餉船被風吹散,分泊南北各口,起運登岸,未久即颶風大作,奉旨諭旨加封綏洋錫祉,欽頒匾額。」〔註24〕如此等等,不一一贅述。在這段文字中,可以看出從康熙開始一直到咸豐,媽祖的封號不斷加封,表達的是對媽祖的敬仰,而且每當遇到重大事件,都會對媽祖進行加祀,都反映了清代皇帝對媽祖的重視。

媽祖為海上之神,這是歷史的客觀事實。「江河之神多祀蕭公、晏公,此皆著威靈,應受朝廷敕封者。……南方海上則祀天妃云。其他淫祠,固不可勝數也。」〔註25〕

明謝肇淛曾在《五雜組》卷十五《事部三》中還明確認為:「天妃,海神也,其謂之妃者,言其功德可以配天云爾,今祀之者,多作女人像貌,此與祀觀音大士者相同,習而不覺其非也。」並且天妃傳說,「一云:天妃是莆田林氏女,生而靈異,知人禍福,故沒而為神。余考林氏生宋哲宗時,而海之有神則自古已然,豈至元祐後而始耶?姑筆之以存疑。」〔註26〕這裡,只不過認為,海上有神的說法,而不是宋「元祐」之後才產生的。此說很有見地,早在明代就有人持有這樣的觀點,難能可貴。

的確,海有海神,自古已然。既然海裏有神,就需要對神進行祭祀,這是中國的文化傳統,也是統治階級的思想共識。祭祀海神,就必須要國家最高統治機關來制定儀式、禮儀,就能夠顯示出對海洋的高度重視。

根據典籍記載,中國歷來都有對海祭祀的文化傳統,也都是以國家形式進行的。

在周代,有祭祀四海的國家方式。「周制以仲冬之月祭四海,將祀則飾黃駒。按《禮記·王制》:仲冬之月,命有司祈祀四海山川名源淵澤井泉。按《周禮·夏官》校人凡有事於四海山川,則飾黃駒。」〔註27〕

漢代,「宣帝神爵元年詔祀四海」。雖然在「《漢書·宣帝本紀》不載」,而在《漢書·郊祀志》卻有真切記錄。「按《郊祀志》:神爵元年制詔太常,夫江

〔註24〕中國第一歷史檔案館等編選《清代媽祖檔案史料彙編》第304~307頁,中國檔案出版社2003年版。

〔註25〕明謝肇淛《五雜組》435頁,中華書局1959年版。

〔註26〕明謝肇淛《五雜組》435頁,中華書局1959年版。

〔註27〕《古今圖書集成·方輿彙編·山川典》第309卷《海部》。

海百川之大者也，今闕焉。無祀其令，祀官以禮為歲事，以四時祀江海雒水，祈天下豐年焉。」〔註28〕

晉承漢制，但祭海時間發生變化，則是每年的兩季進行祭海：一在孟春，一在仲冬。「元帝建武元年，令以孟春仲冬祀海瀆。按《晉書·元帝本紀》不載。按《隋書·禮儀志》：建武元年令郡國有五嶽者，置宰祝二人，及有四瀆若海應祀者，皆以孟春仲冬祀之。」〔註29〕

到了隋代，祭海有了專門的巫師，還有一整套的祭祀禮儀，要灑掃，種植松柏等。「文帝開皇十四年詔東海南海並近海立祀。按《隋書·文帝本紀》不載。按《禮儀志》：開皇十四年閏七月詔東海於會稽縣界，南海於南海鎮南，並近海立祠，取側近巫一人，主知灑掃，並令多蒔松柏。開皇十五年，東巡望祭海瀆。按《隋書文帝本紀》開皇十五年三月己未至自東巡符望祭五嶽海瀆。」〔註30〕

到了唐朝開元年間，規定每年都要祭海的常規，並且有了各種各樣的祭品及其相應的盛器：「元宗開元十四年定：開元禮立每歲祭海常規。按《唐書·元宗本紀》不載。按《禮樂志》：五嶽四鎮歲一祭，各以五郊迎氣日祭之東海於萊州，南海於廣州，西海及河於同州，北海及濟於河南。凡嶽鎮海瀆，祭於其廟，無廟則為之壇，海瀆之壇於坎，廣一丈，四向為陛。又嶽鎮海瀆，以山尊實醍齊皆二，以兩圭，有邸幣，如其方邑籩豆，十簋二簠（古代祭祀盛放穀物的器皿）二俎三牲，皆太牢。」〔註31〕

《古今圖書集成·方輿彙編·山川典》第 309 卷《海部》還有更加詳細的說明：「按《通典》：開元禮，嶽鎮海瀆，每年一祭，祭前一日，嶽令瀆清掃內外。又為瘞坎，於壇壬地方，深取足容物，海瀆則坎，內為壇，高丈四皆為陛。又祭海瀆無望瘞位。又祭海瀆，獻官拜訖，瀆令及齊郎以幣血沉於瀆。令退就位，餘皆與嶽鎮用牲同。」「開元二十二年，定祭海瀆，用牲牢。按《唐書·元宗本紀》不載。按《舊唐書·元宗本紀》：開元二十二年春正月癸亥朔制，嶽鎮海瀆用牲牢，餘並以酒醢充奠。」

宋金時期，祭海依然進行，只是不再那麼隆重。

〔註28〕《古今圖書集成·方輿彙編·山川典》第 309 卷《海部》。
〔註29〕《古今圖書集成·方輿彙編·山川典》第 309 卷《海部》。
〔註30〕《古今圖書集成·方輿彙編·山川典》第 309 卷《海部》。
〔註31〕《古今圖書集成·方輿彙編·山川典》第 309 卷《海部》。

宋「太祖乾德六年，有司請祭四海。按《宋書・太祖本紀》不載。按《圖書編》：宋初綠舊制祭止四嶽。乾德六年有司請祭東海於萊州，南海於廣州，西海於河中，北海於孟州。」〔註32〕

金「世宗太定四年，定以四立日祭四海。」〔註33〕「按《禮志》大定四年禮官言，嶽鎮海瀆當以五郊迎氣日祭之。詔依典禮以四立土王日，就本廟致祭，其在他界者遙祀。立春祭東海於萊州，立夏望祭南海於萊州，立秋望祭河中府，立冬望祭北海於孟州。其封爵並仍唐宋之舊。」〔註34〕

由此可見，祭海是中國海洋文化的重要傳統，無論是普通百姓還是最高社會階層都懂得安撫海洋，以得到海洋的回報，至少能在遇到海上災難的時候，能夠逢凶化吉。而媽祖就是這樣一種海洋文化神靈。

媽祖既然是神靈，就不能夠讓人輕易指責，是否就要承擔應付的後果。

有一《捐鐘的是鍾桂齡》的傳說：清代壬辰科舉人鍾桂齡，內埔人。在他中舉回臺省親途中，經江西龍虎山拜見張天師，談及其母奉祀之觀音像，問是何等神仙接受香煙？張天師引見一位乞食婆，指云是她，舉人疑訝不信。又問：內埔天后宮是何等神在任？張天師即引見湄洲媽祖。舉人回鄉即至媽祖宮參拜。告謝不信之罪。據傳舉人剛歸至鳳山時，突有一啞巴走入內埔天后宮權充乩童，開口說：「鍾舉人回來了。」眾人至感驚訝，隨至阿猴迎駕。大家擁著舉人座轎回來，將入莊時轎杆無故斷了，遂徒步入宮，該一啞童更傳聖母意旨，命鍾舉人捐贈一千臺斤之大鐘二口，以贖其冒瀆之罪。啞童醒後又回覆其原來之不能言語。〔註35〕

由於不信媽祖而遭遇種種不測，最後鍾舉人捐贈大鐘以贖罪，從此可以得知媽祖是不能隨便懷疑的。之所以造成這樣故事的原因，在於人們頭腦裏的鬼神觀念的根深蒂固是放不開的。在民眾的觀念中，鬼神是不能隨便懷疑的，否則會得到相應的報復或者懲罰。

三、媽祖祭祀

從元代開始，媽祖的地位有了明顯的提升，以國家的意志，將媽祖從福建地區的鬼神，上升為中國沿海一帶的神靈，祭祀更加成為隆重而專業，並

〔註32〕《古今圖書集成・方輿彙編・山川典》第309卷《海部》。
〔註33〕《古今圖書集成・方輿彙編・山川典》第309卷《海部》。
〔註34〕《古今圖書集成・方輿彙編・山川典》第309卷《海部》。
〔註35〕陳麗娜《屏東後堆客家民間故事》43頁，中國口傳文學學會2006年印刷。

形成一系列的祭祀儀式。或者也可以這樣明確地說，元代統治者將媽祖從鬼變成了神，將其納入國家祭祀的範疇。這是媽祖身份的重要改變，也是媽祖祭祀從民間行為轉為國家行為的重要轉型。

媽祖的轉型，不是元代的原創，而是承襲了中國帝皇的文化傳統。「《墨子・明鬼》：古者聖王，必以鬼神為其務。故《尚書》、《夏書》，其次商周之書，語數鬼神之有也，重有重之。」〔註36〕因此可見，媽祖作為鬼神，之所以被元代重視，就源於「古者聖王」的做法，只不過元代根據自己的文化特徵和社會要求，將媽祖的地位加以了提升，將其從地獄之鬼，改變成為天上之神。這是與以往帝皇關於鬼神信仰所具有的不同地方。

「至元十五年封南海神女為天妃。」〔註37〕

為什麼元代最高統治者要將媽祖稱之為天妃？因為這時的最高統治者是蒙古族，他們是天神的崇拜者。他們認為，天神在最高的精神偶像。民國《新元史》卷74《志》第48《禮一》記載：「蒙古之禮，多從國之舊俗春秋所謂狄道也。」「蒙古拜天之禮最重，國有大事則免冠解帶跪禱於天。」〔註38〕

謝肇淛《五雜組》卷之四《地部二》又云：「天妃者，言其功德，可以配天云耳，非女神也！」〔註39〕

這裡，從另外一個層面來證明媽祖功德，是如何之高大，而不僅僅媽祖是天神的妃子，故謝肇淛認為媽祖非女神，也是一家之說。

但在元代將媽祖加封為天妃，這本身是一種最高的榮譽，其原因則在於「天」是皇家最崇敬的對象，而媽祖在成為自己心目中最高神靈的配偶的時候，媽祖也就成為元代國家層面上的最值得崇拜的偶像了。

到了仁宗皇慶，「年定歲祀南海女神靈惠夫人。按《元史・仁宗本紀》不載。按《祭祀志》：南海女神靈惠夫人，皇慶以來歲遣使齎香遍祭，金幡一盒，銀一錠，付平江官漕司及本府官，用柔毛酒禮便服行事。祝文云：惟年月日皇帝特遣某官等致祭於護國庇民廣濟福惠明著天妃。」〔註40〕

這裡，需要說明的是，雖然《元史・仁宗本紀》不載每年祭祀天妃的事

〔註36〕《道教大辭典》673 頁，浙江古籍出版社 1990 年版。
〔註37〕《古今圖書集成・方輿彙編・山川典》第 309 卷《海部》。
〔註38〕柯劭文《新元史》卷七十四《志》第四十八《禮一》，1082 頁，開明書局 1935 年版。
〔註39〕明謝肇淛《五雜組》125 頁，中華書局 1959 年版。
〔註40〕《古今圖書集成・方輿彙編・山川典》第 309 卷《海部》。

情，但並不等於沒有祭祀天妃這回事。這證明了元代統治者沒有放下架子，似乎想與祭祀鬼神劃清界限，幾乎所有的歷代帝皇都有這樣的習慣，在其本紀裏一般都沒有祭祀的記載，但是在《祭祀志》裏都會真實地將這些內容記錄下來，否則就很難找到這樣非常具有民間色彩的文化信息了。

《古今圖書集成‧方輿彙編‧山川典》第 309 卷《海部》有很多元代祭祀天妃的記載，順手摘錄五條如下：

「泰定三年兩祭海神。按《元史‧泰定帝本紀》：泰定三年秋七月遣使祀海神天妃。八月作天妃宮於海津鎮，鹽官州大風海溢，遣使祀海神。」

「泰定四年，遣使祀海神。按《元史‧泰定帝本紀》：泰定四年秋七月遣使祀海神天妃。」

「致和元年正月遣使祭海神，加封號，三月再祭海神。按《元史‧泰定帝本紀》：致和元年春正月甲申，遣使祀海神天妃，加封幸淵龍神福應昭惠公，三月甲申遣使戶部尚書李家奴往鹽官祀海神，乃集議修海岸。」

「文宗天曆二年十月加封海神天妃，賜廟額，十一月遣使再祀天妃。按《元史‧文宗本紀》：天曆二年冬十月加封天妃，為護國庇民廣濟福惠明著天妃，賜廟額曰：靈慈，遣使致祭，十一月戊午遣使代祀天妃。」

「順帝至正十四年詔加海神封號。按《元史‧順帝本紀》：至正十四年冬十月甲辰詔加海神為輔國護聖庇民廣濟福惠明著天妃。」

《新元史》亦記載：「泰定四年六月，海溢，鹽官州告災，乃遣使祀海神。」〔註41〕「天曆元年，都水庸田司言：『八月十四日，祈請天妃入廟。』」〔註42〕前者，祭祀天妃，是由於海水泛濫，這好理解；後者，說八月十四日，祈請天妃進廟，其原因，也是海水泛濫。農曆八月十四前後正值大潮，容易引起水災，故要祭祀天妃。《古今圖書集成‧方輿彙編‧山川典》第 319 卷《海部》說得更清楚：「《河渠志》：天曆元年十一月都水庸田司言，八月十日至十九日正當大汛，潮勢不高，風平水穩，十四日祈請天妃入廟。」

這些都證明，祭祀天妃有著非常明確的功利性目的。

同時，以上這些文字，均說元代天妃祭祀，一是國家行為，二是祭祀行為一般都與民眾的實際需要而進行的，如防止風災、修建海岸等。元代之所以不斷地加封天妃，其本意也是預防海洋性災難聯繫在一起的。

〔註41〕《新元史》卷 48《志》第 21，676 頁，開明書局 1935 年版。
〔註42〕《新元史》卷 48《志》第 21，676 頁，開明書局 1935 年版。

另外，由於地理的原因，金元時期的人對海洋特別重視。

《金史・本紀第一》：金之先，出靺鞨氏。靺鞨本號勿吉。勿吉，古肅慎地也。元魏時，勿吉有七部：曰粟末部、曰伯咄部、曰安車骨部、曰拂涅部、曰號室部、曰黑水部、曰白山部。隋稱靺鞨，而七部並同。唐初，有黑水靺鞨、粟末靺鞨，其五部無聞。粟末靺鞨始附高麗，姓大氏。李勣破高麗，粟末靺鞨保東牟山。後為渤海，稱王，傳十餘世。有文字、禮樂、官府、制度。有五京、十五府、六十二州。黑水靺鞨居肅慎地，東瀕海，南接高麗，亦附於高麗。嘗以兵十五萬眾助高麗拒唐太宗，敗於安市。開元中，來朝，置黑水府，以部長為都督、刺史，置長史監之。賜都督姓李氏，名獻誠，領黑水經略使。其後渤海盛強，黑水役屬之，朝貢遂絕。五代時，契丹盡取渤海地，而黑水靺鞨附屬於契丹。其在南者籍契丹，號熟女直；其在北者不在契丹籍，號生女直。生女直地有混同江、長白山，混同江亦號黑龍江，所謂「白山黑水」是也。

這裡說的是金人祖先的風俗習慣與生活地域，都與海洋有關。《金史・列傳第三十七》：「高麗十人捕魚，大風飄其船抵海岸，曷蘇館人獲之，詔還其國。」這些文字說明的是，海洋是金國的一個組成部分，即使有漁民漂至海岸，也被認為是侵犯邊界行為，需要遣返回國。元代同樣如此，對於從海洋遇到風濤漂至中國的外國人一樣遣返。「《元史・仁宗本紀》：延祐四年冬十月海外婆邏公之民往賈海番，遇風濤，存者十四人漂至溫州永嘉縣，敕江浙省資遣還鄉。」〔註43〕

元滅金之後，這些土地都被劃為元代版圖，其不僅有廣袤的陸地，同時也擁有一望無際的海洋。可以這樣說，向海洋索取是元代重要的價值取向，體現了當時統治階層希望海洋帶來利益的新思維，並反映出他們積極進取的向海精神。

元代為什麼會崇祀媽祖，其原因有二，一是精神層面，二是現實層面。

從精神層面而言，可分為三方面：

1. 元代有祭祀的傳統

《元史・志第二十三・祭祀一》：「禮之有祭祀，其來遠矣。天子者，天地宗廟社稷之主，於郊社禘嘗有事守焉，以其義存乎報本，非有所為而為之。」

〔註43〕《古今圖書集成・方輿彙編・山川典》第319卷《海部》。

這裡清楚地說明，元代上至皇帝下至臣民都有祭祀傳統，其祭祀的意義就在於要報答神祇，而不是用來故意做樣子的。這句話所要表明的意思，祭祀不是可有可無的事情，而是祖先傳承下來的文化，特別是在元代正史裏表明這樣的態度，也說明元代統治者對祭祀的重視。《元史·志第二十三·祭祀三》更說到：「其祖宗祭享之禮，割牲、奠馬湩，以蒙古巫祝致辭，蓋國俗也。」將祖宗祭祀，納入「國俗」，並有蒙古巫覡來進行儀式祝禱，可見其對祭祀祖先鬼神的規格非常之高。

此外，元代還有一種國俗祭祀。「每歲十二月下旬擇日於西鎮國寺牆下，灑掃平地，太府監供綵幣，中尚監供細氈針線，武備寺（應為監）供弓箭、環刀，束稈草為人形一，為狗一，剪雜色彩段為之腸胃，選達官世家之貴重者交射之。射之糜爛，以羊酒祀之。祀畢，帝后及太子嬪妃並射者，各解所服衣，俾蒙古巫覡贊之。祝讚畢，遂以與之，名曰脫災。國俗謂之射草狗。」〔註44〕很明確，這是一種帶有原始宗教的祭祀習俗，也同樣帶有蒙古族騎射文化的特徵。

祭祀海神也是元代重要的祭祀活動。至元三年，定四海祭日及祭所。「按《祭祀志》：至元三年夏四月定歲祀嶽鎮海瀆之制。正月立春日於萊州界，三月立夏日遙祭南海於萊州界，七月立秋日遙祭西海於河中府界，十月立冬日遙祭北海於登州界。祀官以所在守土官為之。既有江南乃罷遙祭。」〔註45〕

「《續文獻通考》：成化七年閏九月，命工部右侍郎李顯往江浙祭海神，修江岸。」〔註46〕《新元史》卷80《志》第54亦載：凡名山大川、忠義義士之祠，所在有司祭之。大德三年，加封「浙西鹽官州海神曰靈威宏祐公」。這些記載，都說明祭祀海神也是元代重要的祭祀活動之一。

2. 元代有加封的傳統

元代有加封習慣：盤古、伏羲、女媧、禹、堯、舜、湯、周公、狄仁傑、屈原、都進行加封。加封屈原為「忠傑清烈公」，加封「漢關羽為顯靈義勇武安英濟王」，諸葛亮為「威烈神顯仁濟王」，張飛為「武義忠顯英烈靈惠助順王」，柳宗元為「文惠昭靈公」，顏真卿為「貞烈文忠公」，加封李冰為「聖德廣裕英惠王」，其子二郎神為「英烈詔惠靈顯仁裕王」，加封微子為「仁靖公」，

〔註44〕《新元史》卷80《志》第54，1168頁，開明書局1935年版。
〔註45〕《古今圖書集成·方輿彙編·山川典》第309卷《海部》。
〔註46〕《古今圖書集成·方輿彙編·山川典》第309卷《海部》。

箕子為「仁獻公」，比干為「仁顯忠烈公」等等。〔註47〕

　　到了至元十五年，元代政府對天妃進行加封。「泉州神女靈惠夫人，至元十五年，加號護國明著靈惠協己善虔顯慈天妃，天曆元年，加號護國屁民廣濟福惠明著天妃，賜廟號曰靈慈，直沽、平江、周涇、泉、福、興化等處皆有廟。皇慶以來，歲遣使齋香遍祭，金幡一，合銀一錠，付平江漕司及府官，用柔毛酒醴便服行事。祝文云：『維年月日，皇帝特遣某官等致祭於護國屁民廣濟福惠明著天妃。』」〔註48〕

　　這裡，將天妃加封為「護國屁民廣濟福惠明著天妃」、「護國護國明著靈惠協己善虔顯慈天妃靈惠協己善虔顯慈天妃」等，同樣具有諡法等級之說，其中暗含著對天妃的尊崇。

　　《新元史》卷八十二《志》第五十六《禮九》：諡法分君諡，臣諡、后妃諡等。在皇帝的諡法的文字表述中，「神」為最高級別，其餘依次為：聖、文、武、成康、獻、懿、章、穆、敬、元、昭、景、孝、宣、平、醒、莊、僖、肅、惠、安、明、定、簡、隱、翼，襄、哀、烈、威、愍、靈、幽、厲、德、質，等等，每個字都一定的含義。其中對靈，這樣解釋：「靈，亂而不損曰靈，好事鬼神曰靈，極知神事曰靈。」在后妃諡中，有「文、成、康、獻、懿、章、穆、敬、元、昭、孝、宣、平、莊、僖、恭、惠、安、明、定、簡、正、隱、哀、烈、勤、貞、靈、幽、厲、節、德、質、精、順、憲、忠、仁、禮、欽、良、微、柔、荒、惑、戾」〔註49〕在這裡，可以看出天妃加封名號裏，就有靈、明、惠等字，使用了許多皇室諡法，很顯然表達的是元代對天妃的尊崇與敬仰。

　　另外，元代政府還加封傳說中的河海諸王：「加封江瀆為廣元順濟王，河瀆靈源宏濟王，淮瀆長源溥濟王，濟瀆清源善濟王，東海廣德靈會王，南海廣利靈孚王，西海廣閏靈通王，北海廣澤靈祐王。」〔註50〕

3. 元代有敬天畏鬼的風俗

　　元代是個崇敬天，同時也是個害怕鬼的民族，這種風俗在北方地區已經流傳千百年。為了敬天而畏鬼，必須要進行祭祀，還要請專門的巫覡去親見

〔註47〕《新元史》第80卷《志》第54，第1部第1185頁，開明書局1935年版。

〔註48〕《新元史》卷八十《志》第五四，1185頁，開明書局1935年版。

〔註49〕《新元史》卷八十二《志》第五十六《禮九》，1205～1207頁，開明書局1935年版。

〔註50〕《新元史》卷八十《志》第五四，1181～1182頁，開明書局1935年版。

鬼神。而這種巫覡的特殊功能，是即使是至高無上的皇帝無法做到的事情。《元史・志第二十三・祭祀一》：「北陲之俗，敬天而畏鬼，其巫祝每以為能親見所祭者，而知其喜怒，故天子非有察於幽明之故、禮俗之辨，則未能親格，豈其然歟？」這裡，則真實的記錄了人鬼相通的現象。

4. 元代有專門祭祀海瀆習俗

將「嶽鎮海瀆」作為專門祭祀的對象，《元史・志第二十三・祭祀五》：嶽鎮海瀆常祀。特別是「海瀆」的祭祀，是元代特有的文化。可以由皇帝遣使，拿上璽書去進行祭祀，稱之為代祀。〔註51〕

根據《元史・志第二十三・祭祀五》記載：「嶽鎮海瀆代祀，自中統二年始。凡十有九處，分五道。後乃以東嶽、東海、東鎮、北鎮為東道，中嶽、淮瀆、濟瀆、北海、南嶽、南海、南鎮為南道，北嶽、西嶽、后土、河瀆、中鎮、西海、西鎮、江瀆為西道。既而又以驛騎迂遠，復為五道，道遣使二人，集賢院奏遣漢官，翰林院奏遣蒙古官，出璽書給驛以行。中統初，遣道士，或副以漢官。」另外對海瀆加以封號。至元二十八年春二月，「加封江瀆為廣源順濟王，河瀆靈源弘濟王，淮瀆長源溥濟王，濟瀆清源善濟王，東海廣德靈會王，南海廣利靈孚王，西海廣潤靈通王，北海廣澤靈祐王。」

到了至元三年夏四月，定歲祀嶽鎮海瀆之制。正月東嶽、鎮、海瀆，土王日祀泰山於泰安州，沂山於益都府界，立春日祀東海於萊州界，大淮於唐州界。三月南嶽、鎮、海瀆，立夏日遙祭衡山，土王日遙祭會稽山，皆於河南府界，立夏日遙祭南海、大江於萊州界。六月中嶽、鎮，土王日祀嵩山於河南府界，霍山於平陽府界。七月西嶽、鎮、海瀆，土王日祀華山於華州界，吳山於隴縣界，立秋日遙祭西海、大河於河中府界。十月北嶽、鎮、海瀆，土王日祀恆山於曲陽縣界，醫巫閭於遼陽廣寧路界，立冬日遙祭北海於登州界，濟瀆於濟源縣。祀官，以所在守土官為之。既有江南，乃罷遙祭。〔註52〕

元代之所以有這樣一系列祭祀海瀆的制度，就因為河海在元代最高統治者的心目中有著非常重要的地位，同時，亦祈望神靈來護祐自己的疆土。

〔註51〕《元史・志第二十三・祭祀二》：其天子親遣使致祭者三：曰社稷，曰先農，曰宣聖。而嶽鎮海瀆，使者奉璽書即其處行事，稱代祀。其有司常祀者五：曰社稷，曰宣聖，曰三皇，曰嶽鎮海瀆，曰風師雨師。其非通祀者五：曰武成王，曰古帝王廟，曰周公廟，曰名山大川、忠臣義士之祠，曰功臣之祠，而大臣家廟不與焉。

〔註52〕《元史・志第二十三・祭祀五》。

元代祭祀媽祖，還有一個現實層面的問題。

1. 水利建設的需要

元代已經知道，水利的重要，它關乎民眾的生命與財產，同時也會影響政權的安危。因此多次有大臣上疏，要疏通河道、海道，這樣不僅便於漕船的運輸，而且也可以有效地抑制河水、海水的泛濫成災。

《元史・志第十七上・河渠二・黃河》：三十一年，御史臺言：「膠、萊海道淺澀，不能行舟。」臺官玉速帖木兒奏：「阿八失所開河，省遣牙亦速失來，謂漕船泛河則失少，泛海則損多。」既而漕臣囊加　、萬戶孫偉又言：「漕海舟疾且便。」右丞麥術丁又奏：「幹奴兀奴　凡三移文，言阿八失所開河，益少損多，不便轉漕。水手軍人二萬，舟千艘，見閒不用，如得之，可歲漕百萬石。昨奉旨，候忙古　來共議，海道便，則阿八失河可廢。今忙古　已自海道運糧回，有一二南人自願運糧萬石，已許之。」囊加　、孫萬戶復請用軍驗試海運，省院官暨眾議：「阿八失河揚用水手五千、軍五千、船千艘，畀揚州省教習漕運。今擬以此水手軍人，就用平灤船，從利津海漕運。」世祖從之。阿八失所開河遂廢。

在江南一帶，水系發達，與海相連，但也經常淤塞，需要大力治理。

《元史・志第十七上，河渠二，黃河》：浙西諸山之水受之太湖，下為吳松江，東匯澱山湖以入海，而潮汐來往，逆湧濁沙，上溼河口，是以宋時設置撩洗軍人，專掌修治。元既平宋，軍士罷散，有司不以為務，勢豪租占為蕩為田，州縣不得其人，輒行許准，以致湮塞不通，公私俱失其利久矣。

從此記載來看，有「勢豪租占為蕩為田」，也會造成河道、海道的「湮塞不通」，必須要加以治理。在上海等地，也會經常發生河口堰塞，造成「旱則無以灌溉，潦則不能疏泄」的境況，更重要的是江南的糧食運輸受到很大的威脅，很可能京師的糧食得不得有效的供應。這是元朝政府非常重視水利的關鍵性的原因。

《元史・志第十七上・河渠二・黃河》：其上海、嘉定連年旱潦，皆緣河口湮塞，旱則無以灌溉，潦則不能疏泄，累致凶歉，官民俱病。至元三十年以後，兩經疏闢，稍得豐稔。比年又復壅閉，勢家愈加租占，雖得徵賦，實失大利。上海縣歲收官糧一十七萬石，民糧三萬餘石，略舉似延祐七年災傷五萬八千七百餘石，至治元年災傷四萬九千餘石，二年十萬七千餘石，水旱連年，殆無虛歲，不惟虧欠官糧，復有賑貸之費。近委官相視地形，講議疏濬，其通

海大江，未易遽治；舊有河港聯絡官民田土之間、藉以灌溉者，今皆填塞，必須疏通，以利耕種。欲令有田人戶自為開濬，而工役浩繁，民力不能獨成。由是議，上海、嘉定河港，宜令本處所管軍民站灶僧道諸色有田者，以多寡出夫，自備糧修治，州縣正官督役。其豪勢租占蕩田、妨水利者，並與除闢。本處民田稅糧全免一年，官租減半。今秋收成，下年農隙舉行，行省、行臺、廉訪司官巡鎮。外據華亭、崑山、常熟州河港，比上海、嘉定緩急不同，難為一體，從各處勸農正官督有田之家，備糧並工修治。若遽興工，陰陽家言癸亥年動土有忌，預為諮稟可否。

2. 防災的需要

根據《元史》記載，海塘經常受到海水的衝擊，使得人們的生命與財產遭到損失。正由於如此，需要祭祀天妃。「泰定帝泰定元年遣使祀海神。按《元史‧泰定帝本紀》不載。按《續文獻通考》：泰定元年以鹽官州海水溢，遣使祀海神。」〔註53〕這裡的海神，指的就是天妃。

再舉二例：

至泰定即位之四年二月間，風潮大作，沖捍海小塘，壞州郭四里。〔註54〕

五月五日，平章禿滿迭兒、茶乃、史參政等奏：「江浙省四月內，潮水衝破鹽官州海岸，令庸田司官征夫修堵，又令僧人誦經，復差人令天師致祭。臣等集議，世祖時海岸嘗崩，遣使命天師祈祀，潮即退，今可令直省舍人伯顏奉御香，令天師依前例祈祀。」制曰：「可。」既而杭州路又言：「八月以來，秋潮洶湧，水勢愈大，見築沙地塘岸，東西八十餘步，造木櫃石囤以塞其要處。〔註55〕

《元史‧志第十七上‧河渠二‧黃河》：鹽官州去海岸三十里，舊有捍海塘二，後又添築咸塘，在宋時亦嘗崩陷。成宗大德三年，塘岸崩，都省委禮部郎中游中順，泊本省官相視，虛沙復漲，難於施力。至仁宗延祐己未、庚申間，海汛失度，累壞民居，陷地三十餘里。其時省憲官共議，宜於州後北門添築土塘，然後築石塘，東西長四十三里，後以潮汐沙漲而止。

正由於海塘、海岸受到海潮的侵襲，在無可奈何的情況下，人們只好依託天妃入廟來求得平安。《元史‧志第十七上‧河渠二‧黃河》：文宗天曆元

〔註53〕《古今圖書集成‧方輿彙編‧山川典》第309卷《海部》。
〔註54〕《元史‧志第十七上‧河渠二‧黃河》。
〔註55〕《元史‧志第十七上‧河渠二‧黃河》。

年十一月，都水庸田司言：「八月十日至十九日，正當大汛，潮勢不高，風平水穩。十四日，祈請天妃入廟，自本州嶽廟東海北護岸鱗鱗相接。十五日至十九日，海岸沙漲，東西長七里餘，南北廣或三十步，或數十百步，漸見南北相接。眾所周知，農曆八月中旬一般是海水大潮，特別是在鹽官一帶更有潮高丈餘，這時候所帶來的對周邊海岸、農田的破壞可想而知。一旦此時「潮勢不高，風平水穩」，祈請天妃入廟舉行祭祀，就祈望會得以逢凶化吉之願。

3. 糧食運輸的需要

元代糧食主要要依靠江南運輸到北方，而南方到北方運輸成本最少的是海運。《元史・志第四十二・食貨一》：「元都於燕，去江南極遠，而百司庶府之繁，衛士編民之眾，無不仰給於江南。自丞相伯顏獻海運之言，而江南之糧分為春夏二運。蓋至於京師者一歲多至三百萬餘石，民無挽輸之勞，國有儲蓄之富，豈非一代之良法歟！」這裡，就將海上運輸的利害關係說得十分明瞭。

為了海上運輸糧食，皇帝經常遣使到江浙進行討論。「至大四年，遣官至江浙議海運事。時江東寧國、池、饒、建康等處運糧，率令海船從揚子江逆流而上。江水湍急，又多石磯，走沙漲淺，糧船俱壞，歲歲有之。又湖廣、江西之糧運至真州泊入海船，船大底小，亦非江中所宜。於是以嘉興、松江秋糧，並江淮、江浙財賦府歲辦糧充運。海漕之利，蓋至是博矣。」〔註56〕從這段文字裏，可以看出官員經過海運之事議論之後，也充分認識海上運輸的便利於快捷，「海漕之利，蓋至是博矣」，則是當時社會真實的共同認知。

為了海運的安全而進行祭祀天妃。

「按《元史・世祖本紀》：至元十五年秋八月制封泉州神女號護國明著靈惠協正善慶顯濟天妃。按《祭祀志》凡名山大川，忠臣義士在祀典者，所在有司主之，惟南海神女靈惠夫人至元中以護海運有奇應，加封天妃，神號積至十字廟，曰靈慈直沽平江、周涇、泉福、興化等處皆有廟。」〔註57〕

海漕糧食運到，而祭祀天妃。

「英宗正治元年遣使祀海神天妃。」〔註58〕

〔註56〕《元史・志第四十二・食貨一》。
〔註57〕《古今圖書集成・方輿彙編・山川典》第 309 卷《海部》。
〔註58〕《古今圖書集成・方輿彙編・山川典》第 309 卷《海部》。

「按《元史・英宗本紀》：正治元年五月辛卯海漕糧至直沽，遣使祀海神天妃。」〔註59〕

「正治三年復祀海神天妃。按《元史・英宗本紀》：正治三年二月海漕至直沽，遣使祀海神天妃。」〔註60〕

從這些記載來看，一旦海漕糧食運輸抵達，政府會遣使祭祀天妃，可見其重視程度。

祭祀天妃，為了海運京師的糧食安全。「海運，每歲糧船於平江路劉家港等處聚瑨，由揚州路通州海門縣黃連沙頭萬里長灘開洋，沿山捉嶼至淮安路鹽城縣，歷西海州、海寧府、東海縣、密州、膠州界，放靈山洋投東北，取成山路，多有淺沙，行月餘才抵成山。羅壁、朱清、張瑄講究水程，自上海等處開洋，至揚州村馬頭下卸處，徑過地名山川，經直多少迂迴，計一萬三千三百五十里。」〔註61〕如此一萬三千餘里的海上運輸，風險是巨大的，在海運不很發達的元代，祈求天妃的保祐，無疑是心靈上的一貼有效的安慰劑。

根據《新元史》卷213《列傳》第117記載，海運不暢通，造成京師糧食緊張，也是有先例的：「先是，中原亂，江南海漕不通，京師苦饑。」

4. 出師海外的需要

元代是一積極向外擴張的王朝，除了歐洲大陸之外，海上進取也是元朝統治者的日益追求的夢想。明謝肇淛《五雜組》卷四《地部二》就說：「元之盛時，外夷朝貢者千餘國，可謂窮天極地，罔不賓服」，然而也有不臣服之國，如日本。《新元史》卷242《列傳》第146《外國一》記載：「日本島夷，恃險不庭，敢抗王師，臣自念無以報德，原造船積欲，聲罪致討。」「日本崛強不臣，阿剌罕等率師十萬往征，復返者三人耳。」〔註62〕此說似乎有點過分，但也反映一定的真實。德國人阿爾弗雷德・韋伯著《文化社會學視域中的文化史》一書同樣有此觀點：「亞洲大陸由於受到中國的影響，一直自理內務，沒有對外擴張，惟一的一次例外是13世紀時，佔領欲極強的蒙古人曾派大規模艦隊越海，企圖佔領日本，但艦隊遭遇颱風，全軍覆滅。從此，日本四島同大陸的關係從來沒有出現象英屬各島同英國那樣的附屬關係，當然英屬各島

〔註59〕《古今圖書集成・方輿彙編・山川典》第309卷《海部》。
〔註60〕《古今圖書集成・方輿彙編・山川典》第309卷《海部》。
〔註61〕《新元史》卷219《列傳》第123，994頁，開明書局1935年版。
〔註62〕謝肇淛《五雜組》119頁，中華書局1959年版。

與英國本土的距離和關係是另外一番情況。」〔註63〕

　　儘管如此，元代統治者還是針對從海上來的侵犯者給予有力地回擊：「二十七年，帝以海者犯邊，親討之。」〔註64〕

　　在《元史·列傳第九十六·外夷》中，還就記載元王朝近則出使高麗、日本、琉球等地，遠則航至爪哇等國海上盛舉：

　　琉求，在南海之東。漳、泉、興、福四州界內彭湖諸島，與琉求相對，亦素不通。天氣清明時，望之隱約若煙若霧，其遠不知幾千里也。西南北岸皆水，至彭湖漸低，近琉求則謂之落漈，漈者，水趨下而不回也。凡西岸漁舟到彭湖已下，遇颶風發作，漂流落漈，回者百一。琉求，在外夷最小而險者也。漢、唐以來，史所不載，近代諸蕃市舶不聞至其國。〔註65〕

　　元世祖之至元二年，以高麗人趙彝等言日本國可通，擇可奉使者。三年八月，命兵部侍郎黑的，給虎符，充國信使，禮部侍郎殷弘給金符，充國信副使，持國書使日本。〔註66〕

　　爪哇在海外，視占城益遠。自泉南登舟海行者，先至占城而後至其國。其風俗土產不可考，大率海外諸蕃國多出奇寶，取貴於中國，而其人則醜怪，情性語言與中國不能相通。世祖撫有四夷，其出師海外諸蕃者，惟爪哇之役為大。〔註67〕

　　世祖至元間，行中書省左丞唆都等奉璽書十通，招諭諸蕃。未幾，占城、馬八兒國俱奉表稱籓，餘俱藍諸國未下。〔註68〕

　　十月，授哈撒兒海牙俱藍國宣慰使，偕庭璧再往招諭。十八年正月，自泉州入海，行三月，抵僧伽耶山，舟人鄭震等以阻風乏糧，勸往馬八兒國，或可假陸路以達俱藍國，從之。〔註69〕

　　元政府積極進取，討伐海外，更是利用各路海上精英力量，浩浩蕩蕩，分頭進發，形成壯觀無比的海上艦隊的豪邁氣勢。《元史·列傳第九十六·

〔註63〕【德】阿爾弗雷德·韋伯著《文化社會學視域中的文化史》第306頁，姚燕譯，上海人民出版社2006年版。
〔註64〕《新元史》卷242《列傳》第146《外國一》，第1561頁，開明書局1935年版。
〔註65〕《元史·列傳第九十六·外夷三》。
〔註66〕《元史·列傳第九十六·外夷一》。
〔註67〕《元史·列傳第九十六·外夷三》。
〔註68〕《元史·列傳第九十六·外夷三》。
〔註69〕《元史·列傳第九十六·外夷三》。

外夷二》：元憲宗「二十四年正月，發新附軍千人從阿八赤討安南。又詔發江淮、江西、湖廣三省蒙古、漢、券軍七萬人，船五百艘，雲南兵六千人，海外四州黎兵萬五千，海道運糧萬戶張文虎、費拱辰、陶大明運糧十七萬石，分道以進。」

而這些海上航行，要需要媽祖的保祐，特別是長途出使外國，海上艱險可知。正因為如此，媽祖的祭祀在當時海上盛行，特別是在福建等地。「凡賈客入海，必禱祠下，求杯珓，乃敢行。蓋嘗有至大洋遇惡風而遙望百拜乞憐，見神出現於檣竿者。」〔註70〕宋朝媽祖信仰是這樣，到了明代這種狀況依然可見。「閩郡中及海岸廣石皆有其祠，而販海不逞之徒往來恒賽祭焉，香火日盛，金碧輝煌，不知神之聰明正直，亦吐而不享否也。」〔註71〕民間祭祀尚且如此興盛，國家祭祀當然亦不會遜色於此，再加上國家的資源遠勝於草民百姓，因此媽祖的祭祀盛典是可想而知的。

四、結論

綜上所述，觀點可以概括為三：

一是媽祖原為鬼，這是一個基本結論。不過，媽祖從鬼變成神，時間非常之短，或與其生前所屬的「巫」的身份所決定的。

二是媽祖真正成為神靈，與統治階級的褒揚有著緊密的關係；而元代是其轉變的最重要的朝代，與這一朝代的政治、經濟直接有關。

三、媽祖信仰，是海洋文化的直接產物。中國封建社會一方面企圖進軍海洋，另一方面卻又害怕海上風險，故希望求得媽祖的保祐。這種葉公好龍的做法，形成了強烈的思想反差。

2012 年 8 月 11 日星期六

〔註70〕宋洪邁《夷堅志·林夫人廟》。
〔註71〕謝肇淛《五雜組》125～126 頁，中華書局 1959 年版。

第七章　麻姑為海上神仙考

　　麻姑是道教人物，卻與人們的精神生活密切相關，上至皇親國戚下至普通百姓都會在生日中，以麻姑獻壽的戲劇、繪畫等各種形式來表達對未來的祝願。以往一般都認為麻姑是山中神仙，持此一說的是唐代顏真卿的《有唐撫州南城縣麻姑山仙壇記》。本文試圖論述其與海之間的關係，將其考證成為一位海上神仙。

　　現在麻姑作為女壽星的形象早已深入人心。《破除迷信全書》卷九記載：「世俗既迷信這些事，也以為麻姑是長生不死的神仙，因此每逢為婦女祝壽時，就必寫出麻姑獻壽數字，或是繪出麻姑的形狀，手捧蟠桃，以為祝壽的吉利。」〔註1〕

　　但是，在歷史的長河裏說產生的麻姑文化也是精彩紛呈，豐富繁雜。魏晉南北朝時期，東晉葛洪的《神仙傳》就有最早的記載，隨之《抱朴子》、《雲笈七籤》，以及志書如《南城縣志》、《麻姑山志》等都有關於麻姑的記載。由於這些資料出自不同的年代、不同的學派，他們各持己說，造成如今的麻姑文化繁雜無序，甚至相互混淆的現象，因此有必要進行梳理，以期找出其正面目，考出其最初的人物原型，尋找出新的核心價值。

一、誰是麻姑

　　或許有人說，麻姑就是舉辦壽宴上進行表演的壽星，其實這是有失偏頗的。在歷史記載裏，麻姑並非是只有一個人物。

〔註1〕宗力、劉群《中國民間諸神》第724頁，河北人民出版社1987年版。

圖 7-1　泥人張雕塑的麻姑

1. 富陽女

如《太平廣記》卷一百三十一引《齊諧記》所記麻姑，為東晉孝武帝太元（376～396）時人，「富陽民麻姑者，好噉膾。華本者，好噉鱉臛。二人相善。麻姑見一鱉，大如釜蓋，頭尾猶是大蛇，繫之。經一月，盡變鱉，便取作臛，報華本食之，非常味美。麻姑不肯食，華本強令食之。麻姑遂噉一臠，便大噁心，吐逆委頓，遂生病，喉中有物，塞喉不下。開口向本，本見有一蛇頭，開口吐舌。本驚而走，姑僅免。本後於宅得一蛇，大二圍，長五六尺，打殺作膾，喚麻姑。麻姑得食甚美，苦求此魚。本因醉，喚家人捧蛇皮肉來。麻姑見之，嘔血而死。」

2. 黎瓊仙

《古今圖書集成・神異典》卷二百七十引《太平清話》所記的麻姑有名有姓，且為唐代宮女：「姓黎，字瓊仙，唐放出宮人也」。

3. 後趙麻秋女

《古今圖書集成・神異典》卷二百三十七引《登州府志》所記麻姑，為「後趙麻秋女，或云建昌人，修道於牟州東南姑餘山，飛昇，政和中封真人」。建昌，在遼西地區。此麻姑，雖是後趙人，但只是個修煉道姑而已，與後面所

說的麻姑不同，故另列一位。

4. 麻秋之女

清褚人獲《堅瓠秘集》卷三引《一統志》記載：「麻姑，麻秋之女也。秋為人猛悍，築城嚴酷，督責工人，晝夜不止，惟雞鳴乃息。姑有息民之心，乃假作雞鳴，群雞相效而啼，眾工役得以休息。父知後，欲撻之，麻姑逃入山中，竟得仙而去。」《列仙全傳》亦記載：麻姑是北趙十六國有名的殘暴將領麻秋的女兒。由於麻秋生性暴虐，在役使百姓築城時，晝夜不讓休息，只有在雞叫時才使其稍作休息。麻姑同情百姓，自學口技，常常學雞叫，這樣別的雞也就跟著叫，民工就可以早早休息，後來被他的父親發現，父親想打麻姑，麻姑因為害怕便逃到仙姑洞修道，後來從橋上昇天成仙。

就其內容而言，這是中國最早的「半夜雞叫」原型。

這裡所說的麻秋曾被後趙王石虎命為征東將軍，還任過涼州刺史。他性格暴戾好殺，在民間其兇殘的一面家喻戶曉。《辭海》載：趙石虎以麻將軍秋師師。秋，胡人，暴戾好殺……有兒蹄，母輒恐之曰：「麻胡來！」蹄聲即絕。可以看出，麻秋不是一般的殘酷，而是載入史冊的暴戾好殺之人。其女為麻姑，當為另外一說。

5. 胡馬秋之女

《歷代神仙史》記載：「麻姑，晉石勒時，胡馬秋之女。秋猛悍，人畏之，築長城嚴酷，晝夜不止。惟至雞鳴少息。姑賢，懷恤民之念，常假作雞鳴，群雞亦鳴，工得早止。後父覺，擬欲撻之。姑懼而逃，入仙姑洞修道。人因名其縣曰麻城。姑後於城北石橋升，追者不及，今望仙橋即其遺跡。」〔註2〕這裡的麻姑，則為晉石勒時胡馬秋之女，與前面所說麻秋女略有不同，故另作一麻姑形象。

6. 秦始皇女

傳說秦始皇有個女兒，因臉上長得滿是麻子，大家都叫她「麻姑」。麻姑雖相貌不俊，但聰明伶俐、心地善良。在秦始皇修築萬里長城時，為了加快工程進度，他派了大批的士兵做監工，只要誰幹得慢，就用皮鞭拼命抽打。這還不算，殘暴的秦始皇還用棍子把太陽支上，不讓它落下，三天當一天。他又命女兒麻姑到工地去宣讀他的聖旨，讓苦工們三天吃一頓飯。麻姑來到

〔註2〕《歷代神仙史》第 220 頁，上海宏善書局 1936 年。

工地一看，被餓死、累死、打死的苦工成千上萬，她心裏說不出的難過。於是，她就把聖旨中的「三天吃一頓飯」讀成「一天吃三頓飯」。事後，秦始皇知道了這件事兒，將麻姑推出午門斬首。麻姑被殺的消息傳到修長城的工地，苦工們無不痛哭流涕、義憤填膺。人們的哭聲衝上九霄，哭得蒼天也受了感動，不禁下起雨來。因為麻姑被殺這天，正是農曆七月十五日，所以人們為紀念她，把這天定為「麻姑節」。

這則傳說，與麻秋之女的傳說，同工異曲之妙。只不過這裡借助的秦始皇。由於秦始皇知名度更高，其殘忍程度天下共知，因此麻姑的故事就越能夠傳播出去。

7. 丹陽麻姑

《異苑》卷五載：「秦時丹陽縣湖側有梅（一作麻）姑廟。姑生時有道術，能著履行水上。後負道法，婿怒殺之，投屍於水，乃隨流波漂至今廟處鈴（嶺）下」。這裡的麻（梅）姑，很明顯地表示了其道教的身份，道行甚高，能夠「著履行水上」，但她違背「道法」，而被丈夫所殺。可見，這裡的麻姑是一位挑戰道教法規的人物。雖然如此，麻姑依然被民間視為神靈而被崇祀。其原因就在於，人們信仰的是法術高超的神祇，由於其法術高超可以為民消災祈福，而不在乎其是哪個教派的人或神。

8. 伶人麻姑

民間還有另一種說法，說麻姑是唐代人，她出身微賤，但從小聰明絕頂，心靈手巧，成人後知書能文，嫁給了一個唱戲的「伶人」為妻。後來，丈夫被一個姓李的刺史害死，麻姑就淪為李的小妾。因遭李的大老婆妒忌，在這一年的七月十五被暗殺。當時天下著綿綿細雨，那情景是極為淒涼的。「七月十五麻姑節」的成因，是由於人們同情這位無辜被害的麻姑，她的悲慘身世令人淚下。民間紀念她，實際上是寄託了人民群眾對受侮辱、受損害的弱女子的深摯同情。〔註3〕

從以上這些麻姑來看，都不是麻姑的最早的原型，而是麻姑之後的衍生出來的同名的麻姑。

而葛洪《神仙傳‧王遠》裏記載的麻姑，才是真正與傳統的真正意義上「麻姑獻壽」裏的麻姑相符。其傳曰：「麻姑至，蔡經亦舉家見之，是好女子，

〔註3〕《長城論壇》2011 年 5 月 1 日《麻姑節》。

年十八九許。頂中作髻，餘髮垂至腰。其衣有文章，而非錦綺，光彩耀目，不可名狀，皆世所無有也。」〔註4〕這裡將麻姑道貌仙骨的樣子，表露無疑。的確，杜光庭《墉城集仙錄·麻姑傳》一文裏，就在《傳》前冠上一句云：「麻姑者，乃上真元君之亞也。」這是畫龍點睛的一筆，將其身份作了高度精彩的概括。

很顯然，麻姑的真實面目是一道家的仙姑，而非普通女子的形象。特別是麻姑到達蔡經家之後與方平的對話中，可以看出麻姑是個經常到海上活動、關心海洋狀況的海上神仙，當是無疑。

二、麻姑原型

關於麻姑的形象，現在大都為美麗女性，金釵羅衣，手拿壽桃，身邊有鹿，這已經成為藝術作品裏經常出現的形象。假如再深入研究一下就會發現，其原型與此大相徑庭的。

圖 7-2　武強年畫

麻姑最初原型為鳥形，這與人們傳統腦海裏的形象差之甚遠，但卻在古代典籍裏並不少見這方面的文字。

《古小說鉤沈》輯《列異傳》：「神仙麻姑降東陽蔡經家，手爪長四寸。經意曰：『此女子實好佳手，願得以搔背』。麻姑大怒。忽見經頓地，兩目流血」。

此則記載，證明麻姑認為，鳥爪是對其侮辱，就大怒。而蔡經頓地而亡，又可見其巫力之強。

〔註4〕晉葛洪撰，胡守為校釋《神仙傳校釋》，中華書局 2010 年版。

　　由於麻姑的鳥形手，因此也就引申出「搔背」的典故。此典出於晉葛洪《神仙傳》。謂仙人麻姑手纖長似鳥爪，可搔背癢。在歷代作品裏，就出現象唐李白《西岳雲臺歌送丹丘子》詩「明星玉女備灑掃，麻姑搔背指爪輕」、金王若虛《王內翰子端詩其小樂天甚矣漫賦三詩為白傅解嘲》之三「妙理宜人入肺肝，麻姑搔背豈勝鞭」、清孔尚任《桃花扇·會獄》「只愁今夜裏，少一個麻姑搔背眠」等佳句。

　　其實，麻姑搔背，是道教文化發達之後所產生的現象，是在不斷強調麻姑「搔背」之用，而掩蓋了麻姑之鳥形的最基本的形象。什麼是麻姑的最基本的形象，那就是鳥形。因為有了鳥形，才有了「搔背」的故事，才會使得麻姑形象深入人心。麻姑具備鳥形，這是麻姑最初原型，千萬不可小覷其鳥形。《述異記》卷上亦云：「濟陽山麻姑登仙處，俗說山上千年金雞鳴，玉犬吠」。這裡所說的金雞，同樣與鳥有著直接的聯繫，且不說就自然界來說，雞是鳥進化而來的，就其外形而言，鳥與雞的爪是相同的。《述異記》所說「金雞」只不過是道教文化的美飾而已，其背後真正的形象，還應該是鳥。

　　如果這個推理成立的話，那麼就可以看到這裡深藏著人類早期的信仰上的秘密。

　　在原始時代，鳥的信仰是普遍存在的現象，不僅存在於史前黃河流域一帶，而且在長江上游乃至下游的原始遺存中也有發現，如三星堆文化遺址的青銅人面鳥身像。在河姆渡文化遺址中，發現的鳥形雕刻更多，如雙鳥朝陽象牙雕刻、鳥形象牙雕刻、圓雕木鳥，甚至在進餐用的骨匕上也刻有雙頭連體的鳥紋圖像。可見，鳥的信仰在原始人的生活中是一十分常見的現象。

　　在早期人類的觀念裏，鳥是人類的祖先。無論是鳥直接降而生商人（《詩·商頌》：「天命玄鳥，降而生商」），還是誤吞鳥蛋而生人（《史記·殷本紀》：「殷契，母曰簡狄，有娀氏之女，為帝嚳次妃。……三人行浴，見玄鳥墮其卵，簡狄取吞之，因懷生契」。《史記·秦本紀》：「秦之先，帝顓頊之苗裔，孫曰女修。女修織，玄鳥隕卵，女修吞之，生子大業」），都是鳥是人類祖先的例證。

　　這種鳥文化的信仰，至今依然在原始文化的遺存中發現，其中最重要的一個內容是尊鳥、崇鳥。

　　在雲南滄源岩畫中，可以發現其中人物的肘部、膝部、頭上都裝飾上羽毛，有的還身披羽衣，被稱之為「鳥形人」。這種岩畫裏的鳥形人，暗藏著鳥

為人的祖先的寓意。佤族《司崗裏》神話說，達能（傳說中人和動物的創造者）創造了人並把人放在石洞裏，差（一種小鳥）從石洞旁飛過，首先知道了人要出來的消息。動物們決定幫助人打開石洞，但是大象、犀牛、野豬、麂子、熊、鸚鵡等等動物都沒有成功，是小米雀啄開了石洞，人才走了出來。這個神話，要告訴人們的潛臺詞，就在於鳥為人類的出現於繁衍作了不可磨滅的貢獻；或者說沒有鳥就沒有人這樣至今已被人們遺忘的故事。

據傳，滿族之所以發祥，與鳥（神鵲、烏鴉）直接有關。《皇清開國方略》、《滿洲源流考》等書均有記載。長白山之東北布庫里山下，一泊名布勒瑚裏，初，天降三仙女浴於泊。長名恩古倫，次名正古倫，三名佛古倫。浴畢上岸，有神鵲衛一朱果置佛古倫衣上，色甚鮮妍，佛古倫愛之不忍釋手，果入腹中，即感而生孕。這是清朝始祖的神人合一的歷史。就依賴於神鵲（即鳥）的護祐。傳說，一次愛新覺羅的先祖樊察（一說是努而哈赤）被人追趕，接連累死兩匹戰馬，在一片毫無遮擋的曠野，突然一群喜鵲（一說烏鴉，古人視鴉鵲為同類）從天而降，齊刷刷落在被追趕者身上，追兵也影影糊糊覺得地上躺個人，只當老鴰叼屍，就過去了。為感念鴉鵲救祖之德，滿族舊俗，各家每逢祭祀祖先時，都要在院中立一根丈二神杆，俗稱索羅杆子或鎖龍杆，上裝錫斗，把米和切碎的豬腸、豬肚放在錫斗裏，讓烏鴉和喜鵲來吃，傳說神杆係老罕王努而哈赤當年挖人參時所用的工具即索撥棍，錫斗是鋪蓋和餐具，杆下三塊神石是支鍋石頭，杆後影壁牆是背人參時用的背夾子。〔註5〕

在畬族傳統習俗中，「鳳凰」是使用率很高的專用語之一，如服飾中的「鳳冠」、「鳳凰裝」，髮式中的「鳳凰頭」、「鳳凰髻」，婚聯中的「鳳凰到此」橫批，婚禮中的「鳳凰蛋」以及傳說中的租居地「鳳凰山」等等。〔註6〕而鳳凰是一種想像出來的飛禽，而非現實裏的鳥類，在中國人的心目中，它象徵著吉祥如意。為什麼一個民族的民俗文化要用鳳凰來展示，這與他們的鳥文化觀念是緊緊結合在一起的，其深層次的無意識就是其民族是從鳥演化而來，而鳳凰只是其外在的表現形式而已。

鳥是人們生活的一部分，在東夷先民的器物裏也可以發現。他們把燒水、煮飯的陶器塑造成了鳳鳥或某一部位的形狀屢見不鮮。在山東出土的器物裏

〔註5〕施立學《滿族鳥崇拜及飼鳥俗》，《吉林日報》2003年4月19日第7版。
〔註6〕黃向春《畬族的鳳凰崇拜及其淵源》，《廣西民族研究》1996年第4期。

有各種各樣的鳥形器陶鼎。陶鼎口沿下有三個堆塑條，給人的感覺就像鳥冠，腹下部有一條凸棱紋，足呈鳥喙形。另外一座戰國晚期的墓葬裏，發現一件玉質圓潤的玉劍摽。玉劍摽頂部有一小鳥，雙翅展開，栩栩如生。這些，足見鳥不僅存在於人們精神層面上，而且更多第表現在日常生活的各種器物之中。根據文獻記載，東方一帶東夷族就有鳥崇拜的傳說。如《漢書·地理志》：「冀州鳥夷。」《大戴禮記·五帝德》說：「東方鳥夷民。」東夷先民用鳥來稱呼自己的氏族，可見其與鳥的關係是如何之密切。

東夷的先人還曾經用鳥來命名官職，這在歷史上也有記載。《左傳·昭公十七年》載，郯子朝見昭公，昭公問他東夷人的祖先少皞以鳥名官是怎麼回事，曰：「我高祖少皞摯之立也，鳳鳥適至，故紀於鳥，為鳥師而鳥名：鳳鳥氏，歷正也；玄鳥氏，司分者也；伯趙氏，司至者也；青鳥氏，司啟者也；丹鳥氏，司閉者也。祝鳩氏，司徒也；且鳥鳩氏，司馬也；鳲鳩氏，司空也；爽鳩氏，司寇也；鶻鳩氏，司事也。五鳩，鳩民者也。五雉，為五工正，利器用，正度量，夷民者也。九扈，為九農工，扈民無淫者也。自顓頊以來，不能紀遠，乃紀於近。為民師而命以民事，則不能故也。」從這段記載可知，少皞設置了五鳥、五鳩、五雉、九扈等二十四種官職。郯子是郯國國君，春秋時郯國在今山東郯城縣，郯子所說的是少皞部落鳥圖騰制度的有關情況。這些更加證明了東夷先民與鳥文化具有千絲萬縷的聯繫。

以後官職雖然不再利用鳥來稱呼，但是依然有痕跡。例如明代文官服補子上就有鳥的形象，文官一品用仙鶴，二品用錦雞，三品用孔雀，四品用雲雁，五品用白鷴（一種產於我國南部的觀賞鳥），六品用鷺鷥，七品用鸂鷘（古時指像鴛鴦似的一種水鳥），八品用黃鵬，九品用鵪鶉，雜職用練鵲。[註7]這些都是以鳥來命名官職的遺跡。人們雖然已經不太關心其原始意義，但是從根本上來說，鳥在人們的潛意識中是根深蒂固的，這是無容諱言的事實。

將鳥稱之為人類祖先，在民間口語裏亦可印證，所謂「鳥人」就是一例，只不過其演化成為詈語而已。如《水滸傳》第二二回：「那漢氣將起來，把宋江劈胸揪住，大喝道：『你是甚麼鳥人，敢來消遣我！』」《二刻拍案驚奇》卷十四：「大夫大吼一聲道：『這是個什麼鳥人？躲在這底下。』」這些都是例證。

〔註7〕見《有道詞典》「官員的補子」。

　　為什麼將鳥視為祖先？是因為鳥的另外一層含義，是表示男性生殖器。關於這一點，很多考古、民俗材料可以證明，許多專家都做過考證，有了不少新的發現。郭沫若在論道「玄鳥生商」神話時認為：「玄鳥舊說以為燕子」，「玄鳥就是鳳凰」。「但無論是鳳或燕，我相信這傳說是生殖器是象徵，鳥直到現在都是（男性）生殖器的別名」。〔註8〕還有人認為：《水滸傳》中李逵口中之「鳥」，今天四川人俗語中的「雀雀」，河南人俗語中的「鴨子」，甚至英人俚語中的 cock（公雞），也都是指男根。遠古先民將鳥作為男根的象徵，是毋容置疑的。〔註9〕由於材料太多，在此不贅。

　　另外，鳥與海也是緊密關聯。《莊子·逍遙遊第一》說：「北冥有魚，其名為鯤，鯤之大，不知其幾千里也。化而為鳥，其名為鵬。鵬之背，不知其幾千里也。怒而飛，其翼若垂天之雲。是鳥也，海運則將徙於南冥。……水擊三千里，搏扶搖兒上者九萬里，去以六月息者也。」關於鵬鳥的神話崇拜，就出於此處。而這一神話的真正價值，就在於將鳥與海緊緊地聯繫在一起，成為鳥與海洋最緊密結合的象徵，影響後人的思維與想像。

　　到這裡，再重新回到《列異傳》裏：由於蔡經說麻姑「實好佳手，願得以搔背」之後。麻姑大怒。為什麼麻姑大怒？這說明蔡經讚揚她「佳手」，不是對麻姑的讚美，而是在揭麻姑的過去的「傷疤」，這時候已是飄逸灑脫、無所不能的神仙，豈能讓別人知道自己具有鳥爪的事實，因此蔡經就不得不死了。不認可自己是鳥的形象，麻姑形象的重要轉型，是其從麻姑原型的鳥形，變化成為人形的很一個關鍵，以後，麻姑才真正具有美女的形象。

　　《南城縣麻姑山仙壇記》亦載：麻姑手似鳥爪，蔡經心中念言：「背蟀時，得此爪以杷背，乃佳也。」方平已知經心中念言，即使人牽經鞭之，曰：「麻姑者，神人，汝何忽謂其爪可以杷背邪？」見鞭著經背，亦不見有人持鞭者。方平告經曰：「吾鞭不可妄得也。」這裡，雖然還保留了麻姑有爪的事實，但是搔背改用鞭子，而不再是用爪，這也從另外一個側面證實了麻姑成為神仙之後，其鳥爪的外形慢慢被淡化，只不過麻姑兇殘的一面也同時被掩蓋了，蔡經也不再倒地而亡了。

　　有人認為：從麻姑的女兒身和「麻姑鳥爪」的外貌來看，神女麻姑在一定程度上帶有遠古時期女性崇拜與圖騰崇拜的痕跡，而當時神仙信仰與神仙

〔註8〕《郭沫若全集·考古編》第1卷第40頁，科學出版社1982年版。
〔註9〕趙國華《生殖崇拜文化論》第256頁，中國社會科學出版社1990年版。

傳說的盛行，也為葛洪撰述麻姑等神仙傳記提供了豐富素材。這一觀點，也有一定道理。所謂「遠古時期女性崇拜」一說，似乎說得遠了些，畢竟神仙信仰與女性崇拜相差甚遠，難以比較。

以上所述，可以得知麻姑的原型之所以是鳥，就因為鳥是中國文化中最具有文化底蘊的一部分，其中暗藏了人與鳥的深刻關聯。如果沒有人與鳥之間的神秘關聯，那麼麻姑獻壽的內在邏輯也就不存在了。

三、麻姑是海上神仙

為什麼說麻姑是海上神仙？

首先，由於麻姑是一位與海打交道的仙人。

1. 曾經生活在海邊

據記載，一說麻姑是王方平的妹妹。《歷代神仙史》載云：「麻姑仙人，或云王方平之妹。」〔註10〕而方平，根據《神仙傳》記載：後漢王遠字方平，東海人。舉孝廉，除郎中。明天文圖讖學。桓帝問以災祥，題宮門四百餘字。帝令人削之，墨入板裏。後去官隱去。魏青龍初飛陞於平都山。見《廣成先生神仙傳》。按平都山，今之豐都縣也。又《新都志》，方平常採藥於縣之真多山，有題名云，王方平採藥此山。童子歌，玉爐三澗雪，信宿乃行。

王方平，東漢時人，名遠、字方平。漢桓帝時做過官，精通天文、河圖、道讖學。後來辭官隱去，在豐都平都山昇天成仙。《神仙傳》說說的王方平是「東海人」，應該在今天連雲港一帶，是海一定關聯的人，儘管他後來成仙是在豐都，但與海的聯繫無可否認的。

《廣異記》也記載了一個名叫王方平的人「純孝」的神異故事：「太原王方平，性至孝。其父有疾危篤，方平侍奉藥餌，不解帶者逾月。其後侍疾疲極，偶於父床邊坐睡，夢二鬼相語，欲入其父腹中。一鬼曰：「若何為入？」一鬼曰：「待食漿水粥，可隨粥而入。」既約，方平驚覺，作穿碗，以指承之，置小瓶於其下。候父啜，乃去承指。粥入瓶中，以物蓋上，於釜中煮之百沸一視，乃滿瓶是肉。父因疾愈，議者以為純孝所致也。」

這個王方平不是麻姑的兄長或者同道之人，故不加評說。

而海洋歷來是神仙喜歡的地方，有記載：「盧眉娘，唐順宗時南海所貢，年十四，其眉如線而長，故號眉娘。工巧無比，能於一尺綃上，繡法華經七

〔註10〕《歷代神仙史》第214頁，上海宏善書局1936年版。

卷，字如半栗大，而點畫分明，細於毫髮，又作飛仙蓋，以絲一縷，為蓋五重，中有十洲三島，天人玉女，臺殿麟鳳，無不備具。每日食胡麻飯二三合。上賜金鳳。眉娘不願住禁中，度為黃冠，賜號逍遙大師，後化去，香氣滿室。將葬覺棺輕，視之唯履在焉。後有人見盧逍遙乘紫雲遊於海上。」〔註11〕這位盧眉娘是南海地方送進皇宮的，後來她修道成功而再回到海上，這也是與海結緣的一種自然表現。

2. 見證了海洋的變化

《神仙傳》記載的王方平為「東海人」，在此《傳》裏同樣看到，麻姑也提及「東海」一詞：「麻姑自說云：『接侍〔註12〕以來，已見東海三為桑田。」這是巧合嗎？如果是，另當別論；如果不是，那有哪些需要表達的信息，或者哪些至今未被破解的內容？

這裡需要說明的：（一）東海是麻姑與王方平的家鄉，是沒有問題的。我國古代對東海的別稱是渤海。《初學記》卷六：「東海之別有渤澥，故東海共稱渤海，又通謂之滄海。」（二）而這裡所說的「東海」，是指陸地，還是海洋，這無須思考。因為他們是無所不能的神仙，未必像凡人一樣生活在陸地上，也可以在天空上，也一樣行走自如，所以陸地、海洋都無所顧忌。

圖 7-3　唐代撫州刺史顏真卿的《有唐撫州南城縣麻姑山仙壇記》字牌

〔註11〕《歷代神仙史》第 229 頁，上海宏善書局 1936 年版。

〔註12〕關於「接侍」一詞，很多書籍裏往往被誤認為「接待」。如《歷代神仙史》載：「姑曰：『接侍以來，東海三為桑田。向到蓬萊水淺於往者略半也。豈將復為陵陸乎。』」第 214 頁。

麻姑說的「東海三為桑田」，其本意是指，麻姑行走之快，非凡無比，這表現的神仙的威力。在「接」（接待）和「侍」（侍候）之間的瞬間，就能夠看到海水退後，形成了陸地，人們在那裡種田、收穫。而且這種狀況，反覆三次。可見麻姑本領之大。

後來，將「東海三為桑田」被衍生成為人世間之巨大變化，卻忘記其原本之意。這可能是《神仙傳》原本不曾想到的吧。

其次，麻姑在很短的瞬間，能夠多次看見東海變桑田的盛景，事實上沒有數千年的歷史是不可能的。因此，民間將她作為長壽的象徵，並對其事蹟不斷演繹發展，使其成為一個家喻戶曉的女壽星，無論宮廷還是鄉間都對其進行仰慕與祭拜。由於麻姑在民間有著廣泛而深刻的影響，歷代帝王都對她加封褒獎。唐玄宗下詔在麻姑山上建立了正式廟宇。北宋元豐六年宋神宗趙頊封麻姑為「清真夫人」；北宋元祐元年宋哲宗趙煦封麻姑為「妙寂真人」；北宋宣和六年宋徽宗趙佶加封麻姑為「真寂沖應元君」；南宋嘉熙元年宋理宗趙昀封麻姑為「真寂沖應仁祐妙濟元君」。而這一切都與人們追求長壽的觀念放不開。有專家說：《神仙傳》中之麻姑，原是親見「東海三為桑田」的仙人，是長壽不死者，故後世多以之象徵長壽，至遲在明代即有畫家作「麻姑獻壽圖」，以為人祝壽之禮品。〔註13〕

第三，不僅麻姑是長壽的象徵，而且海洋也是長壽之地。

1. 海上有長壽之草

東方朔撰《十洲記》記載：

> 祖洲近在東海之中，地方五百里，去西岸七萬里。上有不死之草，草形如菰苗，長三四尺，人已死三日者，以草覆之，皆當時活也，服之令人長生。昔秦始皇大苑中，多枉死者橫道，有鳥如烏狀，銜此草覆死人面，當時起坐而自活也。有司聞奏，始皇遣使者齎草以問北郭鬼谷先生。鬼谷先生云：「此草是東海祖洲上，有不死之草，生瓊田中，或名為養神芝。其葉似菰苗，叢生，一株可活一人。」始皇於是慨然言曰：「可採得否？」乃使使者徐福發童男童女五百人，率攝樓船等入海尋祖洲，遂不返。福，道士也，字君房，後亦得道也。

〔註13〕卿希泰《中國道教》。

祖洲之地生長不死之草，具有神奇的效果，而且能夠使人死而復生，難怪秦始皇聞知之後，派人去尋找不死之草，就是為了自己長壽不死。

《十洲記》還載：「其北海外，又有鍾山。在北海之子地，隔弱水之北一萬九千里，高一萬三千里，上方七千里，周旋三萬里。自生玉芝及神草四十餘種，」這裡所說的神草等，都是海上生長的，而且數量值多也是令人垂涎不已的。

2. 海上有仙酒

海上有仙酒，好像是一荒誕不經的事情，但是酒在現實生活裏，它不僅僅是道家生活裏的普通飲品，也道家孜孜不倦追求的一種理想境界。仙酒更能夠使人長壽，這樣酒當然受到歡迎，即使是在海上依然令人嚮往。東方朔撰《十洲記》記載：「瀛洲在東海中，地方四千里，大抵是對會稽，去西岸七十萬里。上生神芝仙草。又有玉石，高且千丈。出泉如酒，味甘，名之為玉醴泉，飲之，數升輒醉，令人長生。」雖然這種酒不是糧食釀造的，而是泉水如酒，「數升輒醉」，這樣的好酒還能夠「令人長生」，再說其離會稽七十萬里的海上，怎麼不令人神往。

3. 海上有蓬萊

蓬萊是一仙島，古有記載。《山海經·海內北經》中就有「蓬萊山在海中」之句；《列子·湯問》亦有「渤海之東有五山焉，一曰岱輿，二曰員嶠，三曰方壺，四曰瀛洲，五曰蓬萊」的記載。《海內十洲記》亦載：「蓬丘，蓬萊山是也。對東海之東北岸，周回五千里。外別有圓海繞山，圓海水正黑，而謂之冥海也。無風而洪波百丈，不可得往來。上有九老丈人，九天真王宮，蓋太上真人所居。唯飛仙有能到其處耳。」

蓬萊仙島就是麻姑居住的地方。在《神仙傳》裏：麻姑就說過：「向間〔註14〕蓬萊，水乃淺於往昔，會時略半也，豈將復為陵陸乎？」如果將此話翻成現代漢語，可為：麻姑「過去居住在達蓬萊島時，發現海水少於以往，這次再見時，海水更是少於過去，海洋難道又要變成陸地了嗎？」

在這裡，「向間」一詞，可作「過去居住」解。「向」，有「從前」之意。如《莊子·山水》：「向也不恕而今也恕，向也虛而今也實。」陶淵明《桃花源記》：「尋向所志。」而「間」，是一會意字，古寫作「閒」，「間」是後起字。

〔註14〕「間」，有書裏寫為「到」，如內蒙古人民出版社 2003 年版，但筆者更傾向於「間」字。

金文，從門，從月，從中可以清楚地看到其本意。段玉裁《說文解字注》：「開門月入，門有縫而月光可入。」因此，將「間」引申為居住，也無不可。

由此可見，麻姑曾經居住在蓬萊，否則又如何能夠細微注意到海水的漲漲落落，又如何去關心海水退卻而去形成陸地的尷尬情形。其背後的潛臺詞是，麻姑更關心她的居住地蓬萊仙島的生存安全。特別是麻姑在剛剛見到方平的時候，就「自說」（亦作「自言」）這段話語，可見其擔心的程度是何等之大。其後，「方平笑曰：聖人畢言，海中行復揚塵也。」譯成白話，「聖人都已經說了，東海馬上就要揚起灰塵了」〔註15〕。這種擔心，就顯得不以為怪了。如果海水變成陸地，蓬萊仙島的環境則被完全破壞，道家修身養性的天地也就不存在，麻姑的家也不復存在，更重要的是蓬萊仙島是一種道家文化與精神的象徵，如果它真的消失，那是對道家的一種毀滅性的打擊，難怪成為麻姑與方平見面的重要話題。

中國蓬萊有多處。山東蓬萊縣的來歷，就傳說與神仙有關。浙江的岱山也有蓬萊仙島。岱山古稱蓬萊仙島，早在四、五千年前就有人在島上繁衍生息。春秋戰國時期屬越國甬東地，據《史記・秦始皇本紀》記載：齊人徐市等上書，言海中有三神山，名曰蓬萊、方丈、瀛洲，仙人居之。請得齋戒，與童男女求之。於是遣徐市發童男女數千人入海求仙人。徐福曾到過「三神山」之一的蓬萊仙島，即今之岱山。〔註16〕

「八仙過海」傳說也與蓬萊緊密地聯繫在一起。八仙赴王母娘娘的蟠桃盛會歸來，在蓬萊閣上下棋，鐵拐李提議：我們何不乘著酒興飄洋過海遊玩一番呀？眾仙都同意，過海時以自身寶器作為渡海工具。誰知行至海中與龍三太子發生惡鬥，經過觀音菩薩出面調停，八仙順利飄洋過海去了。這個傳說證明，其八仙過海，就緣於蓬萊。呂洞賓就住在蓬萊仙島，有鍾離權《贈呂洞賓》詩為證：「得道高僧不易逢，幾時歸去願相從。自言住處連滄海，別是蓬萊第一峰」。《白雲觀志》則把呂洞賓列為「蓬萊派」，也都證明了這一點。由此可見，八仙與蓬萊的關係如何之緊密。

因此，可知八仙過海是典型的具有道教思想的傳說，其讓人相信：海上有仙境、不死草等人世間所沒有的東西，正因如此，會令人神往。「拿道家神學來解釋宇宙之冥想，去老莊時代不久即見之於淮南子（紀元前178～122），

〔註15〕葛洪《神仙傳》第60頁，內蒙古人民出版社2003年版。
〔註16〕《百度百科》蓬萊仙島條。

他把哲學混合於鬼神的幻境，記載著種種神話。道家的陰陽二元意識，在戰國時代已極流行，不久又擴大其領域，參入古代山東野人之神話，據稱曾夢見海外有仙山，高聳雲海間，因之秦始皇信以為真，曾遣方士率領五百童男童女，入海往求長生不老之藥。由是此基於幻想的立腳點遂牢不可破，而一直到如今，道教以一種神教的姿態在民間獲得穩固之地位。」〔註17〕這句話是有道理的，特別是說到「古代山東野人之神話」，相信海上有長生不老之藥，與其生活在靠海地方有很大的關係。

第四，民間習俗、信仰則進一步證明麻姑是海上神仙。

晉葛洪《神仙傳》卷七：「麻姑，建昌人，修道於牟州東南餘姑山。三月三日西王母壽辰，麻姑在絳珠河畔以靈芝釀酒，為王母祝壽。」在這裡，麻姑用民間認為的具有神奇仙草的靈芝來釀酒，獻給西王母作為壽誕的禮物，因此被民眾視為健康長壽的象徵。其實，這裡的靈芝與西王母同樣也是長壽健康的象徵。靈芝生長在山裏，治癒萬症，其功能應驗，靈通神效，故名靈芝，又名「不死藥」。

而西王母生活的地方，一面卻靠著海的：「西海之南，流沙之濱，赤水之後，黑水之前，有大山，名曰崑崙之丘。有神，人面虎身，有文有尾，皆白，處之。其下有弱水之淵環之，其外有炎火之山，投物輒然。有人戴勝，虎齒，有豹尾，穴處，名曰西王母。」〔註18〕按照傳統來說，西王母是生活在崑崙山中，但是依照此段記載來看，崑崙的一面就靠在「西海」。現在通過衛星遙感技術可以看到崑崙山的東部有海，但遠離在萬里之外，《山海經》的創作者是無法測量這樣的距離，但是卻明明白白第記載了這樣的事實，不能不使人感到先人與海的情結是多麼深刻。

在浙江台州括蒼山，有「麻姑山」，其山巔稱為「麻姑岩」，「丹霞洞」的地方，均傳說為麻姑、王方平、蔡經等的神仙所隱居之所。於此，在葛洪《神仙傳》裏就明確地記載，括蒼山是麻姑、方平等人的修煉場所，故山上留下一些痕跡也在所難免。清光緒《仙居縣志》亦載：「麻姑岩，一名仙姑岩。巨石嵁岩，矯如人立。昔麻姑訪王方平、蔡經，嘗隱於此，故以名岩，其上有洞，旁有兩石相崎，高深各逾丈，俗呼風門，有麻姑像存焉。」眾所周知，台州地處浙江沿海中部，居山面海，而為台州所轄的括蒼山當然也離海不遠了。

〔註17〕林語堂《吾國與吾民》第 153～154 頁，朱融莊譯，世界新聞出版社 1938 年版。
〔註18〕《山海經・大荒西經》卷十六。

這裡的麻姑與海同樣有著千絲萬縷的聯繫。

　　葫蘆島地區地處沿海，海岸線達數百公里，這裡的民眾同樣信仰麻姑，每年農曆 7 月 15 日要過麻姑節。按傳統習俗，在麻姑節來臨前，人們要燒紙祭拜逝去的親人，以表達思念之情。以致於隨著麻姑節的臨近，一些商販又把燒紙擺到街路兩旁，占道經營，也有一些市民不顧禁令，把燒紙拿到城區路口焚燒，影響城市形象。〔註19〕清光緒二年《興平縣志》：十月朔祭先祖，焚紙加門，曰「祭麻姑」。〔註20〕可見，麻姑信仰的地方在中國中部、西部地區都有，但大都在沿海地方，即使在河北、江西等地，從中國整體區域版圖來鳥瞰，它們都很接近靠東海、渤海等地方。

四、餘證

1. 鳥會給人以長壽

　　關於此說，可在《山海經·海外東經》得到印證：「東方句芒，鳥身人面，乘兩龍。」句芒，其原型為鳥身人面，具有為人添壽的功能。《墨子·明鬼》：「昔者鄭穆公，當晝日中處乎廟，有神入門而左，鳥身，素服三絕，面狀正方。鄭穆公見之，乃恐懼奔。神曰：『無懼！帝享女明德，使予錫女壽十年有九，使若國家蕃昌，子孫茂，毋失鄭。穆公再拜稽首，曰：『敢問神名？』曰：『予為句芒。』若以鄭穆公之所身見為儀，則鬼神之有，豈可疑哉！」這裡依然是句芒，它已成為神，給了秦穆公十九年的壽期。如前所說，麻姑的原型的鳥的話，麻姑祝壽，也就是用神鳥來祝壽，其內在的邏輯關係是順理成章。

　　在清郭則沄《紅樓真夢》第五十六回《舞彩衣瑛珠乍歸省，集金釵柳燕共超凡》裏就有麻姑變化成鳥而進行祝壽的情景：

　　「一時小廝們移過檀幾，几上放著香爐一座、清水一杯。那道士口中念念有詞，爐內沉香即時自熱，又取杯水吞了一口，向臺上噴去，好像一條白龍飛過，化成一片銀光。只見一個玉顏鳥爪的麻姑，穿著紫霞仙帔、碧暈仙衣，嫋嫋婷婷立在戲臺之上。後面跟著十二個仙女，分為兩排，一個個都有沉魚落雁之容，抱月飄煙之態，同時向王夫人襝衽下拜。麻姑拜罷起來，扔起碧綃巾，變成一隻青鳥，又從袖中取出一盤蟠桃，鮮紅可愛，放在青鳥背

〔註19〕《葫蘆島新聞網》2011 年 8 月 12 日。
〔註20〕《中國地方志民俗資料彙編·西北卷》第 14 頁，書目文獻出版社 1989 年版。

上。那青鳥便向壽堂正面飛來，一眨眼間，那盤蟠桃已放在正面紫檀長案之上。看著青鳥振翅飛回，到了麻姑手裏，仍化作碧綃巾，籠在袖中。少時，又向空中招手，飛下一隻白鶴，鶴背上馱著玉杯。麻姑取出袖中金壺，斟滿了百花仙釀，指引那鶴飛向王夫人面前勸飲。王夫人先不敢喝，那鶴只是不走，不得已舉杯幹了，頓覺滿口芬芳，精神倍長。隨後又飛下幾隻白鶴，照樣馱著玉杯，麻姑逐一斟滿，指引他飛向薛姨媽、李嬸娘幾位年高的面前。他們見王夫人先喝了，也都舉杯喝盡，那一群鶴飛回臺上，麻姑舉手一揮，頓時不見。」

　　這段描述，進一步可以證明：麻姑的原型是鳥，而且鳥也可用來祝壽。這種關係在《紅樓真夢》作者的思想裏十分清晰，同樣也被老百姓所接受，否則就不可能有人來欣賞這樣的文字情節和舞臺場面。

圖 7-4　句芒

2. 南山與海有關係

　　有一則《壽比南山的傳說》就從民眾的視角，清楚地表明了這樣的觀點。故事說：很久很久以前，有一年瓊州在地突然間天昏地黑，電閃雷鳴，傾盆大雨直下了七天七夜。第八天，只聽轟隆一聲巨響，天崩地裂，瓊州脫離了中國大陸，成了一個島嶼。瓊州島上的生靈死的死，傷的傷。所有的河流都改了道，所有的山脈都變了形，有的河流和山脈因此也就消失了。奇怪的是，只有南山（今三亞市的鰲山，也叫南山）安然無恙，一棵草一棵樹也沒有被損壞，住在南山上的人一個也沒有受傷，更沒有死亡的。經歷了這次天崩地

裂的南山人，都活了幾百歲，最後都成了仙。傳說到過南山的人有病去病，無病健身，個個長壽。所以人們常用壽比南山來祝福他人長壽。「壽比南山」這句話也就一直沿用至今。〔註21〕

這種傳說，打上了濃重的現代人的主題意識，但是其基本內核是有根據的。壽比南山一詞，出自《詩經・小雅・天保》：「如月之恒，如日之昇，如南山之壽，不騫不崩。如松柏之茂，無不爾或承。」這裡的南山，指的是秦嶺終南山。《詩經》產生於周代。周都為鎬（今陝西西安），因此《詩經》南山特指西安城南的終南山（俗稱「南山」）。由於中國山嶽眾多，叫南山的地方不勝枚舉，更有各種附會演繹，就產生「壽比南山」之說。而海南三亞的南山之傳說的流行，恰好證明了祝壽、獻壽也都與海洋相關。

雖然，這則傳說沒有提及麻姑，但神仙的地點從內陸的南山，換到了海邊的南山，是海洋文化意識增強的自然顯露，更是長壽由內陸向海洋延伸的表現，麻姑作為與長壽相關的主體，《壽比南山的傳說》則有力地證明兩者之間的互相聯繫。

3. 其他

《龍文鞭影》七虞：「西山精衛，東海麻姑。」大家知道，《龍文鞭影》古代非常有名的兒童啟蒙讀物，原名《蒙養故事》，明代萬曆時蕭良有撰。後經安徽人楊臣諍加以增訂。在這樣一部蒙學著作裏，強調「西山精衛」與「東海麻姑」的對仗，傳遞一種信息，那就是麻姑是東海之仙。

舊時，枕頭叫做麻姑刺。清袁枚《隨園詩話補遺》卷二：「近見梁孝廉處素履繩《題汪亦滄日本國神海編》云：『通宵學枕麻姑刺，好向床前聽斗牛。』其俗以木為枕，號『麻姑刺』，直豎而不貼耳，故至老不聾。」郭沫若《讀〈隨園詩話〉劄記》四八：「今案枕名『麻姑刺』即 makura（馬苦拉）。舊式者以木為之。正面側面均呈梯形，高約八九寸。正面底部下闊約尺許，側面下闊約其半。上有軟墊呈圓棒狀，固定於木，以之枕於後腦凹下。蓋舊式日本女人梳『丸髻』，男子梳『曲髻』，頗費事，故用此木枕，以免損其髮式。所謂『至老不聾』云者，如非誤會，則欺人之談。」〔註22〕

稱之為麻姑刺的枕頭，與麻姑神仙似乎有點風馬牛不相及，但試想一下，

〔註21〕見《中華文化網・傳統文化大全・神話傳說》。
〔註22〕郭沫若《讀隨園詩話劄記》，作家出版社 1962 年版。

如果枕頭能夠將人帶進睡夢裏，不僅可以睡個好覺，而且還可以讓你在夢裏自然地飛翔，上天入地，無拘無束，想做什麼就做什麼，想要什麼就可以得到什麼，那不就是神仙的本領，不就是人們幻想世界的一種境地。從這一點來說，稱之為麻姑刺的枕頭與神仙之道術也似乎有著一定相同的功效了。

綜上所述，麻姑為海上神仙的結論，或當一說。

2012 年 6 月 23 日星期六

2013 年 10 月 22 日星期二

第八章　魚的靈性

生活裏魚有各種各樣的種類，而民間傳說裏的魚不久有各種各樣的種類，而且還有不同的靈性。所謂靈性，是動物在馴化後具有的智慧和靈異，但在民間創作中，魚卻是無需進行任何的馴化，就會有種種智慧的存在，這就是魚的民間故事的魅力之所在。

一、表現種種

1. 預示作用

在中國人傳統的觀念裏，魚是可以預示未來的。

過去在科學不發達的時期，人們認為地震是鰲魚翻身。鰲是傳說中的海中大巨大的魚類。《玉篇·魚部》：「鰲，魚名。」後來，由於鰲魚是生活在水裏的動物，為了防止火災，人們就將鰲魚放置在房屋上。明陸容《菽園雜記》載：「鰲魚，其形似龍好吞火，故立於屋脊上。」另外，人們還認為鰲魚具有非常大的力量，能夠攪得天翻地覆。李白《猛虎行》就有這樣的描寫：「巨鰲未斬海水動，魚龍奔走安得寧。」

民間傳說《鰲魚眨眼地動山搖》：傳說我們這裡原來是汪洋大海，到後來西方佛主朝老鷹說：「你到東大湖去，長出塊地方給人住。」老鷹很為難：「那裡天連水，水連天的，我去了怎麼辦呢？」佛主抓了一把泥說：「你把它銜在嘴裏，東湖上有條鰲魚，你落到它身上，把泥一吐就行了。」老鷹銜著泥飛到東湖，瞟見水裏真有條鰲魚，就收翅落到它背上，一張嘴把泥吐掉了。從此，大海裏到處長出泥土，變成大塊陸地，漸漸就有人住了。再說那鰲魚挨壓在泥底下，身子不好動，只好眨眨眼睛。俗話說「鰲魚眼睛眨一眨，地動山搖房

屋塌」，這就是現在說的鬧地震啦。萬一它翻個身的話，這一帶又要變成大海，所以佛主派個神仙站在它頭上，鎮住它不准翻身哩。〔註1〕

由此可見，鼇魚能夠製造地震不是空穴來風，它是長期以後所形成的觀念。同樣的觀念在其他國家也有。古代日本認為，日本島下面住著大鯰魚，一旦鯰魚不高興了，只要將尾巴一掃，於是日本就要發生一次地震。這裡雖然不是鼇魚，而是鯰魚，但都是同是魚類。

鯉魚跳龍門則是將這種預示作用演義到了登峰造極的地步，並且家家戶戶都知曉的神話故事。《埤雅·釋魚》：「俗說魚躍龍門，過而為龍，唯鯉或然。」在古代傳說中，這個鯉魚是黃河裏的生物，它跳過龍門，就會變化成龍。如今它已經成為人們日常口語，比喻中舉、陞官等飛黃騰達之事。也比喻逆流前進，奮發向上。

2. 變化作用

在現實生活裏，人與魚是無法互相變化的，但是在民間創作裏，人們盡可以發揮想像，將現實生活不可能做到的事情變為事實。這樣的變化就會產生無窮變換的境界，而這種境界正是人們所需要的審美要求。

人變魚的故事，在民間創作裏有很多，也都有精彩之處，京族《灰老魚的故事》可算是一個。這個故事說的是，有個叫萬力的人，由於做生意成為富人之後，該了名字。一天，他到省城看見一個美麗的姑娘，就娶其為妾。他帶著新婚之妾坐船還鄉，一路上貪圖酒色，盡情取樂，忘記了家中患難與共的妻子，更忘了十年前被他賣掉的女兒。有一天，他無事時問起那姑娘的身世，勾起了姑娘的心事。姑娘哭著向他訴說起自己的不幸。從自己家的原籍開始，講到自己童年的家境，自己的被賣以及自己親生父母生離死別的情景。她無意中說出了她父親的名字叫萬力。他聽著聽著，臉色大變，慘叫一聲，暈倒在船上。原來伴他尋歡的姑娘，竟是自己的親生女。他醒過來，羞容滿面，無地自容，一頭紮入海裏。他死後變成了一條魚，時時浮出水面，「呼呼地慪大氣。京家稱這種魚為灰老魚。〔註2〕

這是人變人的故事，也有相反的，那就是魚也會變成人。最著名的是被改編成為越劇的《追魚》，書生張珍與丞相金寵之女牡丹指腹為婚，不幸親亡家敗。金寵藉口三代不招白衣婿，命張珍在碧波潭畔草廬攻讀，讀書聲感動

〔註1〕《如象縣民間故事選》第4頁，中國民間文藝出版社1989年版。
〔註2〕《京族文學史》第33頁，廣西教育出版社1993年版。

了鯉魚精，變作牡丹小姐與之相會。一日張珍遇真牡丹，被誣為賊，逐出金府。鯉魚精與張珍同返故鄉，中途又被相府捉回，於是真假牡丹難分。金寵先請包公斷案，鯉魚精使龜精變作假包公，造成真假包公不能明斷。金寵又請張天使捉妖，在鯉魚精敗於天兵之際，幸得觀音相救，但她不願成仙，甘落紅塵與張珍結合。其中的鯉魚由於成精，而有變化成人的本領。當然這是進行改編的藝術品種，同樣非常吸引人，這裡最重要的一個文化因子就是鯉魚精，它的變化產生了各種的戲劇矛盾和戲劇衝突，也是這一劇本最本質的靈魂。

在民間原創故事裏，美人魚就是非常典型的魚變化的人的故事，特別是丹麥作家安徒生創作的童話《美人魚》，更是打動了人的心，留下難以磨滅的印象。從中世紀到各大洋的海上航路開通以來，遠航歸來的水手們常常說到奇異的美人魚，一種半人半魚的海洋生物。1718 年，阿姆斯特丹出版了一本有關印度洋海生動物的著作，有很多插圖，對東印度群島的美人魚也有詳細的描述。據該書記載，美人魚又被稱為海妻，是狀如美女的怪物，在近安邦納（Amboina）省的婆羅洲島的海中捕獲。長五十九英寸，身體形狀與鰻相若。被捕之後，置於裝滿水的大桶中，活了四天零七小時。應該說，美人魚是故事是航海業發達的結果，如果人類沒有進入許多航海冒險，就不可能有美人魚傳說的出現。種種這些傳說，將美人魚更加神秘化了，也正是這樣的神秘化的過程，產生了美人魚的傳說。而這樣的傳說，要遠比現實裏的真實更美好。到了 19 世紀，逐漸揭去了美人魚的神秘面紗。一些動物學家宣稱，美人魚就是產於太平洋，印度洋中一種名叫儒民的海生哺乳動物。如果用非常現實的結論來看待美人魚的故事，那麼這個故事也就沒有了價值，也就沒有現在流傳十分廣泛的美人魚故事了。

3. 育人作用

魚會贏育人，在現實裏不會有人相信，但是傳說中卻將這種令人難以相信的神話變為了事實。尼泊爾民間故事《右肩擔太陽左肩擔月亮的男孩》：從前，有個國王和一個年輕的姑娘生了個孩子，其他王后非常妒忌，要害死年輕的王后和孩子。年輕王后在牲口棚裏的生活是非常苦的。她可以忍受被逐出的恥辱以及繁重的勞動，但卻不能忍受失去孩子的痛苦。不過，她的孩子命裏注定是不會死的。接生婆把他扔入池塘時，一條大魚馬上接住，吞進肚子裏。於是，孩子就住在魚的肚子裏。魚像母親一樣，關心他，餵養他，使他長大。魚自己要吃東西時，就把孩子放出來。孩子躺在岸上，右肩上的太

陽和左肩上的月亮向四周發出光燦奪目的光芒。後來,有一個王后發現這種光芒,知道孩子還活著,於是王后們暗中打聽是誰隱藏了孩子。她們看到池塘裏有一條大魚,在自己吃食時,把孩子放出來,然後又藏在自己肚子裏,在水中不見了。「好,你這個恩人,你等著吧!」大王後叫道,「你要為自己的行為付出代價了!」於是,國王的妻子們去見王宮的醫生·買通了他,答應給他一大筆錢。晚上,大家都睡覺了,王宮裏女人們住的房間裏發出了可怕的叫聲。國王嚇壞了,下令叫醫生來,問他是什麼魔鬼在折磨他的妻子。過了一會兒,醫生跑來報告國王說:「國王啊,花園的池塘裏有一條大魚,它就是剛才不安的原因。因為它不是魚,是披著魚皮的魔鬼,要救你的妻子只有一個辦法:盡快把這怪物殺死,用它的血給王后們擦身子。天一亮,國王就立即下令去捉池塘裏的大魚。這條魚根本不是普通的魚。它知道了王后們的陰謀,知道自己將無法得救了,它就開始想如何保護孩子,把他交給誰。它終於想起在王宮馬廄裏有一匹飛馬,魚叫馬到池塘裏來,把全部事情都向它說了:它怎樣救了孩子,怎樣把他養大,而現在王后們又怎樣想害死他,等等。然後,它把孩子委託給飛馬,叫飛馬像對待自己的孩子一樣關心、撫養他。早晨,王后的僕人們來了。他們在池塘裏撒了網,拖上來一條大魚,接著,他們把魚抬到王宮裏,剖開了魚肚子,但是,魚肚子裏一無所有。王后們知道,魚欺騙了她們,把孩子藏了起來。不過,她們不知道該到哪裏去找孩子。〔註3〕

這裡可知,魚是人的生命懷孕者。

4. 騎乘作用

魚可以用來乘坐,這是神話的想像,但是人們依然相信不疑。《九鯉湖仙》:「九鯉仙乃是福建興化府仙遊縣,何通判妻林氏生有九子,皆瞽目,止有大公子一目不瞽。其父一日見之大怒,欲害之。其母知見,速命人引九子逃至仙遊縣東北山中修煉,名曰九仙山。又居湖側煉丹,丹成各乘赤鯉而去,故名。九鯉廟在湖上,最靈驗,每大比歲,各郡中士子祈夢於此,信若著蔡。」〔註4〕

二、產生的原因

魚為什麼會有靈性,其產生這樣的原因有:

〔註3〕 《亞洲童話》16～17 頁,上海文藝出版社 1991 年版。
〔註4〕 《繪圖三教源流搜神大全》第 318 頁,上海古籍出版社 1990 年版。

1. 魚是圖騰

魚曾經是人類的圖騰，是人的同類而受到尊重。《民俗學手冊》有記載：「在斐濟群島的維提島上，土著居民們肯定地說他們的第八代或第九代祖先是一條鰻魚或諸如此類的其他動物。」（第 21 頁）由於魚是一種圖騰，在很多民族裏，他們是不吃魚的，即使是非常飢餓的情況下也是如此。過去在青海等地就有這樣的習俗存在。這當然並不一定是圖騰，但一定與魚的神聖信仰有關。過去，家家戶戶在除夕的時候，吃飯要上一條魚，而且這魚不會被吃掉，據說是年年有餘的習俗影響，在沒有魚的地方，還會用木頭製作的魚來替代。我認為，這種文化的繼承，是私有制的遺存，而不是早期人們所固有的文化現象。魚在餐桌的供奉，是早期人類圖騰文化，是人與魚之間屬於同類的一種被遺忘的文化記憶。由於年代久遠，圖騰文化的記憶早已經模糊不清，再加上後來文化的進入，特別是私有制觀念的存在，魚也同樣也被利用，成為另外一種文化的符號。年年有餘就是非常強烈的符號之一。古代半坡人在許多陶盆上都畫有魚紋和網紋圖案，這應與當時的圖騰崇拜和經濟生活有關，半坡人在河谷階地營建聚落，過著以農業生產為主的定居生活，兼營採集和漁獵，這種魚紋裝飾是他們生活的寫照。人頭上奇特的裝束，大概是在進行某種宗教活動的化妝形象，而稍有變形的魚紋很可能是代表人格化的獨立神靈——魚神，表達出人們以魚為圖騰崇拜的主題。

2. 早期漁獵文化的記憶

根據專家研究，人類早期使用的工具上都刻有魚的符號和圖案。比如穿孔棍棒的裝飾非常奇特，在 50 件保存完好的器具中，不同主題的比例——在 30 個實例中，手柄的裝飾（除了柄端呈雄性性器官的形狀外）是 A 組、C 組或 D 組的動物象徵：馬，羱羊，雄鹿，母鹿，馴鹿，猛獁，貓科動物，熊，男人，魚，蛇，鳥，分叉符號。投矛器是一種有彎鉤或無彎鉤的器具，據人種史的一些例證，它被看作是用來投擲投槍的。這種用途只不過是僅此可能而已。可以肯定的是，這種器具用馴鹿的角製成，將角剖開，加以切削，儘量不損傷一旦在彎鉤地方施加壓力而承受彎力的部位。在一般情況下，投矛器只刻有一種動物，而且形象的分派並無明顯的選擇性。在 30 件投矛器中（有效統計的下限），計有：馬為 9 件，馴鹿為 3 件，貓科動物為 1 件，羱羊為 6 件，野牛為 3 件，猛獁為 1 件，魚為 4 件，鳥為 2 件，男人為 1 件。另外，投槍的裝飾簡單粗略，往往難以理解，顯而易見的主題均屬於 A 組、C 組或 D 組

動物，或 a 組符號：大量的馬，魚和分叉符號，雄鹿，母鹿，馴鹿，犀牛。魚叉也是如此，魚和分叉符號最多。這種裝飾方向可能將投槍與雄性象徵一視同仁。我們已看到在壁畫藝術中傷口極有可能是一種雌性象徵。大魚叉是些分叉的小器具，其一頭繫有一塊木樺或一段鬃毛。其用途尚不明了，其象徵意義也含糊不清，對其工藝來說，唯能確信的是，這肯定不是什麼大魚叉。〔註5〕

很顯然，這些工具上的魚的印記和抓魚的器具是早期人類認識魚類的記憶。

3. 生活的特殊環境

黎族、瑤族、水族、苗族、彝族等少數民族由於他們特殊的生活環境，與魚都有千絲萬縷的聯繫。其中赫哲族與魚的關係更是密切。他們菜肴離不開魚，而且吃魚的方法很多，有的時候把魚穿在烤叉上燒烤食用的，有的時候將魚蒸熟而食的。赫哲人喜食生魚，也喜歡熟吃，「炒魚毛」就是赫哲族的一道風味佳餚，可口味美，而且能儲存時間很長。除了吃之外，他們穿的衣服也多半是用魚皮、麂皮和鹿皮製成。男子大多穿大襟式麂皮大衣，衣襟上綴兩排用鯰魚骨做的紐扣，女子多穿魚皮或鹿皮長衣，式樣很像旗袍。男女都穿魚皮套褲以及麂皮、鹿皮和魚皮製的鞋子。用魚皮做衣服是赫哲族婦女的一大特長。這些吃、穿、用等魚和魚製品來做與他們的生活環境是分不開的。

在他們生活的地方，大多數是河流港汊分布，各種各樣的魚類資源十分豐富，取之不盡，再加上人們巧奪天工的製作工藝和手段，就將環境裏的資源變成了生活中的用品和產品。而這種轉化，或許就在人們腦海裏，產生魚是有靈性的奇異想法，這就是很自然了。

4. 生產方式

在長期生產實踐過程中，人們學會了捕捉魚的工具，並且形成一套經驗和積累。而且，漁業在國家的稅賦方面，漁稅早在漢代已經成為一大宗收入：

「今所考者，漢時漁稅蓋為國宗收入大宗。

百官表少府屬官有海丞主海稅。

食貨志言，耿壽昌請增海租三倍。

武帝時壟斷一切商民之利，曾實行國營漁業。

食貨志言，武帝時縣官嘗自漁，海魚不出，後復予民，魚始出。」〔註6〕

〔註5〕《史前宗教》第 145、146、151 頁，上海文藝出版社 1990 年版。
〔註6〕《漢代風俗制度史》第 26 頁，上海文藝出版社 1991 年影印本。

在少數民族中，特別是居住在湖泊、河邊、沿海的一些民族，漁業更是他們重要的生產方式和主要的生活來源。京族從事淺海捕撈作業、雜海漁業以及深海捕撈作業。淺海捕撈作業，運用漁箔，拉網、塞網、鱟網、鯊魚網、連絲網、刺網、大蝦繒、墨魚籠、魚鉤、小漁船等，在淺海捕魚蝦蟹鱟。在雜海作業用沙蟲鍬、蠔蜊刨、餐耙等在海灘挖沙蟲、捉蠔蜊、捕蟹。深海作業用大漁船、竹筏、圍網、孤網等到深海捕魚。正是這樣的生產方式決定了他們的民間口頭創作大多數與海洋裏的魚類有關。在舟山漁島，人們也從事漁業生產，他們所接觸的瞭解的一般都是與海、海裏的生物以及相關的知識，也很自然地將這些內容作為口頭交流的東西。

而在口頭進行交流中，除了生產經驗之外，更多的是民間傳說，這些根據各人不同喜好和不同體驗的傳說，更加重了魚傳說的神奇色彩和靈異感覺，也就更加吸引人，也就更加快了它的流傳。

5. 禁忌原因

眾所周知，漁業生產有許多禁忌，這些禁忌在人們生產過程中，為大家所共同遵守，不可逾越。

在先秦時期，就有各種漁業生產的禁止內容：

第一，禁止使用網眼過密的魚網。《管子·八觀》云：「江河雖廣，池澤雖博，魚鱉雖多，網罟必有正。船網不可一財而成也。非私草木愛魚鱉也，惡廢民於生穀也。」此意：江河湖海雖大，魚類資源是有限的，因此對網眼作必要的限制。這樣做的目的，是為了保護魚鱉的生長。

第二，禁止過度捕撈。《荀子·王制》：「汙池淵沼川澤，謹其時禁，故魚鱉憂多而百姓有餘用也。」又如，《呂氏春秋·孝行覽·義賞》載雍季對晉文公說：「竭澤而漁，豈不獲得？而明年無魚。」歷史證明，過度捕撈對於魚類的生長帶來不利的影響，會造成魚類資源的枯寂，這樣慘痛的教訓，古人有很深刻的總結。特別禁止捕捉小魚。在《國語·魯語下》裏就有「魚禁鯤鮞」的記載。鯤是魚子，鮞是未長成的小魚。《孟子·梁惠王上》：「數罟（密網）不入污池，魚鱉不可勝食也。」《淮南子·道應訓》載季子（當為宓子，也作宓子）治理單父三年之後，打漁的人把捕到的小魚又放回水中。

第三，禁止在魚類懷孕時捕魚。據《荀子·王制》，魚鱉之類懷孕生育的時節，魚網、毒藥不要帶到池澤裏去，就是為了不夭折它們的滋生，不斷絕它們的成長。又據《禮記·月令》等的記載，這時規定一年之中，春季、秋季

和冬季為捕魚季節，夏季魚類繁殖，禁止捕撈。

　　所謂禁止使用網眼過密的魚網、禁止過度捕撈、禁止在魚類懷孕時捕魚，這是從今天的眼光來進行闡述的觀點，其實，在那個時代未必有這樣清晰的科學的生態觀念，我以為，更多的是認為，魚也與人類一樣是有生命的，是有靈性的；如果不這樣的禁止，沒有這樣的忌諱，就會給自己帶來不好的後果。因此，人人都必須要遵守這樣的規定，不可逾越雷池於一步，久而久之，就形成了民間的禁忌。事實上，生活裏的各種各樣的禁止行為，大多數與禁忌有關。

　　由於有了民間的禁忌，人們對於魚的崇敬和禁忌，就變成思想的一部分，隨著時間的推移，慢慢地關於魚的神話和傳說，就會越來神奇。而這些神奇的口頭創作，在一定程度上又反過來制約了人們的行為、思想，並且融合日常的生活中去。

三、社會意義

1. 識別作用

　　魚的外部形狀是一定特徵的，而人們要認識它，就必須抓住其主要特徵，只有這樣才能夠認識某種魚。

　　在魚的民間傳說裏，外部特徵往往是故事描寫的對象。大家知道，黃魚的外形是黃色的，而且腦袋裏有石頭。這些特徵在它的傳說中被敘說得活靈活現，在這中間，靈異的故事令人記憶深刻，難以忘懷。《驕傲的黃魚》：黃魚在群魚游泳大比賽中，得了個第一名，被龍王封為黃甲將軍。它身穿黃金袍，嘴套金環圈，認為自己了不起，從此便抖起來了，還橫衝直撞，欺負小魚，鬧得群魚不得安寧。許多受過黃魚欺負的魚，紛紛到老章魚家裏告狀。希望有威望的老章魚能出面，約束約束驕傲的黃魚。老章魚對黃魚的作為早有所聞，又見大家說的誠懇，就答應了大家的要求。他找到了黃魚告誡說：「靠假本領是不能過日子的，只會害自己；就是有真本領，也應該謙虛，幫助別人才對。可不能欺負小魚呀！」黃魚看老章魚來教訓自己，心中很不舒服，翻了翻眼珠子，愛理不理的。後來，乾脆甩起尾巴，晃晃頭，不等老章魚把話說完就走了。有一天，風平浪靜，碧海似鏡，老章魚帶著墨魚、電鰩等群魚，在水中玩耍。他們時而在珊瑚中追逐，時兒在海藻裏遊戲，親熱得象一家人一樣。只有黃魚在一旁顯得很孤獨，黃魚很不是滋味。於是，心裏冒出了壞水。「哼，

別那麼高興，我倒要治一治你們。」黃魚悄悄游到墨魚身旁，想咬住它的長鬚，捉弄一番。墨魚正玩得高興，忽然，覺得有團金光向自己射來，趕忙口吐黑煙，一個急倒退，跳出黑水中。黃魚眼前頓時顯得一團漆黑。但是他又不甘心讓墨魚逃脫，就緊迫不放，在黑煙彌漫的黑水中，亂闖一通。這一來，可糟了，沒追著墨魚，反而撞在電鯀魚身上。電鯀魚冷不防被黃魚撞了一下，黑煙彌漫又看不清，他以為是什麼凶魚來吃自己了，就運足力氣，放出電來。黃魚一觸電，渾身麻木，身不自主，猛一下驚竄出丈外遠，恰好撞在老章魚的吸盤上。老章魚見前面的墨魚突然放出黑煙，電鯀魚又放了電，心裏頓時警惕起來，伸開八條鋼爪般的長鬚準備迎戰。這時，黃魚正投入他那鋼爪內，老章魚來不及細看是什麼東西，料想這一定是凶魚，便用那鋼爪緊緊卡住他，用盡全身力氣，狠狠地朝礁石上摔去，只聽見「啊！」黃魚大叫一聲，腦殼皮被摔破，鮮血直流，昏了過去。等到黃魚蘇醒過來了。他發現自己的頭上，就留下了坑坑窪窪的痕跡，頭骨裏面兩顆雪白的珠子，就是水尖魚接骨時嵌進去的。〔註7〕

這樣的傳說，講敘起來使得人們更加能夠記住黃魚的特點，並且把它印記在腦海裏。有了這樣的記憶以後，就不會將黃魚與其他魚類混淆起來，而且能夠在生活中更好地進行識別。

這樣的傳說最本質的東西，就是魚的靈性在起作用，因為有了靈性，魚才會像人那樣具有思想、動作和智慧。傳說裏的這些魚使出的各種各樣的本領，是人賦予它的靈性，因此在一定程度上來說，魚的靈性是人的智慧的真實反映。類似這樣的傳說在民間有許多，是為了將人類關於魚的知識進行傳播，從而更好地這一口耳相傳的非物質文化內容進行不斷地繼承下去。

2. 道德觀念

魚類傳說故事裏，不僅傳達的是魚類的信息，而且還有很多因此而引發的社會層面的內容，其中有關道德觀念方面的傳說就有很多，從中可以看出人們的思想道德所有的境界。

在杭嘉湖一帶，魚蝦究竟有多少種類？老漁民會說：「七十二種半。」因為有一種魚，只有一隻眼睛，嘴生在肚皮邊上，一面長著雪白的魚鱗，一面卻不見一片魚鱗。漁民叫這種魚為「半面魚」，只算它半種。這半面魚怎麼來

〔註7〕《民間文學》1980年第9期。

的呢？有一段故事。相傳很早以前，太湖邊上住著一個人家，只有母子兩人，依靠耥（tang）螺螄摸河蚌度日。有一天，耥到了一條筷子般長的魚，兒子阿水感到稀奇，捧在手裏逗著玩。他玩著玩著突然那條魚眼淚汪汪，就把那條魚放了。阿水長到十七歲的時候，冬天，阿水媽突然得了病，臥床不起。一天，一個走方郎中給阿水媽看了病，開了一張方子交給阿水說：「這是我家祖傳秘方，心誠方能見效。阿水問道：「這方子裏開的是些什麼藥？」郎中答道：「鮮魚湯煎菹草。」阿水一聽，有些犯難：這數九寒天，到哪裏去弄到鮮魚和菹草？為了母親的病，他肩了耥網來到湖邊，湖面上已結了厚厚一層冰，怎能耥得到鮮魚和菹草？他想起郎中的話：「心誠方能見效。」就咬緊牙關，脫掉身上的棉衣，躺在冰上臥冰。他凍得牙齒打顫，渾身發紫，也不動搖。阿水躺在冰上臥了一天一夜，終於被他臥開了一個冰窟，還沒等他取來耥網，忽從冰窟裏跳出了一條魚，嘴裏還銜著一根菹草。阿水一見魚，又想起了什麼。他拿起了隨身帶的小刀，從魚身上剖下了一半肉，將剩下的半條魚，仍舊放到了湖裏。阿水媽吃了魚和菹草，病果然好了。從那以後，剩下的那半條魚，就在湖裏活了下來，成了今天的半面魚。〔註8〕

　　放掉已經被抓到的魚，本可以做一魚看，但是由於憐憫，終於將其放生。善有善報，這是中國人的傳統道德，正是這樣一種道德觀念的支配下，才會有《半面魚》故事的產生。所謂放生，是指信佛的人為發善心、積陰德而把別人捉住的活鳥、活魚等買來放掉。其實在這裡也可以理解為是對一切生命的尊重，由於對別人生命的尊重，同樣也會得到回報。其更深層次的意義，還可以理解是對傳統道德觀念的演化，更提高了這種傳統道德的意義：那就是幫助別人，也會得到別人的幫助。這是非常樸實的道德觀和價值觀。這不過這樣樸素的思想道德觀念被宗教所吸收，變成了他們的教義，從而反過來成為左右或者指導人們思想、行為的基本標準。

3. 身體價值

　　所謂身體，是現代人審美所需要的對象之一，而其價值是多方面的；對於魚來說，其身體的價值，過去僅僅在於滿足人們的飲食要求，但是在民間文學裏，魚的身體事實可以變化的，同樣也是一種審美價值之所在。

　　太湖裏出產一種小魚，通身雪白，晶瑩可愛，沒有人不喜歡這種小魚的。

〔註8〕《半面魚》,《海龜飛上天》第8～9頁，少年兒童出版社1983年版。

據說，它是孟姜女變的。傳說，秦始皇看見孟姜女，就被她迷住了，急著要和她結婚。孟姜女一口答允，只是提了個條件：「搭個孝棚三十里，祭過丈夫再嫁你。」秦始皇聽到有了確切回音，也就同意了她的要求。秦始皇一面派人搭孝棚，一面在選黃道吉日，準備等孟姜女一祭過丈夫，立即搶上龍船來成親。那知曉，孟姜女在孝棚裏日夜大哭，那天強拉硬拖地送上龍船後，還是哭個不停。秦始皇見她白衣白裙，連衣服都不換一換，大發雷霆，眼睛睜得像銅鈴。孟姜女睬也不睬他，更是痛哭失聲，哭得兩眼出血，哭得天昏地黑，哭得太湖水漲，一下浪高三丈。就在秦始皇驚慌失措的時候，她一躍而起，跳進了太湖。秦始皇急急下令打撈，只見孟姜女已化成萬千條雪白的小魚，遊到湖心去了。這種小魚，因為都是孟姜女的白衣白裙變的，所以條條潔白無瑕，柔軟如帶，人們就叫它為銀魚。據說這種魚只有太湖才有。〔註9〕

　　這裡所說的銀魚是孟姜女的衣裙所變，在其他的民間口頭傳說中，就直接說是孟姜女身體變的。我以為這樣的說法更可信可靠。上述整理有一定的時代痕跡，也有加工的色彩，從一般推理的角度而言，孟姜女的衣裙變魚，不如，孟姜女的身體變魚，更能夠說得通些。孟姜女的白皮嫩肉轉化成為雪白的銀魚，更有一種直接的轉化條件和基礎。

　　這也可以反映出，魚是有靈性的，而這種靈性之源來自於人與人的身體。

　　4. 魚是歷史

　　魚是中國人的生活歷史。

　　在新石器時期的考古資料中，經常可見骨魚鏢、陶網墜等漁具，居住遺址中也出土有大量的魚骨，以及河蚌、蛤蜊、螺獅殼等遺物，可證明魚等水生物對中國先民的生活是多麼重要。今天，發展以養魚為主的水產養殖業，仍是沿海沿江沿河等地區的一項重要經濟活動。

　　人面魚紋彩陶盆，20 世紀 50 年代陝西省西安市半坡村出土，高 16.5 釐米口徑 39.8 釐米。彩陶是在陶器表面以紅黑赭白等色作畫後燒成，彩畫永不掉落。此盆由細泥紅陶製成，敞口卷唇，盆內壁用黑彩繪出兩組對稱的人面魚紋。人面概括成圓形，額的左半部塗成黑色，右半部為黑色半弧形，可能是當時的紋面習俗。眼睛細而平直，鼻樑挺直，神態安詳，嘴旁分置兩個變形魚紋，魚頭與人嘴外廓重合，加上兩耳旁相對的兩條小魚，構成形象奇特

〔註 9〕《無錫的傳說》第 161～163 頁，上海文藝出版社 1983 年版。

的人魚合體，表現出豐富的想像力，人頭頂的尖狀角形物，可能是髮髻，加上魚鰭形的裝飾，顯得威武華麗。這裡的人面魚紋彩陶盆，說明一個十分基本的事實，那就是魚已經成為人們生活中一個很重要的東西。因為很重要就會產生將人與魚復合成為新的圖案，如今出土的陶盆上的人面魚紋彩就是一種反映。

魚與江南文化緊密相連。

在江南，魚與地方的文化緊緊相連。這是由於這裡的人生活在水鄉，生產、生活都離不開魚。《漢書‧五行志》；「吳地以船為家，以魚為食。」《舊唐書‧李尚真傳》：「江南水鄉，採捕為業，魚鱉之利，黎元所資，土地使然，有自來矣」。因此吳地人民特別感激魚、崇拜魚、謳歌魚，以致把自己也稱作「魚」。「吳」的本字即是「魚」。據文字學研究，最早的甲骨文「吳」字，正是魚的象形字。故在古籍文獻中也多有「吳」、「魚」相通，如上引《漢書‧五行志》中，載有「城猶國也，其一門曰楚門，一門曰魚門，」這個「魚門」，即是「吳門」。時至今日，吳語中「吳」、「魚」讀音不分，依舊完全相同。〔註10〕

人們將自己的姓說成是魚，由此可見，魚與人之間感情如何之深。

另外，以魚為對象的各色烹調食品，以魚為題材的諺語、歌謠、繪畫、繡品、燈彩等民間藝術，以及有關魚的崇拜、禁忌、祭祀等民俗活動，更是集中反映了吳地人民對富裕、和諧、美好生活的熱切嚮往，匯成了豐富多彩、獨具一格的「魚文化」的歷史。

〔註10〕《吳文化資源研究與開發》第154頁，江蘇人民出版社1984年版。

第九章　中國醫書文獻中的海洋文化

中國歷史上產生過各種各樣的對藥物、醫案的總結，而編纂的醫書裏集中了中國歷代醫學界的智慧與結晶。

在這些醫書裏，同樣記載了有關海洋文化的內容，反映了中國古代的醫家從海洋文化的視角來汲取中醫藥的知識，以達到治病救人的目的。

中國醫書裏關於海洋文化有三個方面的內容：

一、海洋崇拜

海洋文化對封建時代裏的人來說，非常陌生，他們將海洋的掌控，都認為在一個神祇的手中，而自古以來人們以為海洋則有東西南北之分，故有東海、南海、西海、北海。這些東海神王、西海神王、南海神王、北海神王都掌管海水，而水則有沖洗污穢的作用，因此孕婦生產之後，或有被稱之為污穢之物，必須要進行沖洗。

《婦人大全良方》卷之十六《坐月門》：「安產借地，或有穢污。或有東海神王，或有西海神王，或有南海神王，或有北海神王，或有日遊將軍。白虎夫人，遠去十丈；軒轅招搖，舉高十丈；天符地軸，入地十丈。令此地空閒。」

古人認為，產房需要有足夠大的地方，才能夠安然生子，是非污穢不易散發，給家庭和新生兒帶來不利。不僅海神可以幫助化凶去災，而且還希望日遊將軍、白虎夫人、軒轅等神靈來搖旗吶喊，助威加力。

此書還舉例說：「產婦某氏安。君無所妨礙，無所畏忌，諸神擁護，百邪速去。急急如律令敕。(前項借地法，於入月一日朱書一本，貼產婦房內北壁

上，更不須避忌神殺也）」〔註1〕

在此例子，一方面說明產婦之所以平安無事，有助於諸位神靈的擁護，才得以「百邪速去」，母子安好，另一方面也說明過去生育不易。在醫療條件十分低下的情況下，生育是冒著巨大的生命危險的過程，死亡率高居不下，人們只能祈求神靈的護祐。除了傳統大家公知的軒轅、日神、白虎之外，人們還利用海洋文化的認知甚少而將海洋神靈化，使之成為又一個生育的保護神。

關於請海神保祐產婦母子平安的記載，在其他醫書裏同樣存在，例如在《胎產心法》卷之中《體玄子借地法》裏，其文字敘述更加詳盡：凡孕婦臨月，擇天月二德吉日，令善書者，先期齋戒三日。至日，汲新水研朱，於黃紙上焚香書曰：東借十步，西借十步，南借十步，北借十步，上借十步，下借十步，壁方之中四十餘步，安產借地。或有污穢，或有東海神王，或有西海神王，或有南海神王，或有北海神王，或有日遊將軍，白虎夫人，遠去十丈，軒轅、招搖舉高十丈，天符、地軸入地十丈，令地空閒。產婦某氏安居，無所妨礙，無所畏忌，諸神擁護，百邪速去，急急如律令。書畢，帖孕歸牆壁上，則不須避忌矣。

根據《太平惠民和劑局方》卷之九《產圖》記載，有咒曰：東借拾步，西借拾步，南借拾步，北借拾步，上借拾步，下借肆拾餘步，安產借地，恐有穢污。或有東海神王，或有西海神王，或有南神王，或有日遊將軍，白虎夫人，遠去拾丈，軒轅招搖，舉高十丈，天符令此地空閒。產婦某氏，安居無所妨礙，無所畏忌，諸神擁護，百邪逐去

《胎產心法》的這段文字與《婦人大全良方》所載，有許多相同的地方，反映的是一種民間巫術文化的傳承，不僅是做法時候的行步、口令、布景，更表現為概念與思想的一脈相承。

醫，古代繁體字為「毉」。其解釋為巫祝的行為。《揚子・太經》云：為毉，為巫祝。由此可見，醫生最早亦可能與巫師有關。

海神不但保護產婦的生命，防止污穢的侵襲，而且對溫病同樣有效。這時候對海神的祈禱，也有一定的方法，切不可隨意做法。在《諸病源候論》卷之十《溫病諸候（凡三十四論）》《養生方・導引法》云：常以雞鳴時，存心念四海神名三遍，闢百邪止鬼，令人不病。這就表明，在雄雞開始清晨鳴叫的

〔註1〕《婦人大全良方》卷之十六《坐月門》。

時候，要虔誠地銘記東南西北四個海神的名字，默默地禱念三遍，就能夠驅逐鬼魅污穢，而且還可以起到「令人不病」的作用。

關於這一點，在另外一本醫書裏亦有記載。《巢氏病源補養宣導法》卷上《正編‧溫病諸侯》：「常以雞鳴時存心念四海神名三遍，闢百邪正鬼，令人不病。」可見，這種對海神的認知，不是個別的現象而是當時郎中的一種信仰。

關於海神的名字，中國醫書也有記載。

在《諸病源候論》卷之十《溫病諸侯（凡三十四論）》一書就明確說：東海神名阿明，南海神名祝融，西海神名巨乘，北海神名禺強。

同樣，在《巢氏病源補養宣導法》卷上《正編‧溫病諸侯》中記載：東海神名阿明，南海神名祝融，西海神名巨乘，北海神名禺強。

因此，可以知道阿明是東海神的名字，祝融是南海神的名字，巨乘是西海神的名字，禺強是北海神的名字。在這四位海神的名字，有自創的，也有借用的，如祝融即是一例。眾所周知，祝融，原是官名，後被稱之為火神的代名詞，再後又被稱為灶神。由此可見，祝融並非火神專用。

對海神的命名，是中國醫藥對海洋文化不斷認知的結果。只有當一個事物被認識到一個相當的水平，才有可能對其進行分類，並且加以命名。阿明、祝融、巨乘、禺強就是對東西南北之海神的命名。

在中國醫書裏，念叨海神的名字，可以起到避瘟的效果。

1. 治百鬼法

在《衛生易簡方》卷之六《瘟疫》記載一則「治百鬼法」：常以雞鳴時心念「四海神名」三七遍，可避百邪惡鬼，令人不病瘟疫。

《普濟方》卷一百五十一《時氣門‧時氣令不相染易》亦有念叨海神名字而驅逐百邪眾鬼的記載：常以雞鳴時。心存日滾神名三遍。闢百邪正 xx 鬼 xx。令人不病瘟。（念）東海神名阿明。南海神名祝融。西海神名巨乘。北海神名禺強。又存念心氣赤，肝氣青，肺氣白，脾氣黃，腎氣黑。氣出周其身。又兼辟邪鬼。欲闢眾邪百鬼。

現代心理學，注意到意念的重要性，其實，此意識早在古代醫生的實踐裏就領悟出來的道理。所謂「心存日滾神名三遍」，很明顯就是心理作用的結果。而「東海神名阿明。南海神名祝融。西海神名巨乘。北海神名禺強」，不斷地被念叨，則會有意想不到的效果，「心氣赤，肝氣青，肺氣白，脾氣黃，腎氣黑」，能夠產生「闢眾邪百鬼」的境界。

2. 斷瘟法

斷瘟法，是一種驅逐百邪的做法。

《松峰說疫》卷之五《諸方・避瘟方》亦有相同記載，有一種斷瘟法，具有做法是：密以艾灸病患床四角，各一壯，勿令人知，不染。凡入瘟家，常以雞鳴時，默念四海神名三七遍。百邪不犯。

默念海神名三七遍，可以百邪惡鬼，這是相信四海海神具有如此的威力，能夠戰勝瘟疫，使得「百邪不犯」。

《傷寒總病論》卷第五《天行溫病論》：常以雞鳴時，存心念四海神名三七遍，闢百邪惡鬼，令人不病溫。

《傷寒總病論》卷第五《天行溫病論》：東海神阿明　南海神祝融　西海神巨乘　北海神禺強，每入病患室，存心念三遍，口勿誦。

在上述引證的《傷寒總病論》裏，有不同的念叨海神的數字。此處所念四海神，不管是三遍還是七遍，表示一種多的意思，而非準確的數字。其要表達的是海神所具有的無比神奇的力量。

3. 卻病法

念叨四海海神的名字，可以

《松峰說疫》卷之五《諸方・避瘟方》記載：東海神阿明　西海神巨乘　南海神祝融　北海神禺強每入病室，存心念三遍，勿退場門。〔註2〕

這種口念海神的做法，現在看來未免有巫術之嫌。但是在傳統中醫藥文化裏這種現象比比皆是，反映的是在真理追求中，不斷從巫術轉變成為科學的過程，這是中醫文化的一種客觀存在，也不必諱言。

4. 確保產子順利

念叨東西南北海神，不僅可以驅逐瘟疫，同樣也可以確保產子順利。

《婦科玉尺》卷三《臨產》中介紹古代有一種「體元子借地法」：東借十步，西借十步，南借十步，北借十步。上借十步，下借十步。壁方之中。四十餘步。安產借地：或有穢污。或有東海神王，或有西海神王，或有南海神王，或有北海神王，或有日遊將軍。白虎夫人，遠去十丈。軒轅招搖，舉高十丈。天符地軸，入地十丈，令地空閒。產婦某氏安居，無所妨礙，無所畏忌，諸神擁護，百邪速去，急急如律令敕。此借地法。於入月第一日朱書一幅。貼產婦

房內牆壁上。更不須避忌諸神煞也。

　　這裡，「體元子借地法」是古代重要的生育文化的一個組成部分，在傳統文化中已經逐漸被人們淡忘，然而在古代醫書裏卻完整地保留下來，這是非常可貴的民俗資料。

　　在《驗方新編》卷二十《婦科胎前門》中也有「體元子借地法」，並且說得很清楚：凡孕婦臨月，擇天、月二德吉日，令善書者先期齋戒三日，至日汲新水研朱於黃紙上，焚香書曰：東借十步，西借十步，南借十步，北借十步，上借十步，下借十步，壁方之中，四十餘步，安產借地，或有污穢，或有東海神王，或有南海神王，或有西海神王，或有北海神王，或有日遊將軍，白虎夫人，遠去十丈，軒轅招搖，舉高十丈，天符地軸，入地十丈，令地空閒。產婦某氏安居，無所防礙，無所畏忌，諸神擁護，百邪速去，急急如律令。書畢，貼孕婦牆壁上，則不須避忌矣。

　　這種看似與生育無關的巫術活動，內容十分豐富，不僅包藏著巫師做法的全部過程，而且將海洋文化的概念也賦予其中，表達的是人們對生育的重視，並且將陸地與海洋緊密聯繫在一起。

　　從某種程度而言，房間要乾淨、寬敞，防止污穢，便於生育時候各種活動的展開，這是一般淺顯的道理。只不過「體元子借地法」是用非常傳統的巫術行為，來表達一種潛在科學原理。在這裡，將東海神王、南海神王、西海神王、北海神王，均列為與污穢等同的不潔物質，是害怕生育過程中遇到這些東西而妨礙生產的順利。其目的就在於營造一個寬敞、淨潔的環境。這是古代人在長期實踐中，總結出來的生育文化上的科學認知，具有一定的醫學上的科學依據。

　　清代進行匯總的大型類書《古今圖書集成》中也有關於生育與海神的記載。

　　《古今圖書集成‧醫部全錄》卷三百八十八：壁方之中四十餘步，安產借地，或有穢污，或有東海神王，或有西海神王，或有南海神王，或有北海神王，或有日遊將軍、白虎夫人，遠去十丈；軒轅、招搖舉高十丈；天符地軸入地十丈。令地空閒，產婦某氏安居無所妨礙，無所畏忌，諸神擁護，百邪速去。急急如律令，敕。

　　其他醫書上也同樣有類似的記載，〔註3〕可以證明這種海洋與生育的關

〔註3〕　《醫心方》卷第二十三《產婦借地法第四》：《子母秘錄》云：體女子法，為
　　　　產婦借地百無所忌，借地文：東借十步、西借十步、南借十步、北借十步、

係，不是某個醫家的個人杜撰，而是整個中醫界的歷史傳承所致，反映的是整個中國人的生育觀念與文化，只是醫書上將這種文化保存下來，成為可靠的文獻記錄。

二、海產功能

1. 海洋生物

在古代醫學裏，海洋中的生物都具有一定的藥性，不能隨便品嘗，講究忌口，人們都嚴格遵循這樣的原則，不會輕易打破這種規則。如，乳母的飲食就有一定之規，有醫書就規定：乳母俱忌河海魚腥、雞、鵝、辛辣、動風、發物，緩緩自效。〔註4〕所謂河魚海魚，對乳母而言，一般是忌諱的。

下血者，宜食海魚，這也是傳統中醫告訴人們的一個道理：

《先哲醫話》卷上《荻野臺洲》：其人當右肋下有塊者，必吐血。婦人經水不利而吐血者，屬逆經，其血必黑，宜大柴胡湯、三黃瀉心湯類。自肝臟發者，屬蓄血，其血亦黑，並用前方。自肺臟發者，鮮血也，其血雖一滴，難治。先與加味百合地黃湯、犀角地黃湯類為是。酒客吐血，屬胃中蓄血，宜三黃瀉心湯。若不止者，屬脾血，宜理中湯。蓋下血久，則脾衰失裏血之職，自然止也，獨步散能治吐血下血，衄而屬鮮血者無效。下血者，宜食海魚，不可食河魚。

這裡，將出血、吐血的症狀與原因，及其作了一一的說明，特別關照下血的時間長久，身體會產生止血的功能，而「獨步散能治吐血下血」，但在對患者進行調理時候，不可亂食，「宜食海魚，不可食河魚」。這不僅是醫家的經驗總結，也是對吐血、出血患者及護理人員的真切告誡。

海洋物產能夠製藥，成為醫家普遍的認知。為此，醫家根據海洋物產製作了有關各種藥物，其中「海神散」就是重要的一劑藥物。

《雜病廣要‧外因類〔附〕破傷風》一文裏就有關記載：「酒一斗，膠二斤，煮令烊，得六升，每服一升，稍服得愈。豈此方所本歟。〕《楊氏》海神散，鰾膠，木匠用者，於瓦上用炭火燒成灰，研細。《葉氏》鰾不以多少，於

上借十步、下借十步，壁方之中，三十餘步。產婦借地，恐有穢污，或有東海神王，或有西海神王，或有南海神王，或有北海神王，或有日遊將軍，白虎夫人，橫去十丈；軒轅招搖，舉高十丈；天狗地軸，入地十丈。急急如律令。（入所指月一日即寫一本，讀誦三遍訖，貼在所居北壁正中。）

〔註4〕《醫宗金鑒‧外科》卷下《嬰兒部‧胎〔斂〕瘡》。

一仰一合瓦內，炭火燒，煙盡研細，熱酒調下，汗出即愈。」

　　這裡的海神散，是治癒破傷風的良藥。無論的楊氏還是葉氏的海神散，都用魚的鰾膠製作而成。這裡雖然沒有說是用什麼魚膠，但從海神散的藥名而加推理，可知應該是海魚的魚膠，否則就很難一下子取得有「膠二斤」的重量的。

　　在《馮氏錦囊秘錄‧雜症痘疹藥性主治合參》卷四十七《蟲魚部》一書裏亦得到印證：諸鰾皆可造成，但海魚多以石首鰾作之，江魚多以烏賊魚腸作之，大抵皆滋陰養不足者也。因此可知，海魚製作的鰾膠可能功效更大一些吧。

　　《本草述鉤元》卷二十八《鱗部‧石首魚》：「魚鰾膠。鰾即江魚之白胿。中空如泡。可治為膠。亦名膠。諸鰾皆可為膠。而海魚多以石首鰾作之。名江鰾。謂江魚之鰾也。黏物甚固。」

　　此地，將製作鰾膠的是石首魚的魚鰾最好。石首魚，即日常所說大黃魚。魚鰾肥厚，亦供藥用。

　　烏賊魚是海洋生物，又稱花枝，墨斗魚或墨魚，是軟體動物門頭足綱烏賊目的動物。其被古代醫家用來作為治病的藥物。

　　《醫心方》卷第三十《五肉部第三》：烏賊魚《本草》云：味鹹，微溫，無毒，主療女子漏下、赤經、白汁，血閉，陰蝕腫痛，寒熱 痕，無子，驚氣入腹，腹痛環臍，陰中寒腫。《陶景注》云：鶝鳥所化，今其口腳俱存。《拾遺》云：昔秦王東遊棄算袋於海，化為此魚。其狀似算袋，兩帶極長，墨猶在腹中也。孟詵云：食之少，有益髓。《養生要集》云：味鹹，溫，食之無損益。崔禹云：味咸，生大冷，乾，小溫，無毒，主鬼氣入腹，絞痛積聚。南海多垂而浮烏，鳥翔來見之為死即喙，因驚卷捕以殺之，故名曰烏賊。

　　在這一段文字裏，不僅介紹了烏賊魚的藥物功效，主要治療的疾病，如：女子漏下、赤經、白汁，血閉，陰蝕腫痛，寒熱 痕，無子，驚氣入腹，腹痛環臍，陰中寒腫。並集中了《陶景注》、《拾遺》、《養生要集》等各家的醫學觀點，還展示烏賊魚的生活習性。最後一句「南海多垂而浮烏，鳥翔來見之為死即喙，因驚卷捕以殺之，故名曰烏賊」，將其生活的地域、習性、捕捉的方法都做了細緻的交代。雖然這已經不是一般醫書所需要介紹的內容，但是古人的醫書不像今天的分類如此細緻，適當介紹一點動物或者植物的習性以及外貌特徵，是當時醫書具象化的表現，使得醫書更加生動而且具象。

2. 海洋船隻

中國醫書裏，還提及各種各樣海船文化。

《普濟方》卷二百九十三《瘰門‧諸》：治漏瘡，用多年海船底土泥鍛石為末，以烏雞子清調火為末，敷之，自然生肌，提出元藥。

漏瘡，是痔漏，肛瘻的通稱。又叫肛門直腸瘻，其主要症狀是從肛門周圍皮膚上的瘡口反覆地淋漓不斷地向外流膿或膿血，甚至流出糞便，因而把此稱作漏。《普濟方》的這一個方子，用多年海船底土泥鍛石為末，在當時而言，不可謂不是一種大膽的藥療之舉。

治療刀槍之傷，也用海船縫內久年油灰，而且是越舊越

《普濟方》卷三百二《金瘡門‧金刃所傷》：用海船縫內久年油灰。碾碎摻之佳。

《證治準繩‧瘍醫》卷之五《金瘡》：「又方用海船縫內久年油灰，研碎摻之。」

海船的木頭及其所生的菌都可以入藥。

《本草綱目拾遺》卷九《器用部‧洋船璞》：此乃海船底中間有櫬木，舟人名曰龍骨，藥生其間，形如菌蕈，乾之入藥。

《本草綱目拾遺》卷九《器用部‧洋船璞》：按《潘子恒廣菌譜》記載：舵菜，即海船舵上所生菌也，不可多得，果爾，則宜入蔬部，留以俟考。

這些海洋航行的船隻及其器具，其經過長時間的海水浸泡，附著了大量的各種各樣的生物與菌類，而這些都被古人視為有醫學作用的東西，是了不起的一件事情，這是古人對海洋的實實在在的利用，和對人們生活的造福活動。

倭硫黃，是以古代日本命名的一種硫磺，被醫書所記載，有其科學價值的地方。對於船隻的製造與修復都有重大的意義。

《本草綱目拾遺》卷二《石部‧倭硫黃》：出東洋琉球日本呂宋等國，以日本者佳。其色白似蜜，氣不臭烈，光潤而嫩，高濂四時修合。方云：舶上硫黃，倭夷海船上作灰塗縫者佳。人不多見，俱以市硫有油者用，舶硫色如蜜者，黃中有金紅處。如七月石榴皮，打開儼若水晶有光，全非鬆脆性如石硬者真。按：硫出內地者，取土與油煎熬而成。氣腥觸鼻，作老黃色，倭產者嫩白，《瀨湖集解》但引《庚辛玉冊》所載石土二種，於倭硫卻無考據，僅云倭舶者佳。不知倭硫黃與內地迥別也。其附方內所載本事方之陰證傷寒，博濟方之陰陽二毒，瑞竹堂方之酒，赤鼻，宣明方之鼻面紫風，皆用舶上硫黃者，

斷不可以內地臺黃代用，故補著其功於左。百草鏡：白硫黃出琉球國，名倭硫黃。

《本草綱目拾遺》，古代中醫藥學著作。作者是趙學敏，編著於 1765 年，清乾隆三十年。這裡，首先看到日本造船技術的先進，比較其他國家而言，「以日本者佳」，其中一個重要原因就在於其他們「海船上作灰塗縫者佳」。而且這種硫磺「色白似蜜，氣不臭烈，光潤而嫩」，與中國的硫磺品質迥異，同時顏色也不一樣，是白顏色的硫磺。

硫磺是一種礦物質，它性酸、溫、有毒，現代大都用於工業生產，作為化學原料。古代也被用來治病，如殺蟲止癢，還可用於疥癬、濕疹等。但是到了日本卻將硫磺進行處理加工之後，成為塗抹船體縫隙的黏合劑，而且居然改變傳統硫磺的氣味、顏色、功用，不能不說是一種創新。

三、淡菜功用

淡菜在中醫裏，其功用更為廣泛，可以入藥。

《三家醫案合刻》卷二：黃鱔（六兩）淡菜（六兩）、五味（一兩）、黨參（二兩）、蓮肉（二兩）、山藥（二兩）、麥冬（二兩）、玉竹（二兩）、米仁（二兩）、梨膏（四兩）。

《三家醫案合刻》卷二記載：「淡菜膠丸」。由此可知，淡菜可以製造成為膠丸來給患者服用。

在《三家醫案合刻》卷二中，還有製造膏丸的方法：用黃牛骨髓、羊骨髓、豬脊髓、精羊肉煎湯。入淡菜同熬膏丸。

淡菜的主要醫治的疾病：

1. 治療肝病

肝病是人的肝臟有了病變，不能正常工作，最突出的症狀就是疲倦乏力和不思飲食。常見症狀有脹痛或不適，噁心，厭油膩，食後脹滿或有黃疸，口乾，大便或乾或溏，小便黃，或有低燒，頭昏耳鳴，面色萎黃無華等。〔註5〕

《臨證指南醫案》卷一《肝風》：人參（一錢秋石一分化水拌烘乾同煎）鮮生地（三錢）阿膠（一錢）淡菜（三錢）白芍（一錢）茯神（一錢半）。

《吳鞠通醫案》卷三《肝癉》：人參（錢半）、蓮肉（五錢，連心皮）、炙甘草（三錢）、枸杞（三錢，炒黑）、沙蒺藜（三錢）、雲茯苓（五錢）、左牡蠣

〔註5〕見《百度百科》肝病條目。

（五錢）、麥冬（三錢，連心）、熟五味子（一錢）、炒棗仁（三錢）、海參（二條，洗去砂）、大淡菜（三錢）。

這裡所說的肝癥，可能就是現在所謂的肝腫瘤。對人的危害更大，因此所用藥材料也更加多了。

2. 醫治眩暈

《臨證指南醫案》卷一《眩暈》：淡菜膠、龜版膠、阿膠、熟地、萸肉、茯苓、川斛、建蓮。此書裏所說的這些都是治療眩暈的藥物。淡菜膠，則是淡菜為主要原料而製造出來的藥物。

3. 醫治虛勞

虛勞又稱虛損，是由於稟賦薄弱、後天失養及外感內傷等多種原因引起的，以臟腑功能衰退，氣血陰陽虧損，日久不復為主要病機，以五臟虛證為主要臨床表現的多種慢性虛弱症候的總稱。〔註6〕

《臨證指南醫案》卷一《虛勞》記載：熟地、柏子霜、萸肉、五味、鎖陽、淡菜膠、海參膠、真阿膠、龜版膠、茯苓、湖蓮、芡實、青鹽，都是治療虛勞的良藥。

虛勞，在某種程度上來說，其先天的因素或許多些，而內傷勞倦，則可以更多的是後天勞作所累而致。在治療此病，同樣要用到淡菜作為重要成分。

《張聿青醫案》卷四《內傷勞倦》：人參鬚（另煎沖七分）、陳膽星（五分）、煨天麻（一錢五分）、制半夏（一錢五分）、茯苓（三錢）、炙綿（二錢）、生薏仁（四錢）、川萆（一錢五分）、海蛤粉（三錢）、大淡菜（二隻）、白金丸（四分先服）。

4. 治療吐血

《臨證指南醫案》卷二《吐血》：熟地（四錢）、參三七（一錢）、大淡菜（一兩）、牛膝炭（一錢半）、川斛（三錢）、茯神（三錢）。這樣調製出來的藥能夠治療吐血。此中所說「大淡菜」，或許是比普通淡菜個頭要大的那一種，可能在海裏的時間比較長，故其藥性也隨之增大。在《也是山人醫案‧吐血》一書裏同樣提及：大淡菜（一兩）、牛膝炭（一錢五分）、白扁豆（五錢）、川斛（三錢）、參三七（五分）、糯稻根鬚（五錢）、白茯苓（三錢），而製作的醫治吐血的藥物。

〔註6〕見《百度百科》虛勞條目。

5. 治療便血

便血是一種肛門出血，多見於下消化道出血，舊時認為是一種非常大的疾病，必須要進行治療。

《張聿青醫案》卷六《便血》載，用「蒼術、防風炭、炒荊芥、川連炭、川萆、米仁、黃柏炭、炒槐花、丹皮炭、豬苓、澤瀉、大淡菜」來製作藥物，治療便血。此類記載，在其他中國醫書裏，亦屢見不鮮。

6. 治療遺精

遺精，一種生理現象，是指不因性交而精液自行泄出。現代醫學認為，有生理性與病理性兩種。過去對遺精的認知並沒有像現在這樣，過去無論是我國的封建傳統文化意識，還是國外封建禮教都把遺精說成「怪象」。在巴比倫時代，人們認為是「夜女」或「夜天使來訪的結果，「夜女」會在男子熟睡時來訪。中世紀時，人們認為遺精是魔鬼在作怪。在中國則過分強調精液寶貴，始終把遺精看作是一種病態，精液的丟失會導致腎氣虧虛。將腎氣看成是人體正氣的根本，過分強調遺精對人體帶來的不利影響。〔註7〕正是在這樣的基礎之上，必須要治療遺精。治療的藥方：「熟地（四錢）、龜腹版（五錢）、遠志（五分）、萸肉（二錢）、線膠（二錢）、五味子（一錢五分）、淡菜（二錢）、湖蓮（三錢）、芡實（二錢）。」〔註8〕

7. 治療帶下

治療遺精，需要淡菜，同樣在治療帶下，也需要淡菜作為藥物，據說，此方「久服無不收功」。

《續名醫類案》卷二十三《帶下》：雄按：帶下一症，濕熱下注者為實，精液不守者為虛。體強氣旺之人，不甚為害，惟乾燥則病甚。蓋榮津枯槁即是虛勞。凡泛愆而帶盛者，內熱逼液而不及化赤也。並帶而枯燥全無者，則為乾血勞之候矣。匯而觀之，精也，液也，痰也，濕也，血也，皆可由任脈下行而為帶。然有虛寒，有虛熱、有實熱三者之分，治遺精亦然，而虛寒證較少，故葉天士治帶，必以黃柏為佐也。又任脈虛而帶下不攝者，往往投滋補而不應，余以海螵蛸一味為粉，廣魚鰾煮爛，杵丸綠豆大，淡菜湯下，久服無不收功，真妙法也。

帶下，是一種婦女病症，一般難以治癒。但是到了葉天士的手裏，卻藥

〔註7〕見《互動百科》遺精條目。
〔註8〕《也是山人醫案·遺精》。

到病除。葉天士，號香岩，別號南陽先生。江蘇吳縣（今蘇州）人。從小熟讀《內經》、《難經》等書，對歷代名家之說博採眾長，對難產等婦科有獨到見解，其對帶下的治療，不僅有理論，而且還有獨特配方，其對「任脈虛而帶下不攝者」，下重藥，「以海螵蛸一味為粉，廣魚鰾煮爛，杵丸綠豆大，淡菜湯下」，因此就必然取得預料之中的效果，被人稱之為「真妙法」。

8. 治療哮喘

哮喘是一種呼吸道疾病，由於天氣、環境等因素都會引起呼吸不暢通，特別是在醫療條件十分低下的社會裏，哮喘甚至會造成生命危險。

因此古代醫藥對哮喘同樣非常重視，製作藥物來治療哮喘。《也是山人醫案·哮》記載：

用熟地（四錢）、萸肉（二錢）、湖蓮（三錢）、清阿膠（二錢）、山藥（二錢）、芡實（二錢）、茯神（一錢）、淡菜膠（二錢），來製作藥物。

9. 味甘，壯陽

淡菜在中醫裏的主要作用，就是其味甘，有補五臟、壯陽等作用。

《古今醫統大全》卷之九十五《本草集要（下）·本草蟲魚部》就有記載，說明淡菜的在中醫藥中的作用：「淡菜味甘，氣溫。無毒。（又名東海夫人。）主補五臟虛損，理腰腳氣，益陽。」

在壯陽方面的記載，以往，肝火旺盛，是作為身體強壯、健康的表現。為了達到這一目的，要進行滋補。而滋補的藥物裏就有淡菜在內。

《張聿青醫案》卷八《肝火肝陽》：元武板（一兩先煎）、生牡蠣（六錢）、阿膠珠（三錢）、生甘草（五分）、大生地（四錢）、生白芍（三錢）、黑元參（三錢）、大淡菜（二隻）。

另外，還有用淡菜來製作治療咽喉[註9]、痙厥[註10]、秋燥[註11]等。

[註9] 《也是山人醫案·咽喉》：熟地（三錢）、龜版（五錢）、杞子（一錢五分）、萸肉（一錢五分）、阿膠（二錢）、茯苓（二錢）、淡菜（二錢）、青鹽（三分）、芡實（二錢）。

[註10] 《張聿青醫案》卷八《痙厥》：「黑玄參、丹皮、白蒺藜、龜甲心、左牡蠣（鹽水炒）、茯苓神、橘紅、法半夏、大淡菜。」

[註11] 《校注醫醇賸義》卷二《秋燥》記載，要治癒秋燥，可以利用以下中草藥進行製作：女貞子（四錢）、生地（六錢）、龜版（六錢）、當歸（二錢）、茯苓（二錢）、石斛（二錢）、花粉（二錢）、萆薢（二錢）、牛膝（二錢）、車前子（二錢）、大淡菜（三枚）。

淡菜為什麼會有如此功效，與其長期生活在海水裏有一定關係。

《溫病條辨》卷三《下焦篇‧風溫‧溫熱‧溫疫‧溫毒‧冬溫》：故以雞子黃實土而定內風；龜板補任（謂任脈）而鎮沖脈；阿膠沉降，補液而熄肝風；淡菜生於鹹水之中而能淡，外偶內奇，有坎卦之象，能補陰中之真陽，其形翁闔，故又能潛真陽之上動；童便以濁液仍歸濁道，用以為使也。

所謂「淡菜生於鹹水之中而能淡」，這是表象原因。其真正內在因素，是「外偶內奇」，有破解作用的。坎卦之象，這是中國人的道家思想，是中華文化真諦之所在，水能夠破解一切，這是最基本的卦象。坎為水，無處不流不滲入，成為溝瀆、隱伏、險陷、加憂、心痛的現象。海水中生長的淡菜，其能夠保持自身不鹹，說明其有十分的定力，故淡菜「能補陰中之真陽」，其原因就在於此。

2017 年 7 月 14 日星期五

第十章　筷子的海外流佈及其影響

　　筷子是中國文化的一部分，是中國文明的重要表現，是中國獨一無二的創舉，也對周邊的國家產生巨大影響。

　　其傳播途徑除了陸路，還有通過海洋之水路，向國外流佈，並且產生巨大深遠的歷史影響。

第一節　筷子的日本傳播

　　筷子既然作為一種文化，就不可能完全侷限在一個地域，會隨著人口、社會的變化而不斷流動，給其他地方的帶來影響與發展；而這種變化與發展不是行政式的命令性的，而水到渠成的、自然地接受中國的筷箸文化。

　　中國與日本一衣帶水，筷子的傳播就是通過海洋之間來回穿梭而逐漸形成的。

　　日本的筷子是中國傳播過去的，學界有基本一致的看法。

　　日本最早出現筷箸的記載是《古事記》（712 年）中「須佐之男命殺八歧大蛇」的傳說部分，須佐之男命被眾神驅逐後，降到出雲國肥河上游的鳥發地方。在這裡，須佐之男命忽然看見有箸順流而下，斷定此河上游必定有人居住，便向上游尋找。

　　《古事記》是日本古代官修史書。太安萬侶奉命據稗田阿禮背誦之帝記、舊辭筆錄。日本和銅四年（711 年）9 月 18 日，日本元明天皇命太安萬侶編纂日本古代史。和銅四年（712 年）1 月 28 日完成，共三卷。本書記載了日本開天闢地至推古天皇（約 592～628 年在位）間的傳說與史事。

　　而公元 711 年正是唐睿宗時代，也是唐朝強盛、興旺時期。而在這個時

期，筷箸早已成為家家戶戶日常飲食的工具，並且有了各種各樣的高檔材質的筷箸，如金筷等。

考古工作者發現了不少隋唐時代的銀質的筷箸。銀箸，如隋代長安李靜訓墓中發現的最早的銀箸，長 29 釐米；陝西藍田楊家溝出土唐代銀箸長 33 釐米，直徑半釐米，是少見的粗長箸。唐代銀箸形狀多為首粗足細，箸首開始出現了一些裝飾，有的鏤刻為螺旋蓮花形，有的打製成葫蘆形，還有的鏨刻有文字。

而早在三國時期，日本還沒有筷箸，只是用手來抓食物來吃。《三國志》卷三十《魏書》三十《烏丸鮮卑東夷傳》第三十：「倭地溫暖，冬夏食生菜，皆徒跣。有屋室，父母兄弟臥息異處，以朱丹塗其身體，如中國用粉也。食飲用籩豆，手食。」

跣足、文身，很明顯帶有原始文化的特徵。日本「男子無大小皆黥面文身。自古以來，其使詣中國，皆自稱大夫。夏后少康之子封於會稽，斷髮文身以避蛟龍之害。今倭水人好沉沒捕魚蛤，文身亦以厭大魚水禽，後稍以為飾。」這裡可知，文身是夏代文化的特徵之一，而「夏王朝是我國歷史上第一個奴隸制的國家政權。它的建立標誌著我國若干萬年的原始社會至此結束，數千年的階級社會至此開始」。而在夏文化裏，由於去古未遠，還存在著明顯的原始社會的文化痕跡，這是毫無疑義的。

根據明代文獻記載，當時在日本民間尚未有筷子的普遍使用，在宴會上都還是就地取材，削成筷狀，來進行使用。

沈德潛《萬曆野獲編》卷十七記載：「惟敬渡海時，余家有一舊僕隨之。及還，云日本國多風，四時皆然，四面皆至，所謂颶風也。俗好樓居，至十餘層，而又不善陶埴，即王居亦以茅覆，故易敗，亦易成。土俗與舊傳略似，唯所譚用箸最奇。其俗侈於味，強半海錯，中國所未名者，每宴會，雖黃白雜陳，不設匕箸，臨食則侍奴取小材長尺許者，對客削成劄，人置一雙；既腹，便對客折之，不復再用。每堂廡間，必設箸材半楹，以備朝夕供具。」

雖然，宴會上「不設匕箸」，但為了禮貌，要給客人臨時做一雙筷子，用完之後，就將之折斷，或許這就是最早的一次性筷子的原型。

儘管有史料的證明，還是有人對日本筷子的產生有各種不同的看法與見解。

中國筷箸文化傳人日本的時間，有人推斷是在日本古墳時代。

公元 720 年《日本書記》中有三輪山大物主神之妻倭跡跡日百襲姬知道自己丈夫的正體為一條蛇後，用筷箸戳入陰部自殉的記載。因此可以推斷，日本的古墳時代（三世紀～七世紀）筷箸已極有可能傳人日本。

古墳時代（Era of Great Tombs），又稱大和時代，日本繼彌生時代之後的時代，從西元 300 年開始，迄於西元 600 年，因當時統治者大量營建「古墳」而得名。古墳的分布基本上遍及除北海道以外的日本全境。年代從 4 世紀開始，迄於 7 世紀。一般分為前期、中期、後期，分別相當於 4 世紀、5 世紀、6 世紀，7 世紀或歸入後期，或另稱晚期或終末期。

還有一種觀點，認為箕子到了日本後，就將筷箸文化帶到了日本。

張華《博物志》：「箕子居朝鮮，其後燕伐之，朝鮮亡，入海為鮮國師。」這段記載清楚地表明了朝鮮的變遷。箕子朝鮮滅亡的原因是「燕伐之」。近人以為「鮮」字是日本人蔑稱，據《博物志》知道「鮮」自很早為國名，與「朝」、「韓」同為古老的稱號。

如果此判斷正確的話，箕子到日本也是真實的事情。既然這樣，筷子傳人日本就存在很大的可能性。同時，從這段文字裏，也可以發現，筷子文化的進入途徑：是先入朝鮮，然後再從朝鮮傳人日本的。

也有人持有筷箸直接傳入日本的觀點。其最根本的論據，就是秦始皇派五百童男童女前往東海採集仙藥，中途迷失方向，而留在了日本列島。這裡，暫且不論秦始皇派徐福採藥故事的真偽，即使徐福等人登上日本的島嶼，其文化影響力也是相當有限的，而且還無史料加以實證。

而日本受到中國筷箸文化的影響，從隋唐開始就顯得非常清楚而清晰了。

筷子東渡日本後，日本也成為用筷子吃飯的民族。筷子在日語中寫為「箸」（はし），與古漢語相同，反映了中日古代用品與文字的交流。據傳，筷子是公元四世紀至六世紀之間從中國經朝鮮半島傳到日本的。

不過，日本古時的筷子不是兩根細棍，而是把兩端削細後的一根竹棍彎在一起夾食物，如鳥嘴一般，故釋為其音來源於「端」（はし）一詞。中國古代的「箸」傳人日本之後，日本人只借用了漢字，而未改其原來的讀音，形成了與古漢語同字同義不同音的語言特點。

日本歷史上最早在朝廷的宴會上使用「箸」的是聖德太子（574～622 年）。推古天皇 15（607）年，日本的第一次遣隋使小野妹子等被派往中國（隋朝），遣隋使一行受到隋朝廷的盛大款待，宴會上用了「箸」以及調羹等配套餐具，

今日本遣隋使大開眼界。第二年，小野妹子和其他 12 名遣隋使回國，隋朝國使裴世清隨同前往，成為中國政府最早的訪日使臣。當時的攝政聖德太子聽了小野妹子對中國「箸」的描述，當即決定用中國禮儀款待隋朝使者，於是在宮廷歡迎隋朝國使裴世清的宴會上使用「箸」進食。由此開啟了日本使用「箸」的先河。

到了唐代，筷子文化對於日本官方還是民間影響力越來越大，特別是日本上層社會在很多方面還保留了唐代用箸的風俗。

例如，在日本筷箸橫放在碗盆之前，而不是像現在的中國人豎放著，針對著對面的人，這種做法，原本是中國文化的一大忌諱。這樣的忌諱，在唐代敦煌 473 窟的壁畫《宴飲圖》中就可以清晰地看到。

唐代當年常舉行盛大飲宴，涼亭中長桌兩邊，男左女右，坐著四男五女，僅從女方一面來看，人人面前皆放有箸和匙，都是橫放著。還有一幅西安出土的唐代墓室壁畫《野宴圖》，赴宴者人更多，坐立者十九人還有侍女兩名，餐桌上放滿了耳杯盤盞之類，同樣也可明顯的看到一雙雙橫放的筷箸。由此可見，筷箸橫放是唐代的傳統。

第二節　中外筆下的筷子文化

在西方人筆下，往往也記載了中國人使用筷子的習俗，也屬於海外的筷子文化的一部分。

一、介紹中國人宴會及筷子習俗

明代，在宴會上有一定的規矩，其中也包括使用筷子的程序。

傳教士利瑪竇來到中國，很自然地看到中國人喜歡宴請的習俗，並且有一套宴請的規矩。他在其著作裏這樣介紹：「現在簡單談談中國人的宴會，這種宴會十分頻繁，而且很講究禮儀。事實上有些人幾乎每天都有宴會，因為中國人在每次社交或宗教活動之後都伴有筵席，並且認為宴會是表示友誼的最高形式。和希臘人的風尚一樣，他們不說宴會而說酒會，這不是沒有道理的，因為雖然他們的杯子並不比硬果殼盛的酒更多，但他們斟酒很頻繁，足以彌補容量的不大。」〔註1〕

〔註1〕《利瑪竇中國劄記》上冊第68～69頁，中華書局1983年版。

邀請參加宴會的程序，有：

一是發出邀請函。

「當一個人被邀請去參加一次隆重的實會，那麼在預定日期的前一天或前兒天，他就會收到一本我們已經講過的那種小摺子。那裡面署有主人的姓名，還有一種簡短的套語，很客氣而又文雅地說明他已將銀餐具擦拭乾淨，並在一個預定的日子和鐘點準備下菲薄的便餐。通常宴會在晚間舉行。請帖上還說主人很樂於聽他的客人發表自己的想法，使參加宴會的人都能從中得到一些智慧的珠璣，並且要求他不可拒絕賞光。在我們講過的請帖封面上貼著的紅豎條上寫著客人最為尊貴的名字，還順序有他的各種頭銜。我們說他最為尊貴的名字，因為前面已經提到，中國人有許多不同的名字；同樣的請帖送給每個被邀請的人。在該定舉行宴會的那天早上，又給每人送一份請帖，格式簡短一些，請他務必準時到來。就在規定的套會開始不久前，又送出第三份清帖，照他們的說法，是為了在半路上迎接客人。」〔註2〕

二是互相問候。

「到達之後先照常互相行禮致愈，然後客人被請到前廳就座喝茶，以後再進入餐廳。這間房屋裝飾得十分考究，但不用地毯，他們根本不用地毯，而是飾有字畫、花瓶和古玩。」〔註3〕

三是座位布置。

「每個人都有一張單獨的桌子，有時在單獨一個客人面前把兩張桌子並在一起。這些桌子有好幾英尺長，寬也差不多，鋪著很貴重的桌布拖到地面，有如我們神壇的樣子。椅子塗上厚厚一層瀝背色，而且裝飾著各種圖畫，有時是金色的。」〔註4〕

四是主人舉行儀式。

「在全體就座用餐之前，主人拿起一隻金或銀成大理石或別的貴重材料製成的碗，斟上酒，放在一個托盤上，用雙手攤著，同時姿勢優美地向主客深深鞠一個躬。然後，他從餐廳走到院子裏，朝南把酒灑在地上，作為對天帝的祭品。」〔註5〕

〔註2〕《利瑪竇中國箚記》上冊第69頁，中華書局1983年版。
〔註3〕《利瑪竇中國箚記》上冊第69~70頁，中華書局1983年版。
〔註4〕《利瑪竇中國箚記》上冊第70頁，中華書局1983年版。
〔註5〕《利瑪竇中國箚記》上冊第70頁，中華書局1983年版。

五是主客就坐。

「再次鞠躬之後，他回到餐廳，在盤子上再放另一隻碗，在習慣的位置上向主客致敬，然後兩人一起走到房間中間的桌前，第一號客人將在這張桌子就座，中國人的上座是在案子長邊的中間或一列排開的幾張桌子的中間一張；而不是像我們那樣在桌子的一端。」〔註6〕

在安排客人就坐之後，主人才將筷箸很小心地放置在主客面前，表示一種對所有客人的尊重。

「在這裡主人把碗放在一個碟子裏，雙手捧著，並且從僕人那裡取過一雙筷子，把它們小心翼翼地為他的主客擺好。」〔註7〕

除此之外，利瑪竇還專門說及中國人吃東西使用筷箸與外國人刀叉區別：

「他們吃東西不用刀、叉或匙，而是用很光滑的筷子，長約一個半手掌，他們用它很容易把任何種類的食物放入口內，而不必借助於手指。食物在送到桌上時已切成小塊，除非是很軟的東西，例如煮雞蛋或魚等等，那些是用筷子很容易夾開的。」〔註8〕

關於筷箸的材質，利瑪竇也有如下敘述：「筷子是用烏木成象牙或其他耐久材料製成，不容易弄髒，接觸食物的一頭通常用金或銀包頭。」〔註9〕

就坐前，主客人之間要互相行禮，安排當時的習俗入座。「主人為客人安排好在桌戶前就座之後，就給他擺一把椅子，用袖子揮一揮土，走回到房間中間再次鞠躬行禮。他對每個客人都要重複一遍這個禮節，並把第二位安置在最重要的客人的右邊，第三位在他左。所有的椅子都放好之後，主客就從僕人的托盤裏接受一個杯。這是給主人的；主客叫僕人斟滿了酒，然後和所有的客起行通常的鞠躬禮，並把放著酒杯的托盤擺在主人的桌上，這張桌放在房間的下首，因此主人背向房門和南方，面對著主客席位。」〔註10〕

在此中間，筷箸的擺放是很重要的環節：「這位榮譽的客人也替主人擺好椅子和筷子，和主人為客人安排時的方式一樣。最後，所有的人都在左右就座，大家都擺好椅子和筷子之後，這位二主客就站在主人旁邊，很文雅地重

〔註6〕《利瑪竇中國劄記》上冊第70頁，中華書局1983年版。
〔註7〕《利瑪竇中國劄記》上冊第70頁，中華書局1983年版。
〔註8〕《利瑪竇中國劄記》上冊第69頁，中華書局1983年版。
〔註9〕《利瑪竇中國劄記》上冊第70頁，中華書局1983年版。
〔註10〕《利瑪竇中國劄記》上冊第71頁，中華書局1983年版。

複縮著手的動作，並推辭在首位入席的榮譽，同時在入席時還很文雅地表示感謝。」〔註11〕

在明代，使用筷子有一套簡短的儀式：

> 開始就餐時還有一套用筷子的簡短儀式，這時所有的人都跟著主人的榜樣做。每人手上都拿著筷子，稍梢舉起又慢性放下，從而每個人祁同時用筷子夾到菜肴。接著他們就挑選一著菜，用筷子夾進嘴裏。吃的時候，他們很當心不把筷子放回桌上，要等到主客第一個這樣做，主客這樣做就是給僕人一個信號，叫他們重新給他和大家斟酒，吃喝的儀式就這樣一次又一次地重複，但是喝要比吃的時間多。在進餐的全部時間內，他們或是談論一些輕鬆和詼諧的話題，或是觀看喜劇的演出。有時他們還聽歌人或樂人表演，這些表演者常常在宴會上出現，雖然沒被邀請，但他們希望照他們往常一樣得到客人的賞錢。〔註12〕

這種筷子儀式，至今幾乎蕩然無存，依稀保留的只是宴請主人的勸酒勸吃的聲音，而無禮儀可言了。

中國人對筷子的禮儀，外國人感到很新奇，就連吃飯使用筷箸也覺得十分奇怪。難怪西方人到中國看見筷子，卻不知道如何使用：

> 在喝過茶的那個村莊，蒙迪還被邀往一座「寶塔」或廟宇，在那兒親眼目睹了一場算命儀式之後，有人給了蒙迪食物和一雙筷子。「然後他們給我們拿來切成小塊的母雞和類似方法做的新鮮的豬肉。給我們筷子吃肉，但我們不知道怎樣用筷子，手指頭都忙不過來。」之後還用「一隻很怪的瓶子裏的熱酒」洗手指頭。〔註13〕

這裡所說的蒙迪，全名為彼得‧蒙迪是個英國商人，他在 1637 年寫了一本關於中國南方的早期遊記，這些遊記是日記體的散文，記錄了澳門的風俗習慣，後來以《彼得‧蒙迪遊記》出版。

1637 年，農曆丙子年，是明崇禎十年，也是西方人試圖打開中國大門的時期，對於中國人的生活習慣一無所知，因此不知道如何使用筷子就是理所

〔註11〕　《利瑪竇中國箚記》上冊第 71 頁，中華書局 1983 年版。
〔註12〕　《利瑪竇中國箚記》上冊第 71 頁，中華書局 1983 年版。
〔註13〕　【英】金斯利‧博爾頓著，歐陽昱譯《中國式英語——一部社會語言學史》第 161 頁，上海文藝出版社 2011 年版。

當然的。

　　儘管如此，他們對筷子的好奇心依舊濃厚，所以在其日記中記錄這樣一段刻骨銘心的經歷就在所難免。

　　中國人介紹國外筷子文化的，也有不少，當推清末一些最早旅歐旅美的人士。張德彝《航海述奇》就記載了當時，他到安南時候的所見：民食用杯、盤、匙、箸。〔註14〕

　　綜上所述，筷子隨著國際交往的增加而不斷向海外傳播，同時也伴隨著國力加強而筷子文化不斷起到漣漪效應。

2019 年 10 月 1 日

〔註14〕張德彝《航海述奇》第 18 頁，湖南人民出版社 1981 年版。

第十一章 《清稗類鈔》與清代海洋文化

　　清代記錄海洋文化的較之於以往朝代，開始逐漸增多，報刊書籍不斷湧現，還有一些外交官去國訪問劄記、遊記之類也相繼出現，帶來許多不一樣的海外風情民俗，給國人開了眼界，呼吸到海外不一樣的空氣，看到了異域風光、人文地理。在此其中，《清稗類鈔》〔註1〕則可以說是一部集大成者，作者徐珂從當時各種各樣的媒介裏彙編海洋文化的內容，成為今天重要的清末民初海洋文化的資料匯本。

一、新的海洋政策

　　數千年來海洋文化不斷地沖刷中華帝國的城牆，終於到明清時期，打開半扇門與外界開始接觸。

　　到了清末，這扇海外交往的門逐步開大，海洋文化使得清廷改變過去一意孤行的做法，特別是曆法的修訂，沿用明代做法，用了外國人。過去一直沿用的是農曆，到了康熙時期開始用西洋曆法，這是一個重要的轉變，是學習西方海洋文化之後對古老國度的曆法影響。徐珂《清稗類鈔·時令類1》記載，康熙己酉三月推行西洋新法還是非常小心翼翼的，不斷加以驗證。

> 　　先是，戊申十一月，命大臣傳集西洋人與監官質辯，至午門測
> 驗正午日景。西洋人南懷仁言監副吳明烜所造康熙己酉七政時憲閏
> 十二月，應是康熙庚戌正月。又有一年兩春分、兩秋分之誤。命大

〔註1〕本文所用徐珂《清稗類鈔》，均為中華書局1984年版。

學士圖海、李霨等赴觀象臺測驗。

康熙推行西洋新法與南懷仁有關。在此之前，為了修訂舊曆推行西洋曆法，曾用湯若望、楊光先等人，其目的是為了「用西洋新法釐正舊曆」〔註2〕。期間，楊光先遭遇廷杖而被流放遼西，湯若望則由於錯誤的將「順治十八年閏十月為閏七月」，而遭到皇帝呵斥為「摘謬、辟邪」，反對者更攻擊湯若望別有用心，「斥所奉天主教為妄言惑眾」。

而南懷仁則是重量級推行西洋新法的重要人物。根據《清史稿》記載：南懷仁，初名佛迪南特斯，姓阜泌斯脫氏，比利時國人。康熙初，入中國。〔註3〕由於南懷仁的專業知識，「上命禮部詢欽天監官，多從南懷仁，乃罷八年十二月閏，移置九年二月；節氣占候，悉用南懷仁說。」其根本原因在於，南懷仁的觀點與實踐的正確的。

據《清稗類鈔·時令類1》記載：己酉正月丁酉，是日立春。南懷仁預推午正太陽：依象限儀，在地平上三十三度四十二分；依紀限儀，離天頂正南五十六度十八分；依黃道經緯儀，在黃道線正中，在冬至後四十五度零六分，在春分前四十四度五十四分；依赤道經緯儀，在冬至後四十七度三十四分，在春分前四十二度二十六分，在赤道南十六度二十一分；依天體儀，於立春度分所立直表，則表對太陽而全無影；依地平儀，所立八尺有五寸表，則太陽之影長一丈三尺七寸四分五釐。於是六儀並測，一一符合。

傳統的曆法存在種種不足與不準確的現象，因此歷朝都會對曆法進行修正，其原因在於曆法是關乎農業生產、國家制度等一系列問題，各朝各代都非常重視曆法的制定與實施，還專門設立一個欽天監，為掌觀察天象，推算節氣，制定曆法的官署。而且修改曆法，稍一不慎，往往還會遭遇流放、殺頭的危險。

再說，曆法是國家之法，一旦頒布，任何人都必須遵守。即使到了清末，這種曆法的尊嚴同樣不可冒犯。每到二月初一欽天監將次年曆書交宮廷，十一月初一日頒曆於百官，然後正式頒布張貼。民國蔣芷儕《都門識小錄摘錄》就說：舊例欽天監每年二月初一日進次年曆樣，十一月初一日頒曆於百官。其進呈御用者，有上位曆、七政曆、月令曆，又上吉日十二紙，每月黏一紙於宮門。御賜諸王有中曆，各布政司則皆禮部頒。欽天監印造曆遍及於民間，無欽天監印者，為偽造，律處斬，法至嚴也。由此可見，私自印製曆書、年

〔註2〕《清史稿·列傳五十九》。
〔註3〕《清史稿·列傳五十九》。

曆、月曆者則被處死。

曆法，是推算年、月、日的長度和它們之間的關係，制訂時間順序的法則叫「曆法」。曆書是排列年、月、節氣等供人們查考的工具書。曆書在中國古時稱通書或時憲書，在封建王朝的時代，由於它是皇帝頒發的，所以又稱「皇曆」。〔註4〕

如此而言，曆法是封建皇朝的法典，任何人都不得對其有異議，必須恪守。到了清代，帝皇不斷要求洋人來修改祖先的曆法，本身是一種進步，是海洋文化對清王朝的巨大影響。

歷史上各個朝代都有自己的曆法。上古時代有黃帝曆，夏有夏曆，商有殷曆，周有周曆，秦有顓頊曆，西漢有太初曆，東漢有四分曆，隋有開皇曆、大業曆、皇極曆，唐有戊寅元曆、麟德曆、大衍曆、五紀曆等，北宋有應天曆、乾元曆、儀天曆、崇天曆等，南宋有統元曆、乾道曆、淳熙曆、會元曆等，元朝有授時曆，清朝有時憲曆。在史書上一般都說是「陰陽曆」，有陰曆也有陽曆，一併同時存在古代曆法中。

到了明代，開始有洋人加入曆法的修訂，於是就有了西洋曆的說法，在明末已經開始。為了糾正過去曆法的錯誤，就有人希望洋人來修訂曆法，糾正過去曆法中存在的錯誤。史書記載有李之藻等人的「請譯西洋曆法等書疏」。〔註5〕《清史稿·列傳二百九十三》同樣也有對這一段歷史的敘述：「其西洋曆方今現行，然崇禎朝徐、李諸公測驗改憲之功，不可沒也。」這些文字說明了傳統曆法，在海外知識文化的引導下，已經成為當時朝廷認可，並且成為社會流行的曆法。

對傳統曆法的修訂，遭遇各種保守勢力的抵制與非議，不過曆法的制定是一門科學，需要縝密計算、統計、實踐，而不是任意胡說所能夠收效的。《清稗類鈔·時令類1》記載：「測驗南懷仁所指皆然，吳明炫所指不實。應將康熙庚戌時憲交南懷仁推算。」

> 三月，南懷仁言：「雨水為正月中氣，吳明炫於康熙己酉十二月置閏，是月二十九日值雨水，即為康熙庚戌之正月，置閏當在庚戌二月。」從之。〔註6〕

〔註4〕見《百度百科》。
〔註5〕【明】陳子龍《皇明經世文編》卷之四百八十三。
〔註6〕《清稗類鈔·時令類1》。

皇帝聽從南懷仁的說法，從某種程度上來確認了洋人對傳統曆法修正的意見是正確的。

清末，國門的打開已是大勢所趨，即使太平天國也把眼光投向了國外，與外國進行通商，召見英法等國領事，派遣官員到美國考察等，都說明了海洋文化已經成為統治階級的又一個重要關注點。

關於太平天國與外國通商，有這樣一個起因。根據《清稗類鈔・外交類2》記載：咸、同間，洪秀全據金陵，一日，忽有汽船一艘駛至，疑為官軍也，將舉礮轟之。船主亟升白旗，時軍中有曾至香港者，識升旗例，爰以小艇抵汽船，問來意。船將答曰：「我國商人雲集上海，江寧既下，恐君逼近，此來兩不相助，祇為保護計耳。」兵士以告楊秀清，秀清轉達秀全。秀全乃遣使延船將，與之歷覽各營，且曰：「彼此通商，理所當然，將來事定，惟有洋煙勿再來華，其餘貿易無禁。」

可見太平天國還是懂得外交禮節，有國家之間貿易的基本原則，可以通商做生意，但是依然有一個規定，即禁止「洋煙」（鴉片）來華毒害民眾。

關於太平天國與美國交往並且派遣人員出國考察，在《清稗類鈔・外交類2》裏也有如下記載：秀全使弟仁玕同行報聘，晤英、法、美各領事。美領事曰：「敝國正以解放黑奴有南北洲之戰，天王為人民自由，實東方大革命也。天王曷遣使敝國，一通交好。」仁玕反江寧，呈美領事書，即遣仁玕使美。時美領事歸國，齎秀全書同行，書曰：「太平天國天王告美國大民主：前上海貴國領事以民主意上書，書達金陵，經東王閱過，呈朕覽。以貴民主遠居海外，音問不通，翩然肯來，實洽朕意，特遣朕弟仁玕遠使貴國。朕聞貴國重人民，事皆平等，以自由為主，男女交際，無所軒輊，實與我朝立國相合，朕甚嘉賞。一切交涉事件，可與朕弟仁玕往還。凡貴國人民來我國者，皆上帝之子孫，必以兄弟相待。以後兩國永久和好，朕有厚望焉。」仁玕承命使美，二年而歸，著有《使美日記》。

洪仁玕是受洪秀全影響的第一批改宗者之一，他能夠出使美國，考察兩年之久，的確不易，而且寫了一本《使美日記》，可見有不少見聞與心得。他在1859年發表的《資政新篇》中概括地提出了強化中央集權、採用西方技術以使中國經濟和交通現代化以及發展與西方列強友好關係的政策。洪仁玕所提出的開設現代銀行、頒發專利權、建造鐵路和輪船以及發展採礦業等項建議表明，他對西方力量所在的若干因素抱著全心全意的、雖然認識很不全面

的讚賞態度。這些建議是太平天國經濟理論的一個重大轉變。〔註7〕

這些理論與主張的提出，是否與其出使美國有關不得而知，但是可以肯定的是洪仁玕思想中的對海洋文化好奇的印記始終存在的，不僅是好奇，更將這些海外的做法移植到太平天國的政權建設上，其無疑要比其他沒有海外經歷的人來說更加有理論上的建樹。

雖然太平天國非屬清王朝，屬於另外一個政權，但是它們所處時代相同，在這樣的時代背景下，改變閉關鎖國的處境，如何建立海外國家的聯繫，借鑒西方的經驗，從制度上與經濟上改變落後狀況，是清朝正統中央權力機構與太平天國政權共同需要解決的課題。

二、新的地理知識

地理是傳統詞彙，指的是一地區的自然環境、人文環境的總稱，主要說山川、湖泊、氣候、地貌等諸多自然要素與社會要素等。雖然歷朝特別是有作為的最高統治者都十分注意到海洋文化，但是很多朝代主要關心的還是內陸地理，元以降，視野擴展，疆域擴張，才逐步有了新的海洋文化概念，到了清代，這種文化海洋的意識隨著堅船利炮的到達而加強了很多。

1. 河與海聯繫在一起

河，指的是黃河。黃河入海口，是隨著地理及自然的變化而不斷改變，明代是流到淮河再一併進入海裏。據《明史》卷八十三志第五十九：黃河，自唐以前，皆北入海。宋熙寧中，始分趨東南，一合泗入淮，一合濟入海。金明昌中，北流絕，全河皆入淮，元潰溢不時，至正中受害尤甚，濟寧、曹、鄆間，漂沒千餘里。賈魯為總制，導使南，匯淮入海。

到了清代，則是從山東等地流入大海，這在《清稗類鈔·地理類2》裏有清晰的記載：黃河在鄭州北行四十里，至榮澤縣，（屬河南鄭州。）地濱黃河。黃河發源青海，與長江之源僅隔一山脈，東北流過甘肅省，出長城外，作弧背形，復入長城。南流經山西、陝西之間，至潼關，水勢浸盛。折而東向，橫經河南、直隸、山東三省而入於海。河流挾沙，遷徙不定，每一泛至，泛濫數百里，輒成巨災。

黃河的入海口也是變化的，是當時地理變化的結果。這種河海的史料記

〔註7〕【美】費正清、劉廣京《劍橋中國晚清史（上卷）·內訌與衰落》，中國社會科學出版社1996年版。

錄，其著眼點在黃河，但也客觀地反映了黃河的流向與海洋洩洪作用，這種河海的互相關係，不僅是真實地描述了黃河的歷史動態，同時表達了人們對海洋價值與作用的觀察。

2. 海島的關注

中國沿海有大量的島嶼，不僅有獨特的自然景觀，同時也有不同景致的文化風情。《清稗類鈔·地理類 3》：自鄞乘汽船東駛抵鎮海縣（屬浙江寧波府。）口，甬江入海處也，口外有山隆然，曰招寶山。傍山右行，島嶼萬千，島之大者曰舟山，周百五十餘里，其南為定海，孤懸海外之一島也。舟山之東僅三里，曰普陀，滿山佛寺，僧徒數千，山麓有潮音、梵音諸洞，海水激蕩有聲，西人至夏季輒往避暑。

在舟山海島上，有各種寺院、佛洞等，有僧徒數千，這種自然景觀與海島的人文景觀，相得益彰，更加體現出東海海島的魅力，因此也吸引外國人夏季紛紛前來避暑，享受海洋上島嶼帶來的不一樣的浙東海洋文化。

海島往往也是重要的港口，來往於大陸與其他陸地、海島之間貿易橋樑。人們越來越重視海洋貿易，這不僅由於海洋運輸的便利、節約成本，而且也是一種新的海洋視野與胸懷。《清稗類鈔·地理類3》：「九龍（屬廣東香山縣為英所租借。）由閩縣出閩江口，南駛經臺灣海峽，風濤至為險惡。至廈門，則北至遼海，南至粵海，皆有海舶往來，故貿易極盛。相距約三里曰鼓浪嶼，亦闢為商埠。」這種海島成為重要貿易港口的例子不勝枚舉。

不僅如此，海島也是世外桃源。由於遠離陸地，人跡罕至，海島會被遺忘而獨立存在數百年，這種情況也是屢見不鮮，如山東的雞鳴島即是，它孤零零地屹立在海洋之中，在明代是海防前沿，到了清代人們逃離家鄉來到此地，耕作生產，繁衍後代，也無各種稅負，「儼然一海外桃源」，直到中日戰爭才被發現，他們依然保存明代裝束。故《清稗類鈔·地理類5》：「雞鳴島，屬山東登州府榮成縣，孤懸大海中，明代曾置衛所，大兵入關，農夫野老不願薙髮者類往居之，島田腴甚，且稅吏絕跡，儼然一海外桃源。光緒甲午中日之戰，海軍中人有巡至其地者，島始發見。驟睹居民之褒衣廣袖，爭呼之為道士島，惜居民無讀書者，不能道其詳也。」

3. 海外是另外一種謀生的路徑

由於海洋知識的傳播，人們開始懂得在海洋的另外一邊還有新的生活空間。於是到海外去，就成為一種新的謀生手段，特別是清代這種風氣在東

南沿海地區愈演愈烈，這種冒險精神是其他地方的人無法相比的。《清稗類鈔·種族類 2》：「閩、粵人民剛健活潑，腦力充銳，濱海之區，習於波濤，勇於冒險，移殖海外，勢力甚強。」「上游高原，民貧地瘠，交通未便，風氣較塞。」〔註 8〕

人們到海外一圈，或者作個文化交流也可以賺到不少銀兩。以下這段文字將離奇的故事敘述得淋漓盡致。《清稗類鈔·知遇類 2》：吳縣陳筠字友石，幼孤，善書，能琴棋，獨不能治家。年長未娶，父產已蕩然無存，乃挾三十金入山販筍，至崑山王彥修家賣之。居數日，彥修語之曰：「天氣蒸熱，筍包宜開矣。」開則筍已腐爛。囊餘二金，乃販時憲書數十本，賣以度日。既而鬻字於蘇州閶門，為扇肆寫扇。一日，有滿洲大員奉旨封王至海外者，方南下，泊舟閶關外，令家人買扇，筠為書之。滿洲大員閱之稱善，酬白金一兩，邀至舟。茶罷對弈，歡若平生，謂筠曰：「我奉旨航海，倘不棄，與我同行，則幸甚。」筠諾之。餽三十金為安家資，筠以十金奉母，十金製衣，更以十金買肴饌，徧款同舟之人。既而舟至琉球、安南諸國，其王尊天使，並及同來之客，所至分庭抗禮，各求其字，一小字酬一小銀錢，一大字酬一大銀錢。舟至高麗，高麗王太子好音律，與筠鼓琴，乃授以新聲數曲。太子喜，謂其侍官曰：「我國僻處海中，得陳先生至此，天賜也，宜厚贈之。」於是所贈金銀珍寶象犀珠玉之物，不可數計。歸舟至大洋，舟重不能行，柁工命以所載金銀撒入海中，約存二三萬兩，舟始能行。趁風至福建漳州，值漳、泉大荒，筠所至賑饑，費萬兩，而自以二萬金歸家娶妻。後與其婦兄貿易，不數年，復蕩盡，為窶人。晚年賣藥於陽澄湖之濱，跌損一足，然興甚豪，猶不肯作寒乞相也。

陳筠之所以海外走了一圈有如此頗豐的收穫，「銀珍寶象犀珠玉之物，不可數計」以致「舟重不能行」，將所載金銀撒入海裏。其原因有二：一陳筠是跟隨政府官員航海出國，有較高的接待規格；二是他有高超詩畫技藝，與眾不同，引起他國王儲的青睞，特別是高麗王子的「厚贈」有關。這種離奇的海外發財的傳說，在某種程度上也促使更多的人出樣過海，去海外生活。

清末民初到海外去的人到底有多少，未見官方正式統計，但是《清稗類鈔·種族類 2》卻對海外華僑人數進行了統計，成為至今難得一見的珍貴資料：

我國以生齒之繁，生計之窘，瀕海人民，遂多有移住國外者，

而以美為最多，世稱之為海外華僑，皆漢族也，滿、蒙、回、藏、苗、黎之人殆無一焉。自咸豐乙卯至同治丁卯，歲有六千人，自同治戊辰至光緒辛巳，歲有一二萬人，壬午，則達三萬三千六百十四人之多。於是美國禁阻之議起，而重課以人口稅，壬午，遂減為三百八十一人，丙戌，僅有十七人，戊子亦然。此二十年間，美於華僑，專施強暴之阻力。又英屬之科倫比亞及澳洲，亦課以荷重之人口稅。我國雖有公使、領事，不能力任保護，滋可嘅也。

宣統辛亥所調查在外之華僑人數如下：臺灣，二百五十萬有奇。香港，二十七萬九千四百有奇。澳門，七萬四千五百八十有奇。日本，一萬八千有奇。朝鮮，三萬七千二百有奇。安南，十二萬二千有奇。暹羅，二百四十六萬一千有奇。南北美洲，二十六萬九千有奇。澳洲，二萬九千有奇。非律賓，八萬六千四百有奇。爪哇，九萬七千有奇。歐洲各國及俄屬西伯利亞，四萬三千一百有奇。其餘各小島，一百八十四萬五千有奇。

華僑以在臺灣者為最多，暹羅次之，南洋群島、馬來半島及俄屬西伯利亞又次之。省籍以隸廣東、福建者為最多，浙江、江蘇次之。

這份資料告訴我們幾個基本情況：一是移民海外的大多數為廣東、福建、浙江、江蘇一帶沿海的人，他們有地域優勢，出海比較方便，天高皇帝遠；再說都是通過海路到其他國家或者地方，粵閩浙蘇有漫長的海岸線，瀕臨海洋，這樣他們就成為出海謀生最主要的人群。此時內陸的少數民族卻很少出海，故文章說「滿、蒙、回、藏、苗、黎之人殆無一焉」。二是移民最終目的地是美國的人數，佔據絕大多數，雖然美國有「禁阻之議」，且有「專施強暴之阻力」，依然擋不住移民美國之夢。三是此時中國移民已經佔據世界很多地方，如美洲、澳洲、歐洲，更多的是在東南亞國家及其島嶼。

需要加以說明的是，這份資料對於國家、地域的概念是囿於當時的認知，不可等同於現在的官方說辭，如臺灣、香港、澳門等地統計均稱之為「在外之華僑」，這是一種比較明智、準確的概念。關於臺灣，在官修志書裏就有明確說法，屬於清朝政府所轄之地。清劉良璧《重修福建臺灣府志‧舒序》：「余承天子命，來巡是邦。見其民和而事簡，樂臺之人士蒸蒸向化，可以上登風俗之書，而慰我皇上重念海外之至意，思有以紀之未遑也。」即可佐證。

當然，到海外去生存，是不容易的，會遭到歧視、虐待、不公平的現象

都是隨處可見。清末,「華工在秘魯、古巴諸國受虐待」〔註9〕,這時候清政府也派人進行調查,結果屬實,就禁止移民前往秘魯等國。美國有虐待華工現象,李鴻章非常憤怒,立即將留美學生悉數召回。〔註10〕

誠然海外有許多不公平,乃至受到虐待等現象存在,但是也有人收穫滿滿,榮歸故里的事例。《清稗類鈔·婚姻類18》有一個例證:阿勝,廣州人,逸其姓,少孤。遊於美利堅國之舊金山,善貿易,居六載,積貲頗豐,航海而歸。將締婚,有某氏女及笄,因媒合之。女母聞其豐於貲也,許焉。既又懼其仍遠遊也,曰:「吾女豈能相從於海外哉?」故使媒妁索重聘。阿勝鄙之,曰:「賣婚,非禮也,吾何患無妻?」遂已其事,復出遊。女聞之,不直其母,竊附海舶至舊金山尋夫。一日,於途中遇之,連呼曰:「阿勝,阿勝。」勝顧之,驚曰:「卿閨中弱質,何為至此?」女具告之。勝感其義,與俱歸旅舍,成禮焉。

這個故事有點曲折:阿勝從美國賺錢回家鄉娶老婆,本是一件開心的事情,不料女家的采禮太高,阿勝只好敗興而歸。姑娘見母親不同意這門婚事,甚至要遠洋出國到美國去找阿勝。非常巧合,路上遇見阿勝。兩人遂成婚姻大禮。

為什麼會有大量移民出現,是因為各種生存、生活、困境以及社會動盪等原因所造成的。《劍橋中國晚清史(下卷)半無產階級的產生》一書分析原因說:在大規模民眾起義被鎮壓以後,半無產階級興起了,即令下層人民的國內遷徙和移居海外也未能緩和這一在全國大部分地區相繼產生的現象。〔註11〕

此文將清末人們紛紛移居海外的原因說得很清楚,特別是沿海地區與海外國家與地區僅僅相隔一個水面而已,沒有嚴格的屏障,再加上生活所迫,只能鋌而走險,海外就成為唯一的選擇。

三、新的貿易活動

在清代,政府與海外之間的文化交流一直存在。

清政府以大國自居,經常有各國使者來進貢。特別是聽到好話,更是龍

〔註9〕 《清稗類鈔·知遇類4》。
〔註10〕 《清稗類鈔·知遇類4》:適華工在秘魯、古巴諸國受虐待,事聞,中朝使容就近往查,屬實,遂禁止移民秘魯。已而文正薨,李文忠悉召遊美學生回國,皆未畢業。
〔註11〕 【美】費正清、劉廣京(編)《劍橋中國晚清史》,中國社會科學出版社2006年版。

顏大開。乾隆年間，日本高麗使者與清高宗的一番對話，則將乾隆皇帝洋洋得意、喜上眉梢的神態躍然於紙上。《清稗類鈔・農商類 9》：時乾隆乙未也，海外各國歲有例貢，一日，高宗問日本、高麗諸使臣曰：「汝觀我國風俗何如？」稽首而對曰：「中華沐大皇帝教化，不僅士大夫讀書明理，雖市賈亦知信義。如某緞肆王某者，陪臣與交易，海外遐荒，坦然賒與。且約觀劇，饋食物，厚意深情，有如無已，實大皇帝時雍之化所致，非海國所敢望其萬一也。」奏畢，復稽首稱賀。高宗大悅，以國體所繫，默識王某之姓名矣。

風俗，是一個國家、社會的現實現況，是衣食住行、婚喪嫁娶、貿易買賣等，也代表著民風淳樸、辦事規矩、官場有序、紀律嚴謹，更是一種治國有方的表現。日本、高麗諸使臣的話，不僅提及綢緞行的王老闆豁達、會做生意，而且大大地讚美「中華沐大皇帝教化，不僅士大夫讀書明理，雖市賈亦知信義」，如此美言，當然引得乾隆皇帝龍顏大悅。

此例同時也一再證明了一個道理，國家的富強與羸弱，一定會在風俗上表現出來。所謂康乾盛世，在某種程度上就表現出的是世風淳樸，社會安定、平和，買賣的公平、誠信，人與人之間能夠和睦相處。這時候的商賈不再是唯利是圖，而是公平買賣，否則就會造成俗話所說的「無商不奸」的境況，如果商人不再那麼奸詐，而是以誠相待，公平交易，則更能夠顯示社會的清明。前文所述：「某緞肆王某者」，對外國人進行交易，依然採取「坦然賒與」，「饋食物，厚意深情，有如無已」，就證明了當時的營商環境。雖說有溢美之語，但也反映了對海外商客的真誠一面。

清末民初，與海外做生意，也有多種多樣。

1. 買賣不同地域的文化產品

把具有中國特色的產品賣給外國人，然後再把外國的東西賣給國人，這種買賣的生意經在沿海一帶，可以說做得風生水起。當然這種想法也是迫不得已而為之，是在大難之後的做法。根據《清稗類鈔・農商類 14》記載，說的是一個姓范的人被搶劫之後，本就是一個窮光蛋，但是他想到用中國的地方民俗文化來成為產品來與外國人進行交易。

的確這是一個好點子，好就好在這樣的產品不僅成本低而且有中國文化特色，因此與外國人做生意一炮打響，如何做法，文章有具體交代：他乃至碎綢店，購雜綢，歸剪為人，實以棉，縫之。點畫眉目，意態生動，價視雞三倍。復售十餘日，得錢百餘千，二人共議，買舟東下。至福州，於南臺臨衢

地，列一小攤，賣洋貨。積二年，獲利千餘金，易為棧。其置貨，自與西人接，約期歸貨，不稍爽，西人信之，任其輦取，以故海外新至物，他棧所無者，何棧莫不具備。又數年，獲利數萬，起樓閣，置奴婢，迓其妻子來，兩家皆寄籍於閩，世為婚姻焉。〔註12〕

這種精明的來回買賣，數年之後就賺得盆滿缽滿，蓋樓請丫鬟，定居福建。如此的例子絕非少數。如張振勳，字弼士，廣東大埔人。壯年尚赤貧，至南洋群島，不二十年致富千萬，為南洋巨商。〔註13〕

2. 買賣大宗商品，發展工業生產

除了大量的個體小買賣之外，還有更多的關乎民生的生產，如中外麵粉工廠的建立與設備改造，進一步提升了市場的供給。

《清稗類鈔‧工藝類3》：上海所用麵粉，自通商以後，固悉購之於海外也。由於中外貿易交往方便，使得上海麵粉廠生意興隆，根據史料記載，在上海蘇州河兩岸麵粉廠林立。興華麵粉廠就是其中一個。「本埠北蘇州河路之興華製麵公司創於民國五年，主之者為粵人蕭乃麟，首尾僅及三載，營業蒸蒸日上，發展之速至為可驚。」〔註14〕

當然，外國商人同樣有敏銳的嗅覺，也將中國的農產品出口到國外。同時為了投好國人喜歡國貨的心理，也在上海設立工廠，重新更換設備，使得麵粉廠煥然一新，也帶來營業收入的大幅增加。《清稗類鈔‧工藝類3》就記載：德商某見我國北部農產以小麥為最富，而麥食亦最多，雖麥質不若美產之色白而味厚，然以國人購用國貨，且機粉較磨粉色澤已較舊為佳，無慮其不發達。於是購機設廠，命名增裕，而上海始有麵粉廠矣。

這種外商麵粉廠的發展，令中國商人再也無法坐立而奮起直追，形成你追我趕的商業競爭。《清稗類鈔‧工藝類3》：厥後營業日上，歲有盈餘，華商涎之，而壽州孫氏乃有阜豐廠之出現，後且全埠有十餘廠矣。這种競爭的結果，大大發展了麵粉的生產，豐富了市場。

另外，由於市場的開放，爾虞我詐、欺世盜名的不正當的經濟行為也在清末民初屢見不鮮，貽害民眾，成為當時社會的一大毒瘤，防不勝防。故《清稗類鈔‧棍騙類13》列舉醜惡現象說：商品之偽造以罔利者，多矣。冒牌也，

〔註12〕《清稗類鈔‧農商類14》。
〔註13〕《清稗類鈔‧農商類18》。
〔註14〕陳伯熙《上海軼事大觀》第186頁，上海書店出版社2000年版。

仿式也，固無論已。及又有冒海外華僑之姓名以製物炫售者，人為所愚，利市三倍，初固無其人也。久之，有涎其利市而詐欺者，自稱為華僑之遺族，以貧乞飲助，若不允，當控於官。其人不得已，乃資以萬金而去。

這種不顧一切的唯利是圖的商業詐騙，破壞了商業環境，更將華僑二字進行污名化，使得人們的信譽度在當時社會的海外經濟來往中受到重創。

有人冒充華僑衣錦還鄉，使人大上其當。《清稗類鈔‧棍騙類 10》：揚州邵伯鎮某經亂失蹤，某年忽歸，則衣履麗都，箱篋累累。自言亂時輾轉至南洋各埠，傭於人，漸致豐裕，今為某富人倚重，特派至江南，經營鹽業。

此例僅僅是當時社會的真實反映，說明當時社會浮誇成風，以為華僑都是家財萬貫，只看外表，只聽其自說自話，而不追問其底細。正因為如此，引起以下故事：

時其母及姊傭於鄉，某遂挈至郡城，僦屋以居，並雇傭僕，置器用，購古玩字畫，頗極鑒別之能。一日，在玉器店，選購翡翠煙壺、搬指，值幾千金，先給三百金，云不日新加坡可有鉅款匯來，即當撥付。如期往取，果付。或疑其事者，潛詢諸電局，則洵為新加坡某商所匯者也。於是揚城中人，咸以為是海外歸來之大富翁，莫不願與締交。每有借貸，應手立辦。復出鉅款買鹽票，為鹽商矣。性且奢豪，僅數月，所購珍物已數萬金。某南貨店主人歆其勢利，知其方須續弦，因亟為媒於某舊室，以女嫁之。〔註15〕

此例繼續演繹，不僅其母親與姐姐從鄉下幫傭，變成城里人，而且他還「雇傭僕，置器用，購古玩字畫」，一時間，「咸以為是海外歸來之大富翁，莫不願與締交」，最後「南貨店主人歆其勢利」，還把女兒嫁給他作為二房，弄得人財兩空。這是一個典型的利用人們淳樸、愛財心切的騙術，至今依然屢試不爽，當然騙術有所改變，但萬變不離其宗，這種上當受騙的土壤沒有被完全剷除，因此這種例子，還是非常具有警示作用的。

四、新的文化交流

中外文化交流，是一種非常好的民族之間的人文活動，會將海外的東西帶入中國，如西洋樂器，會豐富原有的中國樂器，帶來不一樣的音樂感覺。《清稗類鈔‧音樂類 6》：康熙時，有自海外輸入之樂器，曰洋琴，半於琴而略闊，銳其上而寬其下，兩端有銅釘，以銅絲為弦，張於上，用錘擊之，錘形

〔註15〕《清稗類鈔‧棍騙類 10》。

如箸。其音似箏、築，其形似扇，我國亦能自造之矣。

中國樂器中很多是外來的，如弦樂、彈奏等樂器，這些外來的樂器大大地豐富了中國音樂，清代引進洋琴這種西洋樂器，也是其中一種，實屬了不起的一件事情。如今洋琴已經被中國人所完全製造，並且成為中國音樂大家族的一個組成部分，雖與箏、築相似，卻有不同的音色、外形，洋琴的進入是中外文化交流的結果，中國勇於吸收海外文化的一個重要例證。

中外文化交流帶來了種種益處，也會帶來文化的互相衝撞，也就是說海內外文化這時候會產生互相影響。特別是國門打開之後，好的先進的技術會傳入，同時不良的社會風氣同樣也會跟進。

《清稗類鈔·譏諷類二 16》：君子之所以異於小人者幾希，誠與偽之辨而已。君子無在不誠，小人無在不偽。晚近以來，有海外之新智識輸入，而適濟其奸，相率為偽，間有一二自好者流，欲自勉為君子，而為群小所構，無可幸免。

與海外交易過程中也出現奸商，這種狡詐、行騙的行為利用的是西人的無知、國人的淳樸，實在令人憎恨。

有人就發現中外文化的差異，包括國家政策的不同而導致民眾的性情的不同，其根本的原因是國家政治的不同。如張振勳就是有正義感的聰明人。

《清稗類鈔·農商類 18》載：「張振勳，字弼士，廣東大埔人。壯年尚赤貧，至南洋群島，不二十年致富千萬，為南洋巨商。」一次與英國人同船打賭，並且說下這樣一段話，令人深思：

張侃然曰：「世界強盛之國，毋易視吾國人。夫吾國之衰弱，非吾國人民自為之，乃吾國國家政治不善故；英之強盛，亦非英人民自為之，而英國國家政治之善故。」時同船尚有他英人與他國人，聞是言莫不謂然。〔註16〕

〔註16〕《清稗類鈔·農商類 18》：某歲，乘英國某公司輪船航行檳榔嶼、新嘉坡間，舟中無事，手《海國圖志》一冊入休憩室，同舟英人某就張手取視，以圖繪模糊，意甚鄙夷，且嘲我國人不知學問。其人操巫來由語極熟，巫來由語，為馬六甲群島所通行者，故張亦操巫來由語詰之曰：「子，英人也。來此，非經商乎？」曰：「然。」曰：「然則子必於商業學校畢業矣。」曰：「然。」曰：「子必於大公司有資本。」曰：「然。」曰：「余於學問，固非所知。且凡爾等之經商於海外者，所得國家種種之權利，吾國人皆無之。不若爾等今日近則有領事之保護，遠則有兵艦為後盾，即遇虧折，政府尚有所補助，宜子之目無吾國人也。雖然，余甚願以經商之贏絀戲與子博。今請與子約，各以銀二十萬圓為資本，捨開礦以外，各任擇所宜為貿易，期以五年。倘吾業絀而

此話分量甚重，特別是在當時而言，可謂是一針見血。將兩個國家之間的政治文化作了深刻比較，說到了中英兩國的根本性的差異。言下之意，中國商人的成功要比其他國家的商人的付出更多更辛苦。

當然，這些在南洋群島居住的海外華僑之所以成功，還在於他們的智慧，不少通過自己的努力與打拼的富人，起初用祖傳的工藝品，用不同文化產品打開了富裕之門，已經成為當地的富商。但是由於時間太久，他們對於新的「祖國之振興工藝諸端，鮮或措意及之」，換言之，他們脫離祖國、遠離家鄉，對中國新的工藝品缺乏瞭解而沒有市場競爭力，而導致生意失敗，甚至傾家蕩產。關於這一點，在《清稗類鈔·工藝類1》有清晰的說明：海外華僑凡數百萬，以閩、粵人為最多，其在南洋群島者尤以富稱。雖率以工藝起家，而僑居既久，於祖國之振興工藝諸端，鮮或措意及之。且以醉心虛榮之故，頗有被人愚弄，而至傾家蕩產者。由此可見，新的具有地方文化色彩的產品，真的很重要，而一成不變的商品是沒有人喜歡的。

由於文化產品陳舊會造成競爭力的消弱，這是人所皆知的道理，也是市場經濟的一條法則。原來華僑的立足之本，是用中華民族的特色文化產品給異國他鄉的市場帶來新的活力，因此也會贏得當地文化的認同，帶來豐厚的經濟效益，久而久之，沒有了新的東西，或者說只是老東西的重現，審美的疲勞，必然會導致經濟收益效益的下降，帶來了生存的危機。

另外，由於文化的開放，外國的色情業進入中國，成為新的社會污染源。當時有人作詩《燕京雜詠》，其一云：「金粉飄零燕子磯，空梁泥落舊烏衣。如何海外鸕鶿鳥，還傍華林玉樹飛。」蓋指東西洋娼妓雜居內城者而言也。自光緒辛丑和議以後，京師禁令大開，東單牌樓二條胡同第一樓者，初為日本娼僚所在，馬櫻花下，人影憧憧。繼而改為西娼，門前遂漸冷落。〔註17〕

類似這種情況，在清末民初的上海、天津、廣州等沿海開放地方比比皆是，成為另外不同以往的一種民風俗景。「當光緒初年，外白渡橋有所謂三盛樓者，東洋茶室也。執役其中者均為彼邦二八妖姬，六寸圓趺不加束縛，高髻盤雲，粉裝替雪，亦覺別饒丰韻。入其中者納資一、二角，則春浮螺碧，板

子業贏，余誓仰臥通衢，任車馬之碾吾腹，死以謝子。如子業絀而吾業贏者，則何如。子若許余，同舟人皆可作證，即訂合同以從事，子意云何？」當張言時，英人瞠目弗語，不能置答。適船主自外入，與張酬酢，執禮甚恭。英人私詢之，如其為張也，亦謙和其詞色而謝之。

〔註17〕《清稗類鈔·娼妓類1》。

拍牙紅，索笑調情，了無慍意，若輪英蚨二翼，不難真個銷魂。故少年尋芳者，趨之若鶩，繼遍設英、法各租界」。〔註18〕

俗話說，海水帶來的不僅有魚蝦也有泥沙。而各國海洋文化的互相交往中，也同樣如此。

五、結論

清代的海洋文化中，還有一個十分突出的特徵，那就是海外往往成為大陸逃犯的避難所，在那裡生存之餘，也會成立會黨、進行融資、招募志同道合者、訓練戰士等等。關於這些內容，在徐珂的《清稗類鈔》裏，有各種各樣的文字記載，把當時海外社會百態做了各種形象的敘述。

廣東一帶的盜寇直接逃之美國舊金山，在那裡成立三合會。《清稗類鈔‧義俠類二14》就記載：粵寇之酋楊輔清，自徽州敗後，即出亡於美洲舊金山，為美洲三合會之鼻祖。

他們外逃的原因，就是為了逃避官府的追捕，有的逃亡美國，有的則逃亡日本以及東南亞國家與地區。很多強盜不得不逃亡海外，原因多種多樣，有時候迫不得已只能在外國長期居住、成為當地居民而生存。據《清稗類鈔‧義俠類二14》記載：鄭十六者，粵西盜也。重信義，輕財任怨，雄武有力，秘密社會中人以故多歸之，推為黨魁，化號劉義，隱以劉永福舊名自稱。然以武犯禁，不容於內地，於是率其徒投身海外，至荷蘭屬地之文島，傭作於吧叻工場。這裡的鄭十六就是廣東西部的盜賊，且又是反清組織裏的頭目，在國內無法生存下去，只好逃到「荷蘭屬地之文島」，一幫傭為生。由此可見，到了外鄉異土，他早已經沒有過去當頭目時候的傲氣與生存本領，只能委曲求全、苟延殘喘。

清末，以顛覆、反抗清朝政府的組織更是在國外，聯絡同道，宣傳會黨綱領，反對政府主張，由此而蓬蓬勃勃發展。《清稗類鈔‧會黨類2》宣稱：海外三合會，由中國本部黨員扶植其勢力於海外，不僅以傾覆政府為宗旨，貧病死喪亦互相援助，以是僑民欽其義，入會者益多。十九世紀之初，諸會員之自福建、廣東而至南洋群島者，每於其地犯法，或保庇犯法之人，殖民政府無如之何。且不僅因犯罪而騷擾，猶有因各公所會員屢起爭鬥者，必大經殘殺以後，始略鎮定。然固不抗叛殖民政府，即其政府起而鎮服之，亦不

〔註18〕陳伯熙《上海軼事大觀》第405頁，上海書店出版社2000年版。

違異，以其所懷思想雖為無政府主義，然不過自相爭鬪耳。

這種會黨利用海外的特殊的自然環境，遠離中央政權，聚集黨徒，宣揚革命，煽動抗拒，在《清稗類鈔》中記錄甚多，反映了清末社會、政治與文化的一個重要的內容與活動方式。

2021 年 6 月 13 日

第十二章　李福清與他的《東幹民間故事傳說集》

一、李福清是著名的漢學家

1. 著作頗豐

李福清，1932 年生於列格勒，1955 年畢業於列格勒大學東方系中國語文科，文學博士，原任俄羅斯科學院通訊院士，現任院士，俄羅斯科學院高爾基世界文學研究所首席研究員，是位著名的中國文學、中國文化的專家，他出版的中文著作有：《蘇聯藏中國民間年畫珍品集》（1990）、《古典小說與傳說（李福清漢學論集）》（2003）、《中國古典文學研究在蘇聯》（1987）、《中國神話故事論集》（1988）、《海外孤本晚明戲劇選集三種》（1993）、《漢文古小說論衡》（1992）、《李福清論中國古典小說》（1997）、《關公傳說與三國演義》（1997）、《三國演義與民間文學傳統》（1997）、《古典小說與傳說（李福清漢學論集）》（2003）、《東幹民間故事傳說集》（2011）等。

我知道李福清是很早以前的事，久聞大名，但從未見過面，而真正認識李福清，是在 2004 年他與高爾基世界文學研究所的所長一起到上海文藝出版社來談《世界文學史》的中文版出版事宜，當時他送給我們三四本他出版的中文書籍，其中一本 2001 年出版的《神話與鬼話——臺灣原住民神話故事比較研究》印象最深。

第二次見面是在 2006 年 9 月 21 日星期四，李福清到上海，突然打電話給我說，他到上海開會，想要大家見個面。我就叫上幾個好朋友如上海大學社會學系教授耿敬、上海社會科學院蔡豐明等下午趕去他住的賓館。李福清

的漢語水平與淵博知識，給我們留下深刻印象，臨走時，我們還拍照留念。以後在北京劉錫誠家裏也陸續見過李福清。他給人的印象是永遠精神飽滿，眼睛炯炯有神，一說起中國民間故事，就滔滔不絕起來，像有說不完的話，可知他是多麼熱愛中國的一位俄羅斯學者。

2. 善於學習

李福清是一位著名的漢學家，同時也是個善於學習的人，而且不恥下問，吸收新的文化理論，並融入自己的學術中間。

鬼話是中國民間文學的一種文學體裁，是與神話、笑話、童話相併列的故事形式。關於這一點，早在 90 年代中國的學術界產生影響，李福清認可這一觀點，並在他的著作裏運用，他說：「除了上述的三種文體（即神話、傳說、民間故事）之外，還有一類鬼故事，大陸學者稱之為』鬼話』。」（見李福清《從神話到鬼話》第 44 頁）

由於李福清在臺灣期間，採集、研究原住民故事，發現其中存在大量鬼神故事，特別是鬼故事，這引起他的思考：

有關鬼的故事實際上與神話、傳說、民間故事、仙話都不同，是民間文學的一個特殊門類。如有的民族有特殊的名稱，如俄羅斯民間稱為 bylichka，意義是真事故事，非虛構的小故事，即與非真實的民間故事不同。德國學者稱為「DamonologischeSagen」或「Geister Geschichte」即「鬼話」。中國大陸最近把這類故事稱為「鬼話」，以為「是以鬼為軸心的散文性的敘事作品，或者，亦可以簡言之，鬼話是關於各種鬼的具有傳承意義的故事」這個定義還可以補充：鬼話與迷信有密切的關係，雖在較原始社會迷信與其他信仰不易分，但這類故事與惡鬼（惡魂）都有關，人怕各種惡鬼是這類故事的思想基礎。鬼話與傳說故事不同，鬼話一般敘述的不是以前發生的事情，而是現在發生的，講述人彷彿自己看見的事情，或看見鬼的人自己告訴他的。

鬼話一般指真的地名，真的人名，這類故事在獵人或漁人間特別流行，因為獵人到山上的樹林去狩獵，漁人去到無人水面，林之神秘或水的神秘特別促進鬼話形成的。鬼話與民間故事不同，民同故事，尤其神奇故事、動物故事有較固定的結構與較固定的情節，鬼話無固定的結構與情節，所以沒有列入 Aarne-Thompson 編的《民同故事類型索引》。文化最原始、極簡單的澳洲土著沒有什麼鬼話，比他們發達一步的美拉尼西亞人中已有較古樸的鬼話之類的故事。但要注意如有人講他怎麼見鬼，他敘述的故事常受到神話觀影

響，因而模仿神話組織鬼故事。

研究中國鬼話的徐華龍先生提到鬼話發展的形式和鬼話的發展歷史，經過三種形態的演變：一是原生態，產生於人類早期，主要表現於對自然現象的恐懼，因此這時鬼話中形象大都具有自然界中的動植物及其他物體的屬性。二是衍生態，產生於階級出現的前後，主要表現為鬼與神並行於世，也可稱鬼，又可稱神，或者亦稱鬼神，鬼話於神話難以分隔開來，如大陸西南少數民族中的某些原始散文性作品就存在這種現象。三是再生態，主要指鬼話作為一種獨立的藝術形式而出現，已脫離了與神話的關係，主人公大都變成為陰府中的形象，而且這時鬼話領域大為擴展，吸收了佛教、道教的文化因子，形成了新的鬼的觀念和地獄之說。徐華龍先生的結論雖有道理，但是完全正確則待考。〔註1〕

就在 2004 年 11 月李福清到上海來，我們第一次見面時，還與我談起，是他用了我的鬼話的概念，還說，他的《從神話到鬼話》已經在（北京）中華書局出版了。使我感動非常意外，如此世界級的著名學者，如此器重後學的一種新的概念，並一見面就表示感謝，真使我十分感動。鬼話作為一種民間文化的學說概念的提出，在中國並沒有引起很大的反響，但是在韓國、日本等國際學術界上卻有一定的呼應，而李福清在《從神話到鬼話》裏的大段對鬼話的論述及補充就是明證。

二、《東幹民間故事傳說集》是收集民間故事的範本

《東幹民間故事傳說集》是李福清熱愛中國文化的一個集中表現。他與中國文化的相遇，首先是就從接觸東幹族文化開始的，或者可以這樣說李福清學習中國文化最早接觸到是住在吉爾吉斯的東幹人傳承的中國民間故事和歌謠，而這些樸實、真實的具有中國本土文化的特質，對於李福清來說，也是他最喜愛的中國民間文藝的樣式，特別是民間故事，更花費了他大量的精力與時間，才形成這樣一本被世界上許多國家所認可的民間故事經典價值的範本。

作為一種範本，首先必須要做到的是深入調查，獲取大量第一手資料，才能夠對東幹民間故事的深刻理解。幾十年來，李福清為了得到東幹民間故

〔註1〕 李福清《從神話到鬼話——臺灣原住民神話故事比較研究》，晨星出版社 1998年版，第 244～245）第六篇《鬼話》。

事，經常深入東幹地區，專心搜集東幹族民間故事的口頭資料，進行忠實記錄，無法記錄的地方，用拼音來表示。這樣增強東幹民間故事的科學性與可信度。

另外，李福清在記錄民間故事的同時，還注意每篇東幹族民間故事的相關材料進行梳理，為每篇故事寫附言，並且對每個故事講述者進行身份認定及其歷史考察，以致可以全面的更好的理解每篇故事。

第三，更可貴的是，李福清並沒有停留在民間故事的講述層面，而是通過自己的研究，進行解讀其中包藏的歷史、文化以及中國小說的發展軌跡。例如他記錄《白袍薛仁貴》，進行比較分析之後，發現這一故事的形式發生很大的變化：先由民間故事，通過專業人員的再創作變化成為平話、小說，再從評書、小說返回到民間流行，變化成為故事的一個文學史的循環過程。

東幹民間故事傳說集。這不是一般的民間故事集。這些故事是他們的祖先從甘肅，陝西帶來的，不少故事現在在西北失傳了。這些民間故事，在口傳過程中，發生了某些變異，研究這些故事，加以比較研究，可以揭示中國文化在中亞的傳承與變異。東幹人用東幹話（在甘肅陝西方言基礎發展的，口語有不少各種外來詞，但講故事完全沒有，他們的話保存不少 19 世紀詞彙。從 1950 年代他們用拼音（俄羅斯之字母）出版報紙、書籍。這本集中故事也用俄羅斯字母拼音紀錄的。一部分用東幹話出版的，大部分只用俄文翻譯發表的。這次李福清從東幹話原文稿子轉寫漢字，有的直接從東幹地區搜集了他們的民間故事，所以保存他們傳統的語言味道。這是第一次在中國出版的東幹民間故事集。這本民間故事不只是故事愛好者可以閱讀欣賞，而且民間文學家、語言學家也可以從中找到可以利用的有關資料。

《東幹民間故事傳說集》雖說是一部十分經典的民間故事著作，但從來沒有在中國出版過，但在俄羅斯卻很受歡迎。1977 年李福清與兩位東幹學者合作，選編了《東幹民間故事傳說集》，由莫斯科科學出版社出版。這一東幹民間故事集一經出版，七萬五千本馬上賣光。捷克把一部分故事為兒童改寫了，在布拉格出版。德國、以色列都翻譯了東幹民間故事，美國也翻譯了第一個故事與情節比較研究，海據說日本正在翻譯，並在《中國民話之會通信》雜誌連載。越南，德國早把東幹民間故事及其比較研究文章翻譯成為文獻資料，提供有關研究者參考。東幹民間故事出版以後，俄羅斯、德國還發表了各種書評，給予贊許。

目前國內還沒有像《東幹民間故事傳說集》的收集與研究相結合的圖書，值得我們民間故事研究者進行認真參考與學習的範本。對於保護我國境內的民間故事的流傳與發展，提供了許多有益思路和新的研究方法。

2009 年我在申報《東幹民間故事傳說集》選題的時候，由於沒有看到書稿，就報了個《中亞東幹傳統民間文學及其傳說故事》，這是李福清幾次與我談及的內容，我也一直認為是這樣的理論著作。原以為一個理論書稿比較容易通過。誰知道發稿後才發現，與書稿相差甚遠，只好改為現在的書名。

事實上，一個真正好的民間文學選本，也需要在研究的基礎上進行選擇的結果，特別是作為一個民間文學的研究者，其選本的要求則更高。而《東幹民間故事傳說集》就是這樣的讀本。

李福清對這些東幹民間故事，不僅爛熟於心，而且深知其來龍去脈。早在 1958 年在蘇聯科學院《東方學所簡報》發表的《韓信傳說──東幹人流行的中國歷史傳說之一》，是他田野記錄與書面材料作了比較的研究文字。

同樣在《東幹民間故事傳說集》裏，我們也可以看到李福清對於民間故事的嚴謹態度：一是情節研究。作者對每個故事進行情節比較研究，把東幹故事與漢族，維吾爾族，蒙古族，朝鮮，日本故事做比較，並且用故事類型索引等方法進行解剖、分析，使得讀者瞭解故事的來龍去脈。要做到這一點，需要廣博的歷史文化知識，以及科學、專業的研究方法。這樣的比較研究，在中國研究者很少有人這樣做過。一是故事家介紹。書裏還列有每個故事家的小傳，這對研究東幹民間故事提供立體的素材。從這裡可以看出會講故事的不僅有普通老百姓，也有高級知識分子。如《為啥狗吃麩子呢，人吃麵呢》的講述者是楊尚新·尤素普，而他是個高級知識分子。「楊尚新·尤素普：生於 1908 年，卒於 1999 年，吉爾吉斯共和國科學院東方學研究所的高級研究員，語文學副博士，東幹語詞典的編著者，知道很多的諺語和順口溜。從他那裡採錄到的故事有《狗為什麼吃麩子》」。這在某種程度上，打破了知識分子與民間故事講述無緣的潛規則，或者說民間故事只能是不識字階級的專利，只是一種偏見而已。

三、東幹民間故事的特點

在《東幹民間故事傳說集》中，表現出的特點有三個：

東幹族，是 130 年前陝甘回民起義失敗後於 1877 年遷居中亞的華人後

裔，現已發展到 10 萬餘人，主要集中在吉爾吉斯斯坦、哈薩克斯坦、烏茲別克斯坦三國。但是他們並沒有因為離開中國而放棄中國老百姓所講述的故事，相反的是由於地域的封閉、娛樂的缺乏等關係，就能夠將中國的民間故事保留下來，而且還能體驗到一百多年前其民間故事的韻味。

一是故事的完整性。

在現在所看到的《東幹民間故事傳說集》裏，絕大多數的故事作品都非常完整，起承轉合，人物、情節都交代非常清楚。有的民間故事雖然短小，但其故事依然完整。有的故事長達 2 萬餘字，也沒有多餘的敘述，如《鐵拐李》、《毛大福看病》、《薛葵兒》等就是例子。

本書分為神奇故事、生活故事及傳說與話本故事，都是傳統民間故事。除了在保存原來故事的原貌外，也有的做了一點加工，而這種加工是十分小心、謹慎的。「由於是原始的口語記錄，因此在故事的講述過程中一些說法稍嫌囉嗦，也有很多句子不甚規範或不太好理解，但為了保持故事原有的語言風格，並沒有做大的改動和加工，僅極個別句子結合上下文做的成分的補足，並將補足部分放在了括號中，以示區別。另有個別句子明顯有不通順的，在後面括號中加了些必要的字詞，以方便理解，多數保留原樣，只是在注解中解釋了意思。」〔註2〕這種對於民間故事進行適當補綴的做法，是嚴謹的，增加了故事在流傳中的遺漏所造成的不完整。但是更多的是一種謹慎。例如在《瓜女婿》：

> 瓜女婿可說著：「那個舀水的葫蘆也朝水裏壓不進去。」（據上下
> 文，此處疑缺部分內容）「你姐夫說白人是陰涼坡裏陰下的。」〔註3〕

這裡，看上去，故事稍顯不完整，但是這是一種真實的狀況，是民間口述文學的特點，如果隨意任意刪添，則是一種不負責任的態度。

二是人物的豐富性。

這是東幹民間故事所表現出來的第二個特點。

以《程老虎賣抬把子》為例：

> 咬金一看，嘿嘿的一陣冷笑，就把胳膊十幾吊錢給窗子嘩啦一
> 下扔出去了，把大衣裳脫下來，往旁邊兒一放，對臺一推，把桌子
> 一翻，雙手抓的桌子腿，一劈，就聽的「唪嚓」一聲，劈下兩條桌

〔註2〕李福清《東幹民間故事傳說集》第 371 頁，上海文藝出版社 2011 年版。
〔註3〕李福清《東幹民間故事傳說集》第 197 頁，上海文藝出版社 2011 年版。

腿子來，雙手往上一舉，「唔呀」喊了一聲，說的：「好小子們，你
們太歲頭上動土，在老虎嘴裏拔牙！你程大太爺出世以來，憑的打
架吃飯，你們過來吧，叫你們知道大爺爺的屬害！」〔註4〕

這裡，將程咬金嫉惡如仇、行為大膽、不計後果的性格特徵表露無疑。其敘
述方式，很明顯帶有評話性質。

　　民間故事不僅要講故事情節，而更重要的是描寫人物的行為、動作、外
貌、性格，只有這樣才能夠出現生動、活生生的藝術形象。在很多情況下，民
間故事講述的故事，而不是人，但是在《東幹民間故事傳說集》裏，看到的是
故事與人物都是栩栩如生的完美結合，不能不說是李福清抓住了民間故事的
根本，再現了民間故事的真實與魅力。

　　三是承襲漢民族民間故事的傳統。

　　東幹民間故事與漢族民間故事緊密相關，一方面人們流傳著漢民族的民
間故事，另一方面他們在講述的同時，也加入了自己民族的情感與認識，因此
形成東幹特有的民間故事。這種民間故事既有漢族的文化，同時也有東幹民族
的文化，這兩種文化的交融，從而誕生了新的具有東幹民族色彩的民間故事。

　　在這其中，有神怪故事，如《西瓜》、《鐵拐李》；俗語故事，如《人心不
足蛇吞象》、《雪裏送炭》、《害人就是害自己》等；歷史人物故事，如《黃天
霸》、《薛仁貴》、《韓信三旗王》等；神奇故事，如《張大傑打野雞》、《老漢帶
老婆子的七個女兒》、《後娘》、《兄弟們》等。還有一些類型故事，如呆女婿故
事《怕婆娘》、《瓜女婿》、《嫌蒼蠅》等。另外聰明妻子的故事在民間頗多流
傳，也屬於一種類型故事，在《東幹民間故事傳說集》也有所見。如《公雞的
蛋》：

　　一個老爺給自己的衙役吩咐了：「你給我找兩個公雞的蛋，我要吃它。給
你訂三天的期，要是過三天你拿不出來，我要（往）死打你。」衙役憂愁下
了，說：「這個東西我在哪裏找去呢？」回去也不吃飯，也不喝茶，也不說話。
他的婆娘問他：「你為啥憂愁著呢？」他不言傳。婆娘可問了。他說：「唉呀，
老爺叫我找給他兩個公雞的蛋呢，從這個事我憂愁著呢。」婆娘給他說：「你
別害怕，三天過了，我去到老爺跟前。」三天過了，她到了老爺跟前。老爺問
她：「你做啥來了？你的男人呢？」婆娘說：「老爺，我的男人養了娃了。」老
爺說：「你沒有臉的女人！誰見了男人能養娃？！」婆娘也問他：「哪一個公

〔註4〕李福清《東幹民間故事傳說集》第284頁，上海文藝出版社2011年版。

雞下蛋呢？」老爺就沒有說的話了。〔註5〕

四是獨具地方特色的語言。

語言是文學作品的生命，沒有好的語言就沒有作品的立命之本。特別是民間故事如果沒有地方特色的語言來表述，更難以準確表達故事的情景，也難以再現人物的性格與形象。

在《東幹民間故事傳說集》裏，保留了一百多年前的甘肅一帶的民間方言，在《故事情節比較研究》中，李福清很注意方言的記錄，如49號故事是用「陝西方言」（第472頁），54號故事用「甘肅方言」（第474頁），28號《禿子》用的也是「陝西方言」（第460頁）等，這些故事的注明為方言，就能夠更好更真實地保留了原汁原味的東幹民間故事的韻味。

有的地方，無法用準確的漢字來表達，就用拼音字母來注音，這樣就更好地表達出東幹方言的韻味與特色。有的地方，則用加注的方法。如《韓信三旗王》一開頭就說：

> 早前的漢朝的時候有一個韓信呢，他（是）讀下書的人，可是他的心到來寒的很，壞的很。到人們上沒有一個幹下的好事情，黑明給人們找一個麻達呢。兒的這個哈事情把娘老子也發忙敗哩。

其中「寒」、「麻達」、「發忙敗」就必須要加以注釋，否則很難弄懂。「寒」指「壞得很」。「麻達」指「麻煩」。「發忙敗」指「整得忙壞哩，氣得夠嗆」。

由於方言的關係，也給讀者帶來一些不便。李福清也知道這一點。他說：「這本書與中國出版的各族民間故事集不同，保留了東幹話原文的味道。不是一般的普通話。希望讀者可以接受，也希望對語言學家提供不尋常的語言研究材料。」〔註6〕

在東幹民間故事裏，為了保留東幹的方言俗語。俗語如「害人害自己」、「雪中送炭」等；「路遙知馬力，過後見人心」，是漢族「路遙知馬力，日久見人心」的翻版；還有農諺「二月二龍抬頭」等。在漢族一般說「人心不足蛇吞象」，但在東幹話裏：卻說為「Tang心不足，吸太陽」。Tang是神話動物，有人說是一種龍，另一個說法是類似獅子。《中亞回族口歌和口溜兒》中第二部分83頁寫「貪心」，但是東幹話沒有貪這個詞，所以他們以為這是動物。〔註7〕其實，

〔註5〕李福清《東幹民間故事傳說集》第198頁，上海文藝出版社2011年版。
〔註6〕李福清《東幹民間故事傳說集》第41頁，上海文藝出版社2011年版。
〔註7〕李福清《東幹民間故事傳說集》第19～20頁，上海文藝出版社2011年版。

「貪心不足蛇吞象」，在漢族中間也有同樣的俗語流傳。

《東幹民間故事傳說集》有許多民間語言，與李福清掌握大量的東幹民間語言是分不開的：

東幹人有很多老諺語，稱 kuger 與 kuliur。中國有人用漢字寫成口歌兒（參見香港教育出版社 2004 年出版的《中亞回族的口歌和口溜兒》），我以為不妥當，大概是口格兒（雖然歌是第一聲，格第二聲，但東幹話平聲沒有分陽平與陰平）。kuliur 是口溜兒。50 年代我採錄了大約兩百五十個東幹人說的諺語。也有全國性的，中國人都知道的，如「三人合一心，黃土變成金」東幹話只有一個數詞「個」，說一個桌子，一個椅子等，所以不說一條心，但有時在諺語保留其他數詞。或「大家拾柴，火焰高」，也有較少說的：「千買賣，萬買賣，不迭地裏翻土塊」，「能給好心，不給好臉」，「賊偷賊，不虧誰」，「千里路上趕個嘴，不迭家裏喝涼水」，「媳婦兒要當婆，還待三十年磨」，「板凳狗娃兒上了糞堆裏，不知道高低哩」（毫無用處的人偶然當大官了，馬上驕傲起來）等。〔註8〕

此外，李福清還收集了東幹的笑話、滑稽話、謎語等，也都極大地豐富了東幹民間故事的語言，同時也更加深刻地瞭解東幹民間故事的文化內涵。

2012 年 10 月 11 日星期四

〔註8〕李福清《東幹民間故事傳說集》第 18～19 頁，上海文藝出版社 2011 年版。

第十三章　紀念徐光啟的現代意義

　　徐光啟生於 1562 年 4 月 24 日，卒於 1633 年 11 月 24 日），字子先，號玄扈，上海人，萬曆三十二年（1604）進士，官至禮部尚書兼東閣大學士、文淵閣大學士，死後被賜諡文定。他是中國著名的農學家、軍事家、科學家，也是上海歷史上重要的代表人物之一，同時他也是一個有海外背景的人。

　　徐光啟與上海徐家匯有著很深的淵源關係。徐氏祖上居住在蘇州，後遷至上海。徐光啟的祖父由於經商有道而致富發家，但至其父親徐思誠的時候才家道中落，轉為務農。1562 年（嘉靖四十一年），徐光啟出生於太卿坊（今上海市南市區喬家路）。少年時代，他曾經在龍華寺讀書，由於刻苦學習，成績優秀，19 歲時（1581 年）考中秀才。隨後，徐光啟在家鄉教書，並娶本縣吳氏女為妻。徐氏家族在肇家浜、法華涇處有田地，還有一所農莊別業。1607 年（明萬曆三十五年），徐光啟將此地作為其父親的墓地，並在墓旁結廬守制。到了晚年，徐光啟在這裡一直生活了 20 多年，死後還安葬在徐家匯，可見其對此地的感情有多麼深厚。1633 年徐光啟故世後，徐氏一部分家族遷居到這裡，形成了徐氏大家族的聚居的地方，徐家匯因此而得名。1983 年上海市人民政府將其墓地所在的原南丹公園改名為光啟公園，並塑像立碑，用來彪炳徐光啟對社會、歷史、經濟、農業以及文化的巨大貢獻。

　　如今徐光啟已經過世近 400 年，現在來紀念他，還是有很多積極的社會意義的。

一、努力刻苦的學習精神

　　徐光啟在青少年時代，喜歡學習，聰慧活潑，當時人們說他「章句、帖

括、聲律、書法均臻佳妙」，冬天喜歡登上城樓觀雪景，在龍華寺讀書時，喜登塔頂，「與鵲爭處，俯而喜」，表示出一種想得到自然知識的渴望。

徐光啟在他一生裏，不僅努力地學習，而且還撰寫和編譯了大量的科學著作。例如：1603 年《毛詩六貼講義》4 卷、1607 年《幾何原本》前 6 卷（與利瑪竇合譯）、《測量法義》（與利瑪竇合譯）、1608 年《測量異同》、《甘薯疏》，1609 年《勾股義》，1611 年《簡平儀說》，1612 年《泰西水法》（與熊三撥合譯），1613 年～1618 年《農書草稿》（北耕錄），1614 年《定法平方算數》2 卷、《刻同文算指序》，1619 年《考工記解》、《選練條格》，1620 年《農遺雜稿》5 卷，1625 年～1628 年《農政全書》60 卷，1627 年《徐氏庖言》5 卷，1629 年～1633 年《崇禎曆書》137 卷。

徐光啟之所以能夠寫出這些科學著作，就在於善於學習，雜採眾家之長的精神是分不開的。正是由於有這樣的精神，他勤於諮訪，不恥下問，破除陳見，親自試驗，才有了與眾不同的學術考量和科學證據。因此，有人說，徐光啟「於物無所好，唯好經濟，考古證今，廣諮博訊。遇一人輒問，至一地輒問，聞則隨聞隨筆。一事一物，必講究精研，不窮其極不已」，這是完全正確的結論。

如今是一個知識更新的時代，要學習的東西很多，這就需要向徐光啟那樣，勤奮努力地學習，不斷地充實自己，提高適應社會進步和發展的能力和水準。

二、不斷追求的進取精神

徐光啟在他仕途上，有不斷追求、進取的精神，主要表現在他入朝做官，為國效力，雖然有時遭到他人的非議，去官歸田，一旦朝廷再用，還是依然為皇帝出謀劃策，奉獻自己的智慧和能力。

另外一個不斷追求的進取精神，則表現在他對農學、數學和天文學方面都有重要貢獻，其中特別農學。徐光啟對農業科學研究也很有興趣，他不管在家鄉還是在異地，都常常參加農業勞動，邊勞動邊做實驗，日積月累，有了很多的體會和觀察，就把平日的研究成果寫下來，撰寫農學著作，著有《甘薯疏》、《吉貝疏》、《蕪菁疏》、《代園種竹圖說》、《北耕錄》、《農遺雜疏》。

其中最著名的一本書，名叫《農政全書》。徐光啟在 1625（天啟五年）開始撰著《農政全書》，1632 年入閣參與政務後仍積稿隨身，不斷補充，甚至在

病中還執筆不休。遺稿經陳子龍修訂，於崇禎十二年（1639）刊行，共有 60 卷 50 多萬字，對我國的農具、土壤、水利、園藝等技術，都有詳細記載，為後世留下了寶貴的農學遺產。

在《農政全書》中，除了引錄了 229 種古代和同時代的文獻之外，徐光啟自己寫作的大約有六萬多字。他不僅「雜採眾家」，對大量材料進行了分類匯輯，而且「兼出獨見」，加了不少評注，表明了自己的見解。全書分做十二門，包括農本、田制、水利、農器、農時、開墾、栽培、蠶桑、牧養、釀造、造屋、家庭日用技術以及備荒救荒（荒政）等方面。

徐光啟不斷追求的進取精神，還表現在敢於推翻傳統的偏見。他在編撰《農政全書》以前，還寫了一部農學著作《甘薯疏序》。從中也可以表現出徐光啟在引進甘薯種植上，所表現出來的不斷進取、反對保守的精神。甘薯，也稱做山芋、番薯、紅苕等，是旋花科的一種食用植物。經過長期栽培實踐，證明它是單位面積產量特別高的糧食作物，而且具有耐旱、耐瘠、耐風雨、抗病害力強的特性。它的原產地在美洲中部，到 16 世紀 70 年代（明萬曆初年即公元 1573 年或稍後）才由呂宋（今菲律賓）引種到我國南部沿海地區普遍種植。當甘薯在閩、浙開始番殖時，徐光啟就認定了這是一個益處極多的糧食作物新品種，託人傳送了甘薯種到家鄉上海來種植，效果很好，因撰寫《甘藷疏》一書，大力鼓吹在江南地區普遍種植。他在《甘薯疏序》裏說：「歲戊申，江以南大水，無麥禾，欲以樹藝佐其急，且備異日也，有言閩、越之利甘藷者，客莆田徐生為予三致其種，種之，生且蕃，略無異彼土。庶幾載橘逾淮弗為枳矣。余不敢以麋鹿自封也，欲遍布之，恐不可戶說，輒以是疏先焉。」《甘薯疏序》不僅介紹了這個作物新品種的益處和種法，更主要的是表現了徐光啟對農業生產的一種先進思想，鼓勵人們積極向大自然作鬥爭的精神。當時人們大多固執地相信一定的作物只和一定的土壤、氣候有聯繫，倘若易地栽植，不是發育不良，就會種性改變。這種不全面的看法在大地妨礙了高產作物的推廣種植。徐光啟堅決反對這種保守思想，他認為由於人力的措施，也能培育植物的適應性。這種「不敢以麋鹿自封」的表白，充分地說明了徐光啟不斷追求新事物，敢於推翻傳統見解的精神。

三、學習西方先進的科學知識

西方的科學在近代有了長足的發展，在許多方面超越了中國，如果要發

展自己，就必須學習、利用西方的科學知識，來為自己的國家服務。但是在閉關鎖國的明代，並不是所有的人都能夠知道這樣的道理。

而徐光啟對西方來的文化的科學，抱著滿腔的熱情歡迎它，而不是鄙視拋棄它，完全沒有當時社會上普遍的傳統偏見。他聽說到中國來傳教的耶穌會會長利瑪竇精通西洋的自然科學，就到處打聽他的下落，1600年，他得到利瑪竇正在南京傳教的消息，即專程前往南京拜訪，想當面向他請教。因為他知道，利瑪竇的自然科學修養還遠遠要超過當時的知識分子，只有利用西方自然科學知識，才能夠彌補中國傳統科學的不足。

他除了認真學習西方的科學知識之外，還親自與利瑪竇等人合作翻譯了歐幾里得的《幾何原本》前6卷。大家都知道，在我國古代，這門數學分科並不叫「幾何」，而是叫作「形學」。「幾何」二字，在中文裏原先也不是一個數學專有名詞，而是個虛詞，意思是「多少」。第一次把「幾何」作為一個專業名詞來使用的，就是徐光啟。《幾何原本》的翻譯不但介紹了新的幾何學知識，而且引進了一個嚴格論證的邏輯方法和數學思想，對中國數學的發展很有影響。另外在許多數學上的專門名詞和術語，如幾何、點、線、面、平行線、鈍角、銳角、三角形、四邊形等等，都是由他首先使用，並沿用至今。趙爾巽等《清史稿》卷五百六《列傳》二百九十三：「杜知耕，字端甫，號伯瞿，柘城舉人。精研幾何，以利瑪竇、徐光啟所譯幾何原本復加刪削，作幾何論約七卷，後附十條，則知耕所作也。」這是徐光啟學習西方的科學技術的一個典型範例。

在天文曆法上，徐光啟還介紹了古代新舊地心說，介紹以第谷的新地心說為代表的歐洲天文知識。由於明代以來使用的《大統曆》，屢出推算差錯，造成天文預報錯誤不斷，徐光啟力主按歐洲方法做的預報，取得較好的效果，博得很大的名聲。崇禎皇帝授權他組織曆局，進行曆法改革。徐光啟會通當時的中西曆法，主持編譯了46種137卷的大型圖書《崇禎曆書》。先後聘請耶穌會士鄧玉函、羅雅谷、湯若望參與編譯工作。在曆書中，他引進了圓形地球的概念，明晰地介紹了地球經度和緯度的概念。他為中國天文界引進了星等的概念，其中還包括歐洲古典天文學的理論、儀器、計算和測量方法、基礎數學知識以及天文表的編算使用方法等。在他主持曆局期間，進行了許多天文教育和介紹歐洲天文學知識的工作。引進了歐洲式的象限儀和紀限儀等古典儀器，以及望遠鏡。安排了星表測定、日月食觀測和五星位置觀測等

觀測計劃。曆局根據第谷星表和中國傳統星表，提供了第一個全天性星圖；在計算方法上，徐光啟引進了球面和平面三角學的準確公式，並首先作了視差、蒙氣差和時差的訂正，編測了使用歐洲度量單位的星表，為以後星表的製作打下了基礎。

根據張廷玉等撰《明史》卷九十八《志》第七十四記載：徐光啟《崇禎曆書》一百二十六卷（《曆書總目》一卷，《日躔曆指》四卷，《日躔表》二卷，《恒星曆指》三卷，《恒星圖》一卷，《恒星圖系》一卷，《恒星曆表》四卷，《恒星經緯表》二卷，《恒星出沒表》二卷，《月離曆指》四卷，《月離表》六卷，《交食曆指》七卷，《交食表》七卷，《五緯曆指》九卷，《五緯表》十卷，《測天約說》二卷。《大測》二卷，《割圓八線表》六卷，《黃道升度表》七卷，《黃赤道距度表》一卷，《通率表》二卷，《元史揆日訂訛》一卷，《通率立成表》一卷，《散表》一卷，《測圓八線立成長表》四卷，《黃道升度立成中表》四卷，《曆指》一卷，《測量全義》十卷，《比例規解》一卷，《南北高弧表》十二卷、《諸方半晝分表》一卷，《諸方晨昏分表》一卷，《曆學小辯》一卷，《曆學日辯》五卷。崇禎二年敕光啟與李之藻、王應遴及西洋人羅雅谷等陸續成書。）可見其規模之大，涉及面之寬，令人驚訝。

四、愛國愛家的高尚情操

徐光啟愛國愛家的高尚情操的產生是與幼年時期，其家鄉屢遭倭寇蹂躪分不開的。他在寫給焦竑的一封信中說：「（光啟）少嘗感憤倭奴蹂踐，梓里丘墟，因而誦讀之暇稍習兵家言。時時竊念國勢衰弱，十倍宋季，每為人言富強之術：富國必以本業，強國必以正兵。」（《徐光啟集‧覆太史焦師座》從這封信裏，我們可以看到對倭寇的痛恨和對家鄉的熱愛。正因為如此，他要在閑暇之餘讀閱「兵家言」，時時刻刻關心國家的興衰。

《明史》卷二百五十一《列傳》第一百三十九：「未幾，熹宗即位。光啟志不得展，請裁去，不聽。既而以疾歸。遼陽破，召起之。還朝，力請多鑄西洋大炮，以資城守。帝善其言。」所謂「遼陽破」，指的是明天啟元年（後金天命六年，1621）三月十三日後金佔領瀋陽城一事。遼陽是東北的首府，瀋陽是它的屏蔽，瀋陽一失，遼陽岌岌可危。明廷為保住遼陽，調集了附近營堡的兵將，挖了三四層城濠，引太子河水注濠，環城列炮把守。三月十八日後金發兵攻遼陽。在後金兵的進攻下，明軍向城內敗退，人馬擁擠、踐踏及墮水而死

者極為慘重。二十一日城破。後金先後攻佔瀋陽、遼陽，遼河以東大小 70 餘城都迅速降服。過去的戰爭，還僅僅停留在挖水溝來沖淹敵人，而徐光啟看到了這種方法的落後，「力請多鑄西洋大炮，以資城守」是很有遠見的。

徐光啟愛國愛家的高尚情操表現之一，就是重視軍事科學技術的研究。1620（萬曆四十八年）二月，徐光啟撰寫了《選練百字訣》、《選練條格》、《練藝條格》、《束伍條格》、《形名條格》（列陣方法）等，這些「條格」，成為訓練新軍的基本方法，也是重要的軍隊的條令和法典，也是我國較早的一批條令和法典。

徐光啟愛國愛家的高尚情操表現之二，就是注重對士兵的選練，他提出了「選需實選，練需實練」的主張。他認為只有精兵，才能強兵。欲得精兵，應該做到實選實練。用兵之要，全在選練。選，應以勇、力、捷、技為標準，精求可用之兵，並分別等第。練，分練膽、練藝和練營陣等。徐光啟提出區別對待俘虜以瓦解敵人軍心的戰略思想，受到朝廷的重視。徐光啟愛國愛家的高尚情操之三，就是重視火器的發展，他認為「今時務獨有火器為第一義」（《與楊棋園京兆》）。西洋大炮「至猛至烈，無有他器可以逾之」（《欽奉明旨敷陳愚見疏》），要想戰勝敵人，獨有神威大炮一器而已。徐光啟主張積極引進和製造西洋大炮，並且認為，製造這些火器要求精，應該毫釐不差，其他武器裝備及設施，都要與西洋銃炮相稱，只有這樣，才能夠加強邊防、海防建設，防禦敵人的侵入。這些重視火器的發展思想，在他撰寫的《火攻要略》（火炮要略）、《製火藥法》等書裏都可以清晰地看到。當年，皇太極率領數萬人攻破大關口、從三面進逼京畿。崇禎皇帝兩次召集大臣，垂問方略，建立配備西洋炮等火器的車營，以戰為守，積極防禦的戰術。在徐光啟主持下，由傳教士率領的葡萄牙士兵帶領大銃到達涿州，協助防守。

大家知道，一個強大的國防才能夠使得國家不被外來勢力所侵佔，才能夠保證人民的生活安康幸福，因此建設強大的國家正規軍，發展先進的武器，是防禦敵人侵略的重要保證。徐光啟提出「富國必以本業，強國必以正兵」，主張「以精兵為根本」，引進先進的西方武器來加強國防，至今依然有著非常重要積極的作用。

當時明代海疆經常遭到倭寇的入侵，針對這種情況，徐光啟提出「來市則予之，來寇則殲之」，當然對於外來的入侵需要進行猛烈的回擊，但是還是可以與他們進行商業貿易，他認為只有同倭國進行貿易，才能靖倭、知倭、

制倭、謀倭。同樣，對北方的蒙古，他也主張應在邊界上加強武備，防其入犯，但也應積極地與其進行經濟往來和文化交流，只有這樣才能夠有和平的邊疆。

雖然當時的戰爭有民族之間的，也有其他國家來侵略的，兩者是不能同日而語，如今看來也是屬於不同的性質，從當時來說，徐光啟為了民族和國家的利益，提出了各種建議和意見，也反映了他對國家和人民的熱愛之情。

五、徐光啟的出現不是偶然的現象

徐光啟的出現，並不是一個孤立的現象，無論是他作為一個科學家，還是一個熱愛家鄉的個人，都有其一定的社會背景。

首先，在明代晚期，科學的成功層出不窮，一個又一個具有世界級別的科學成就出現，例如宋應星《天工開物》（1637），記載了大量領先於同時代西方的技術，如鋅銅合金的冶煉，蠶種雜交技術，提花織布機，煤礦瓦斯的排除等等。徐霞客《徐霞客遊記》（1610）裏面記載和研究了大量的地質學的現象，作者用自己親身的野外考察和研究來對自然現象進行觀察記錄研究，可以說是一部地質學的重要著作。朱載堉《律學新說》（1584年）裏的數學和聲學，也是全世界所公認。

其次，明代晚期，社會、民族矛盾十分劇烈，戰爭不斷升級，愈演愈烈，因此出現許多關於武器和軍事的書籍。茅元儀的《武備志》凡二百四十卷，廣採歷代有關軍事書籍二千餘種，完成於 1621 年（天啟元年）。全書分五部分，涉及立營、行軍、旌旗、軍械、戰船、火器、屯田、水利、河漕、海運、醫藥、馬匹、方輿、海防、江防、航海等軍事領域。這些軍事書籍的出現，同時也印證了當時社會的動盪。

第三，西方文化和西方文明的登陸，帶來了西方的哲學、神學、數學、科學等，使得中國這個古老的國土發生了深刻的變化。一批有思想有智慧的人看到了傳統的思想開始產生動搖，也看到了自己國家所存在的落後和差距，希望用西方的思想、科技和文明來改造社會，改造人們傳統的思想觀念，而徐光啟就是其中一個代表人物。

在這樣的情況下，明朝晚期的皇帝在內憂外患情況之下，不得不採納了徐光啟的做法和觀點，支持徐光啟按照西方自然科學知識重新修訂曆書、製造火器，這也說明朝廷對西方的先進技術或科學有著開放的態度，否則就不

可能誕生中國著名的科學家徐光啟。同時，我們接受西方的文化以及科學技術，要像徐光啟那樣，要與中國的現實結合，使之成為轉化成為具有中國文化、科學的一部分，這才是學習西方文化的真諦。

　　以上所說，就是今天紀念徐光啟的重要和現實的意義。

2007 年 10 月 24 日星期三

第十四章　中華民俗是連結海外華人的文化紐帶

一、民俗是一個民族的根

　　每一個民族都有自己的民俗，而這些民俗就是他們的生活方式。他們在社會和生產過程中，繼承和創造了屬於自己的風俗習慣，這些風俗習慣也就形成這一民族的特有的文化。人們創造了自己的風俗，也就非常忠實地遵循這些各種各樣的民俗，並且使得民俗成為家族和社會的行為規範，而不再超越這種制約人們行為和舉止的民俗規範。

　　中華民族在數千年的歷史發展長河裏，形成了許多符合自己民族歷史的有利於民族發展的風俗，如春節放鞭炮、清明節上墳祭祀、端午節吃粽子劃龍舟、重陽節登高、中秋節賞月等，這些都是中華民族的傳統節日。除了在節日方面有我們中華民族文化的特色之外，還有飲食、建築、方言、服裝（旗袍、唐裝）也都是非常重要的中華民族的文化標誌。

　　正是這樣長期形成的風俗習慣，使得生活在世界各地的華人都認可這樣的中華的文化，認同中華的民俗。無論他們是否已經加入所在國的國籍，也不論他們在海外生活了多少時間，中華民俗的情結始終縈繞在他們心頭，不會因為居住地是改變而發生變化。在美洲等國家，華人雖然採用美國、加拿大的名字，但還是保留中國姓。即使在印尼，好多華人改用了印度、阿拉伯、馬來姓名，但他們仍然保持原有中文名的第一個拼音字母。姓名是一個具有中華民俗文化的符號，華人一般不可能完全取消自己祖宗的姓氏。根據新加坡人口普查所得材料，華人的姓氏，有二百九十八個，其中有的以英文拼音，

就沒有辦法準確地查出華族姓氏數目，儘管如此，還有二百餘個姓氏，也就表示他們雖然生活在其他國家，自己祖先的姓氏並沒有被忘記。這也表示中華民俗的象徵意識深深地烙進了他們心靈深處，絕不會輕易忘卻的。

在某種特殊的情況下，華人在當地政權的強迫下被迫改名換姓，但是如果一有機會，他們還是要回了自己祖先的姓氏。這種情況在印度尼西亞華人的歷史上就曾經表現得十分強烈。這就是因為民俗是中華民族的根，這種民俗的根已經深深地紮在海外華人的心裏了。

中華民俗是一華人的根，還在於它是團結華人的工具。由於有了共同的民俗文化和民俗心理，在許多場合裏，人們會一同來舉辦祭祀和慶祝。媽祖是中國東南沿海和海外華人供奉的海上保護神。根據歷史記載，媽祖本名林默娘（960～987年），是生活在莆田湄洲灣畔的一個民間女子。相傳她聰明、勇敢、善良，有預知氣象變化、驅邪治病和泅水航海的本領，又常在驚濤駭浪中救助遇難的船隻，很受遠近人們的愛戴。宋雍熙四年（987年）重陽節，林默娘登上湄洲峰頂後，就再也沒有回來了。百姓傳說她在這一天「昇天」成仙，此後奉她為航海保護神。在民間信仰裏，媽祖是一位聖潔、善良、公平、正直的海神。後來她的職能被信仰她的人越來越神奇化，其神靈的威力也不斷擴大，其職能已不再侷限於海上護衛，已成了一位神通廣大、法力無邊的女神。無論是商人、手工業者，也無論是難產或其他疾病，她都能幫助人們排難解困。媽祖崇拜可說是中國福建最有代表性的民間信仰，她已隨著閩人的足跡傳遍中國海內外。據《世界媽祖廟大全》的統計，目前全世界已有媽祖廟近五千座，信士徒近兩億人。媽祖廟遍布新加坡、馬來西亞、香港、澳門、臺灣、日本、印尼、泰國等地，就連在巴西、加拿大、墨西哥等地的華人居留地，也有媽祖廟的蹤跡。在法國巴黎的「真一堂」更稱媽祖為國際和平女海神。在新加坡，媽祖也隨著本土化了。關於供奉媽祖的故事是這樣傳說的：百多年前，張家上祖兄弟的獨子犯罪被判死刑，上祖念在兄弟情分，叫他的一名兒子去頂罪。按當時的規定，行刑者會喝酒壯膽行刑，若半途酒醒無法繼續執行任務，剩餘的犯人便可免罪獲赦。處決前夕，一名婦女教上祖的兒子，行刑時排在隊伍的後方，將能逃過劫難。上祖的兒子照做，果然逃出。回家的路上，他路過一座廟宇，見廟內的一尊女神像與處決前夕所見的一模一樣。旁人告知那是媽祖，後來他便把媽祖像請回家供奉。媽祖救命之恩的故事就這樣在張家一代傳一代，到張欽硫已傳了五六代了。媽祖信仰

不但在血緣和地緣組織上發揮了團結的作用，它也在業緣組織上產生相同的功能。比如新加坡紅燈碼頭電船公會、新加坡摩哆船主聯合會、炭商公會以及其他與航海業、漁業相關的業緣組織都有祭祀媽祖。祭祀媽祖的廟宇，有的是南來華人移民子弟接受啟蒙教育的場所。1849年在福建會館天福宮旁設立的私塾崇文閣，就是一個很好的例子。

另外，中華民俗對海外華人的影響還表現在華人的住家布置方面。在華人的家裏，依然還可以看到與中國傳統文化相關的器物擺設，如太師椅、凳子、刺繡、木雕、竹雕、寶瓶、如意、長命鎖、中國結，以及各種各樣的圖案布置。在圖案方面有濃鬱的中國特點的吉祥圖案和吉祥物。吉祥動物有龍、鳳凰、麒麟、獅子、鯉魚、鴛鴦等；吉祥植物有牡丹、荷花、梅、蘭、竹、菊等。所有這些室內布置都顯示了中國文化的韻味。

這些民俗文化的表現都反映了民俗作為一個民族的根，不會一下子就消失在人們的生活裏，即使到了其他國度也不可能完全將傳統的民俗之根放棄掉。假如某一個人有意地屏棄傳統文化，但也不代表他就可以徹底地放棄傳統的民俗文化，至少在他的言談舉止裏會有意識無意識地流露出傳統民俗文化對他影響，這是任何從中國這塊土地上出去的人都無法脫離的民俗的根。

當然，民俗也是要變化的。既然民俗是根，那麼根與它賴以生長的土地是分不開的。或者可以這樣說，民俗的根生長在不同的地方會有不同的結果出現的，所謂南橘北枳的故事就說明了這樣的道理。中國的民俗被帶到了其他國家之後，就有可能使原來的民俗發生變化，或者說呈現的不完全是原生態的民俗文化，而有可能打上所在國家的文化色彩，這是一種文化的演變，而這樣的民俗文化的變化是逐漸的，有的時候還是極其緩慢的，這種緩慢的民俗變化的過程，也就使得原來的民俗文化得到了保存和延續。但是不管怎樣，民俗的變是最根本的，而不變才是相對的，同樣作為中華民俗到了別的國家就會有這一國家的印記，這是無可避免的事情，也正是這樣，才會有華人中流行的新的風俗，這就是華人生活的新的民俗文化。

二、中華民俗是海外華人的象徵

在海外的華人雖然在其他國家，但是並不因為人到了其他的國家，就將原來的民俗文化完全放棄，這是不可能的事情。民俗是一種深入骨髓的文化，不管你走到哪裏，也不管你到什麼國家，中華民俗的文化始終跟隨著華人的

生活，所有的華人生活和習慣都無法擺脫它的影響。正由於這樣，民俗就成為海外華人的標誌，也是說海外華人所表現出來的中華民族文化傳統，就成了海外華人的身份象徵。

在世界的任何國家，我們只要看到飛簷峭壁的唐人街牌樓、看到舞龍燈和舞獅子，就可以發現中國的文化傳統和中國人的風俗，就可以知道在這一個國家裏有華人的存在。因為這種風俗習慣是中國人特有文化標誌，很多地方都把這樣的民俗視為中國文化，所以這些風俗習慣也就因此成為具有典型意義的中國文化傳統。中國人將這些風俗習慣看著是自己的文化，而其他國家的人也一樣將這些民俗看著中國人的傳統文化，這是不會發生視覺誤差的文化，表現了中華民俗的獨特的個性特徵。這是東方文化與西方文化的有著巨大的文化差異，沒有這樣的差異就沒有文化的個性；即使在東方的文化中，中華民俗與其他東南亞國家的文化也有著許多不同的差別，這些差別有時非常之大，有時又很小，就是在很小的差別裏，中華民族的民俗文化的韻味也是其他國家的民俗所無法替代的，這也是中國民俗具有非常吸引人的地方。

中華民俗作為華人的象徵不僅表現在外在的形式上，也表現在內在的心理層面上。

所謂外在的形式方面，是指華人所進行的節日活動、穿著打扮等一系列視覺上發生感官作用的民俗事象。這些民俗事象也最能夠表現出中國文化的特色，其他國家的人也就能夠一眼可以看出其文化特徵來。春節是中國傳統的節日，已經有數千年的歷史，並且形成了一整套的民俗活動和民俗儀式，它是一最典型代表性的中華文化。但是在海外的華人要過春節，要將春節作為所在國家的公共假日也不是很容易的一件事情，其原因就在於春節是具有非常典型的中華文化的特徵。印度尼西亞就曾經禁止華人過春節，如在公眾場所舉辦舞龍舞獅等活動，就須向當局申請准許才可以。到了 2003 年，印尼總統瓦希德正式取消有關華人宗教信仰及風俗習慣的 1967 年 14 號總統政令，允許華人可以不需要申請準行證而公開歡度即將來臨的農曆新年，並且把春節列為印尼公定節日。這一總統政令的出現，承認了華人的風俗習慣，也就是承認了印度尼西亞華人的社會地位，因為畢竟中華民俗是華人的象徵。在民俗歷史上，由於統治者的禁止，而被迫放棄的民俗事象有許多，但是這種禁止是暫時的，不會長久的，一旦時機成熟，人們照樣會進行自己的民俗活動。因為民俗是人們的一種生活方式，要用高壓和行政的手段來改變傳統不

是一朝一夕可以完成的，它首先要得到人們的同意。特別是海外，華人有著濃重的中華民俗的情結，他們將中華民俗的文化視為自己的象徵，因此就更不容易改變過去已有文化傳統。在華人佔有很大比例的印度尼西亞，恢復華人的文化傳統，是非常明智的舉動。越南的春節與中國有相似之處，但是華人過年還是依然保持傳統的除夕守歲習俗。除夕夜，人們便穿上節日盛裝，不約而同湧上街頭去歡度一年一度的新年。零時，節日氣氛達到高潮。隨後人們還採一根樹枝回家。這風俗叫「採綠」。在越南語中，「綠」和「祿」同音。「採綠」就是「採祿」，意味著把吉祥如意帶回家。這些民俗年節活動是越南華人的過年形式，也可以看作是越南華人年節文化的象徵。

當然，這種象徵也在不斷變化的，我們還是以春節為例。在國外，除了傳統的春節活動之外，有的地方還組織春節大聯歡，世界的不斷推移，春節大聯歡也成了華人慶祝春節的重要活動。例如美國的春節就顯得非常豐富多彩。在紐約，舞獅表演以及「春節敬天祭祖大典」。在洛杉磯，有傳統的華埠金龍大遊行和春節花車大遊行。在舊金山，有擺街會、新年大巡遊、全美華裔小姐選美、兩岸華人春節大聯歡等活動。市政廳還有舉行盛大的中國農曆新年慶祝活動。即使到了元宵節，還有舉行聯歡晚會，內容同樣十分豐富多彩：有地方風味小吃、有獎燈謎、交誼舞會、卡拉 OK、兒童遊藝、賀歲電影、大型醫療諮詢、移民諮詢、稅務講座、買賣房屋諮詢等。

從心理層面上來說，這種中華民俗的象徵最主要是根植於華人的心靈深處，即使他們不一定去春節聯歡，或者也不一定要穿唐裝，或者也不一定吃中餐，但是中華民俗的象徵依然是他們的主要標誌。例如，到老葉落歸根的想法就是這樣一種傳統民俗的意識。許多華人在國外生活了一輩子，但是在他們晚年的時候就非常希望到原來居住的家鄉來定居。

2003 年澳大利亞華人團體聯合會在悉尼舉辦的第一個華人文化節。所謂文化節，其實就是傳統文化的大展示，也有人說更像中國的廟會，擺攤賣貨，搭臺唱戲。攤位都是統一規格，統一製作，十分齊楚。所賣之物，都是具有中國特色的，書籍盆景，新疆羊肉串，煮老玉米等。來觀摩的主要是華人，他們來自四面八方，有的趕上數百公里的路程，並且頂著初夏的烈日，但是人們熱情絲毫不減，像過年一樣。這是為什麼？就是在人們的心靈深處有著難以割捨的民俗文化的情結，這種情結不是外在的，而是發自內心的對中華民俗的喜好，特別是在異國他鄉的人來說，這種喜好的情結更是一般生活在本土

的中國人是難以想像的。

三、中華民俗文化圈在不斷發展和延伸

傳統意義上所說的中華文化圈，包括中國大陸、港澳和臺灣，也包括了日本、韓國、越南、新加坡等地，如今這種中華文化圈越來越擴大和發展，這是因為改革開放以後，中國人越來越多地走到世界各地，隨之也就帶去了中國本土的民俗文化，因此越來越多的國家都出現了中國民俗文化的印記。

就飲食業來說，在世界許多國家都中國菜館，以前多是廣州和四川菜館，而潮州菜雖然在東南亞一帶早已風行，為華洋食客所稱道，在美國卻還鮮為人知，然而，近十年來潮州菜館紛紛搶灘紐約，經營正宗潮州名菜，如燒雁鵝、腳魚燉薏米、紅燒大群翅、椰蟲鴿吞燕等菜肴。目前紐約市已有潮珍樓、福滿樓、大漢樓、好運潮州海鮮酒家等十多家潮州菜館。不僅僅是飲食文化，而且中國的傳統家具、武術、服裝、建築（園林、民居等）也都在華人生活圈子的擴大隨之而走到其他國家和城市，並由此將傳統中華民俗文化帶到了這些地區和國家。

中華民俗文化之所以在海外能夠得到發展是與下面的幾點有密切的關係：

第一，人群的集聚。

由於中國人是一個喜歡集聚的民族，在歷史上雖然有無數次的戰爭，都有大量的家族和村莊搬遷，但是人們往往還以聚集的方式在一起，而形成新的集聚點，其中當然也有分散的情況出現，但是集聚仍然是一種主要的生存方式。最具有代表性的就是客家人，如今無論在江西，還是在廣東、廣西等地都有客家人的集聚地。同時他們在向海外搬遷的過程中也依然保持著集聚的生活方式。因此我們可以看出中國人是非常喜歡集聚的民族，也正是由於有了集聚的生活方式，中國人的風俗習慣也就被保留下來。

第二，傳統的固執。

中國人是一個十分講究傳統的人種，無論的什麼地方都會將自己的傳統保持下來，在這些傳統中間，民俗就是非常重要的一項內容。即使在國外生活了很多年，但是這種民俗文化的傳承卻依然沒有改變。這是為什麼呢？它就在於中國人頭腦裏有著非常固執的傳統文化意識，這種傳統的文化意識不會由於生活地點和生活方式的變化而變化，相反在海外這樣的傳統文化會變得越來越強烈，因為離開中國本土，強烈的家鄉觀念會促使人們對家鄉的懷

念和響往，因此民俗的傳統就在這樣人們固執的情緒下得到發展和延伸。

第三，教育的延續。

在海外，中國人非常重要傳統文化的教育，對自己的下一代往往會講述過去的歷史，講中國人的風俗和他們祖宗的生活。在他們看來，用語言來傳承民俗，是很重要的一件事情，如果不這樣做，或者不遵循祖宗的辦法，就是一種忘本的行為。正是在這樣的情況下，中華民俗的傳統得以在海外得到了繼承和延伸。另外，民俗傳承的也不完全在於口頭的說教，更多的在於耳濡目染，下一代是通過上一代人的行為中得到民俗的繼承的。海外華人的聚會、慶祝所表現的歌舞、祭祀形式，以及各式各樣的同鄉會等組織，也都是通過現實的民俗活動而從客觀上對新生的華人進行傳統文化教育的有力實證。

第四，創造的力量。

所謂民俗的創造，一是因為中國人的創造能力十分強大，二是由於中國文化博大精深，有許多題材可以借助人們的信仰而創造出一種完全新的民俗來。特別是在國外，沒有思想、行為的束縛，這種民俗的創造力更是得到了充分的發揮。

比如，在中國本土就沒有所謂的孫悟空崇拜，但是到了新加坡，在華人民間信仰中就有了孫悟空的形象。大家知道，孫悟空是中國神話小說《西遊記》中的主要人物，但是在新加坡的華人中間就被尊崇為「大聖佛祖」。據考證，孫悟空被信崇的時間是在 20 世紀 20 年代左右，而且這種對孫悟空的崇信在新加坡華人具有相當的基礎。根據瞭解，在當地崇拜齊天大聖的，主要是移民到新加坡的福州人。這些福州人除了把孫悟空的神像供奉在廟裏，也有一些人還把「大聖佛祖」供奉在家中。這種崇拜孫悟空的信仰除了在福州人中間非常有影響外，土生的華人也崇拜孫悟空，或者說他們是另一個祭拜「大聖佛祖」的社群。當地的這些新加坡華人為了祭祀孫悟空，曾經發起組織了一系列的祭祀「大聖佛祖」的活動，並且建築神廟，塑造神像。保安宮就是一個在一百年前由一批土生華人創建的，裏面供奉的就是「大聖佛祖」。為什麼新加坡的華人相信孫悟空，並且把他作為神靈來看待。因為這些當地的華人都相信齊天大聖法力無邊，可以幫助信眾減輕病痛，並能夠為他們指引正確生活和生存的方向。

這一個事例，再一次說明了民俗是一種創造。當一種形象達到了神化的程度，人們就會將這一形象提升到神的高度，即使是作品的文學形象，也絲

毫改變不了人們對神靈的堅信態度。《西遊記》裏的孫悟空就是這樣一個家喻
戶曉的文學人物形象，但是人們並不因為孫悟空是虛構的形象而不認可，相
反還會使崇拜和祭祀的活動程式化和神聖化。新加坡華人把孫悟空神化成為
「大聖佛祖」，就是這樣一個華人的民俗創造。此外，孫悟空之所以被神聖化，
由於有佛法無邊的力量而受到人們的崇祀，這是因為華人到另外一個陌生的
國度，他們希望有神靈的保護。原本在福建老家，人們供奉的大大小小的地
方神靈就非常多，沒有一個大家公認的具有非常功利的神，無法成為人們共
同信仰的神靈，因此在異國他鄉再創造一個神靈來供大家信奉，就成了水到
渠成的事情。

　　由此看來，民俗的創造是人們的一種需要，是非常功利主義的，是一種
心靈的寄託和希望。

2004 年 7 月 12 日

第十五章　舟山魚類傳說是中國海洋文化圈的重要一環〔註1〕

　　小時候，我對海洋生物傳說的認識來源於丹麥的美人魚傳說。

　　這種美麗、富有想像力的美人魚傳說在我心頭留下了美好的記憶。後來才發現美人魚的傳說在世界各地都有，同樣在中國也有，是古人所說的鮫人。將鮫人說成是美人魚，未必可信，其只不過是水中女性而已，而沒有人身魚尾的那種美人魚的形象。作為一種與現代的美人魚的歷史推測與文化想像有關也未嘗不可。但是不管怎樣，最有魅力的最有代表性的美人魚還應該屬於丹麥。

　　丹麥是一個海域非常廣闊的疆土，其民間作品與海洋息息相關，產生美人魚的傳說是不奇怪的事情。而這個美人魚傳說的版本之所以流行世界，與安徒生創作的童話《海的女兒》是分不開的。

　　安徒生是一位偉大的作家，他善於從民間創作中發現創作元素，並加以提煉，用作家的視角與民間語言進行敘述，使之成為有濃厚民間文學氣息的童話大家。在民間文學史上，幾乎有這樣一種規律，凡是經過文人加入民間文藝的整理、修飾、改編過的作品，往往要比土生土長的原生狀況的民間文藝更有藝術性，更有藝術感染力。或許有人不贊同。如果換一個角度來說，原生態的民間文藝作品有其質樸、本質的美，而加工、打磨之後的民間文藝作品就附加了藝術之美、細膩之美。這樣一說，可能就準確些，能夠撫平純民間文藝喜歡者的心靈。但是不可忽視的是，流傳的家喻戶曉的民間文藝作

〔註1〕本文是為金濤《舟山魚類傳說》一書的序言，收入本書又作小改。

品大多數是被人為反覆多次乃至無數次進行修改、潤色、加工，最後才形成民間藝術的上乘之作，傳承至今。

一、海洋魚類的傳說

海洋魚類傳說，20 世紀 90 年代就在民間文學的刊物上見有登載，於是開始關注這種海洋傳說故事。

如今，金濤要我給他整理的魚類傳說寫一序言，就欣然答應。將這些傳說讀閱起來，越讀越有興趣，乃至於不得不動筆，寫下這些文字。

中國是一個海岸線很長的國家，有海邊的城市，有海中的海島，有各種各樣豐富多彩的海洋生物，這些都構成海洋傳說的重要依據，而海洋生物傳說則是其中一個組成部分。特別是大連、青島、秦皇島、漳州、莆田等沿海地區流傳著海洋生物及其生物傳說如《海豚》、《海鷗》、《龍涎香》、《仙胎魚》等，就不勝枚舉，也是這些地方風物傳說的主要內容，極大地豐富了中國的海洋文化。

早在《山海經》就有關於東海魚類的傳說：又西百八十里，曰泰器之山。觀水出焉，西流注於流沙。是多文鰩魚，狀如鯉魚，魚身而鳥翼，蒼文而白首赤喙，常行西海，遊於東海，以夜飛。其音如鸞雞，其味酸甘，食之已狂，見則天下大穰。〔註2〕

此處將山與水同說，海與魚同表，不僅表達了神奇，更說明了一種真實。把原文翻譯成為現代漢語，則是：再往西一百八十里，是座泰器山，觀水從這裡發源，向西流入流沙。這水中有很多文鰩魚，形狀像鯉魚，長著魚一樣的身子和鳥一樣的翅膀，身上是蒼色的斑紋卻是白腦袋和紅嘴巴，常常在西海行走，在東海暢遊，在夜間飛行。它發出的聲音如同鸞雞鳥一樣啼叫，而肉味是酸中帶甜，人吃了它的肉就可治好癲狂病，一旦出現就象徵著天下糧食豐收。〔註3〕

而如今舟山地區依然保留大量古老、神秘的魚類傳說，是古代文化傳統的一種有機延伸，再說，舟山群島至今還依舊是海洋文化十分豐富的地方。不僅是因為其海洋面積之大，更由於多樣性的海洋生物。按類別分：有浮游植物 91 種、浮游動物 103 種、底棲動物 480 種、底棲植物 131 種、游泳動物

〔註2〕 《山海經》卷二《西山經》。
〔註3〕 《山海經》卷二《西山經》。

358 種。主要海洋品種有鯷魚、馬鮫魚、海鰻、馬面魚、石斑魚、梭子蟹和蝦類等 40 餘種。另外四大經濟魚類之稱的大黃魚、小黃魚、帶魚、墨魚，更是舟山特產。有些魚種如今逐漸消失，如野生大黃魚等，但都與當地人們生活有過緊密接觸。這些海洋魚類，由於經常成為人們捕撈、生活的對象，再加上舟山地區的民眾和其他地方的人一樣都有無限的藝術細胞，他們會根據自己的生活經驗不斷創作，就在魚類身上附著了各種各樣的民間傳說。

二、海洋魚類傳說的價值

1. 將海洋魚類的外在與內在知識做了進一步的口碑性的藝術演繹，說明其外形特徵與內在質地的來歷。這種魚類傳說來歷的說明，可以加深人們的印象，同時也是一種通俗的魚類知識的介紹和傳播。

2. 將這些海洋魚類傳說，與人的普遍情感聯繫在一起。通過魚類的傳說，反映的是人的喜怒哀樂，表示的是人的經歷與愛好。如果脫離人的思想、感情、意識，就談不上什麼傳說。傳說必須要有附著的載體，而魚類就是人的情緒、感情、思想的一個承載物。

3. 將地方的歷史、文化以及風物，與魚類進行文化對接，這種傳說有血有肉，是地方文化的一種顯示。其雖有一定的地域束縛，但沒有脫離人們對文化的認知，因此會被自然接受，從而瞭解更多的地方風俗人文知識，增進海洋文化的信息攝入。

金濤整理的《西施貝》就非常美麗：「這海貝個兒很小，看來是個幼貝。三角形的外殼貌似沙蛤，卻比沙蛤漂亮、光滑。尤其是黃褐色的殼皮，亮如瓷漆，上面還隱隱約約地鑲嵌著七色彩帶，成齒紋狀排列。」如果沒有對海貝的細心觀察，是不可能有如此細細緻的描述的。不僅如此，而且還將歷史人物西施與貝類有機地聯繫，才更好的展現了西施貝的來歷。

類似的魚類傳說，在金濤這本海洋傳說裏，舉不勝舉，精彩紛呈，構成了海洋傳說圈的重要一環，從而可以領略到更多更廣的多姿多彩的中國海洋文化。

以上是我幾點感想，作為序言，不知妥否？

2016 年 2 月 13 日年初六

第十六章　鄂茶的文史書寫

　　湖北茶葉，也稱之為鄂茶，顧名思義為湖北地區的茶葉。因此，鄂茶是為簡便之故而有的稱謂。關於鄂茶，早在《清史稿》卷一百五十《志一百二十五‧交通二》就有記載：「光緒十一年，道員葉廷眷復條上扶持商局運鄂茶、鄂鹽，增加運漕水腳諸策。事下直督李鴻章。」由此可見，鄂茶一直是湖北區域的重要經濟植物，也是歷代朝廷乃至清代出口的貿易物資，為什麼會有如此狀況，翻閱古書，就會發現湖北的茶葉曾經有過輝煌的歷史，其在唐宋時期早就具有舉足輕重的地位，而且鄂茶還通過茶馬古道一直到中東、俄羅斯乃至歐洲其他地區，書寫了內陸地區與海外聯繫的貿易通道。

第一節　茶稅大戶

一、茶葉生產大路

　　宋代所統轄地區共有十五個路，而東南有十個路，在這四個路中，湖北的茶葉生產產量佔據重要的地位。

　　根據《建炎以來朝野雜記》卷十四甲集記載：

　　紹興末年，東南十路六十州二百四十二縣，歲產茶一千五百九十餘萬斤。浙東，紹興慶元府溫臺衢婺處州八萬三千二十一斤三兩。浙西，臨安平江府湖嚴常州共四百四十八萬四千五百斤十三兩。江東，寧國府徽饒池信太平州南康廣德軍共三百七十五萬九千一百二十九斤十四兩。江西，隆興府贛吉袁撫江筠州建昌興國臨江南安軍共四百四十五萬三千一百九十七斤十四兩四錢。湖南路，衡潭永邵全郴桂陽武岡軍共一百十三萬五千三百四十八斤七兩。

湖北，江陵常德府澧辰沅歸峽鄂岳州荊門軍共九十萬五千七百四十一斤十四兩。福建路，建寧府福汀南劍州邵武軍共九十八萬一千六百六十九斤半。淮西廬蘄舒州安豐軍共一萬九千三百五十八斤十兩。廣東，南雄循州二千六百斤。廣西，靜江府融潯賓昭鬱林州共八萬九千七百九十六斤六兩以上。總計茶一千五百九十一萬四千三百七十九斤十兩四錢，係紹興三十二年數收鈔錢二百七十餘萬。

這些數據表明：東南十路六十州二百四十二縣，歲產茶一千五百九十餘萬斤，而湖北江陵常德府澧辰沅歸峽鄂岳州荊門軍共九十萬五千七百四十一斤十四兩，幾乎占到了近十分之一，略遜於浙東、江東、湖南路、江西等地。

在古代，湖北茶葉還成為皇帝賞賜外國的禮物。唐度宗見安南國一次再次送來禮物，「特賜金五百兩帛百匹，荊湘貢茶片」。〔註1〕送國外禮物，當然要代表國家的最好最有代表性的，而在當時湖北湖南一帶的茶葉就是這樣的珍貴禮品。

除此之外，宋代的鄂茶更是一種貢品，與綾、紵、柑桔一起要上貢京城，讓皇帝國戚享用。

《宋史》卷八十八《志第四十一地理四》：景定元年，移治於鄂。咸淳十年，荊湖、四川宣撫使兼江陵府事。崇寧戶八萬五千八百一，口二十二萬三千二百八十四。貢綾、紵、碧澗茶芽、柑桔。

二、茶葉納稅大戶

湖北自古以來，湖北是不僅是重要的通商口岸，而且還是納稅大戶。

宋王得臣《麈史》：六路租茶通商以來，蠲減外，歲計三十三萬八千六十

〔註1〕 《續文獻通考》卷二十八記載：度宗咸淳二年八月，安南國遣使賀登位進方物，九年六月安南國又進方物，特賜金五百兩帛百匹，荊湘貢茶片。

荊南府，租額錢三十一萬五千一百四十八貫三百七十五文，納潭鼎、澧嶽歸陝州荊南府片散茶共八十七萬五千三百五十七斤。

漢陽，軍租額錢二十一萬八千三百一十一貫五十一文，納鄂州片茶二十三萬八千三百斤半。

蘄州蘄口，額錢三十五萬九千八百三十九貫八百一十四文，納潭州興國軍片茶五十萬斤。

麻城，買茶二十八萬四千二百七十斤賣錢一萬二千五百四十貫。

蘄州，洗馬場買茶四十萬斤賣錢二萬六千三百六十貫。

王祺，買茶一十八萬二千二百二十七斤賣錢一千九百五十三貫九百九十二文。

石橋場，買茶五十五萬斤賣錢三萬二千八十貫。

八貫有畸。湖北獨當十萬二千三鈔本作五。百三十一貫有畸，而鄂一州所斂
無慮三萬九千緡。諸邑之中，咸寧又獨太重。嘗試訪之，其茶凡三名：一曰供
軍稅茶，蓋江南李氏所取以助軍也；二曰酒茶，乃景德以前，因撲買縣酒，其
課利計茶以納，後因敗欠，遂以其數敷出於民；三曰市茶，景德三年歲荒，官
許額外貨茶以濟其艱食，所入既倍，而監場官因亦被賞，竟不復減。

　　將此段文字翻譯成現代語言，宋代嘉祐四年（1059）茶法通商時，額定
為三十三萬八千緡，分攤給全國茶農的總的賦稅，大意是湖北占整個茶葉交
易稅中三分之一強。湖北路，是宋代政府十五路（省）之一，而茶葉的稅收卻
占到整個宋朝政府的百分之 30，不可謂不厲害。咸寧作為湖北路下屬的地方
政府，其茶葉稅收，尤其「大重」，還有三個稅種需要特別提供的：一是供軍
稅茶，二是酒茶，三是市茶。

　　由此可見，茶葉是湖北的大稅種，為官府做出了重大貢獻。為什麼會有
這種現象，就在於湖北的茶葉是其重要的經濟作物，所佔用的比重很大，因
此對於國家的稅收，具有很大的貢獻。即使到了災年，官員也只允許額外的
貨茶的稅收來補貼，由於本地的茶稅沒有減少，再加上外來的稅收，這樣就
比原來的稅收更多，在情況下，官員們沒有因受災而貶職，相反卻得到了升
遷與賞賜。

　　湖北茶葉稅收貢獻在其他典籍裏都可以見到。

　　根據《夢溪筆談》卷十二《官政二》記載：國朝六榷貨務，十三山場，都
賣茶歲一千五十三萬三千七百四十七斤半，祖額錢二百二十五萬四千四十七
貫一十。其六榷貨務取最中，嘉祐六年拋占茶五百七十三萬六千七百八十六
斤半，祖額錢一百九十六萬四千六百四十七貫二百七十八：荊南府祖額錢三
十一萬五千一百四十八貫三百七十五，受納潭、鼎、澧、嶽、歸、峽州、荊南
府片散茶共八十七萬五千三百五十七斤；漢陽軍祖額錢二十一萬八千三百二
十一貫五十一，受納鄂州片茶二十三萬八千三百斤半；蘄州蘄口祖額錢三十
五萬九千八百三十九貫八百一十四，受納潭、建州、興國軍片茶五十萬斤。

　　《夢溪筆談》是沈括著作。沈括，北宋杭州錢塘人，博學多才，在茶法
也有獨到見解。這裡的文字，經後人提出成為《本朝茶法》。從這些稅收裏，
可知湖北的茶葉稅收在國家中佔有十分重要的地位。單單例舉嘉祐六年之中，
湖北的茶葉稅收幾乎佔據整個「祖額錢」的五分之一，不可謂不厲害。

　　宋代，茶葉的稅收在湖北十分普遍，即使沒有茶樹的地方，也有稅收。

「今水田湖澤之地，無茶株而有茶稅矣。又茶園戶，坐享厚息以自豐。」〔註2〕眾所周知，茶樹喜歡種植在小山坡地，而湖北很多地方是「湖澤之地」，不適應茶葉的生長，宋代對於這些地區同樣收取茶葉稅。這種沒有茶樹的家庭，還有交稅，當然就非常貧困。而有茶樹的大戶「茶園戶」，則因為有了茶樹，而「坐享厚息以自豐」。

這是一種茶租形式，是茶園主將自己經營的茶園，出租給別人種植，而政府根據茶樹的多少而收取稅收，當時稱之為「根稅茶」。〔註3〕

根稅茶，是指宋初湖北路推行的以茶株數為租賃單位的一種茶租形式。

《文獻通考·征榷五》：「園戶之種茶者，官收租錢；商賈之販茶者，官收徵算。」這裡，就明確地說明了宋代政權收取茶葉稅的兩個方面：一個是在生產環節：租錢即茶租；一個是在流通環節：徵算即茶稅。這些概括了茶法通商體制下宋代官府茶利收入的兩大來源和主要構成。

當然，湖北也不完全都有茶租，所謂茶租，如在「湖北一路，唯安、復、漢陽三州軍無茶租」，是因為「蓋民不種以資利耳」。〔註4〕

估計，安、復、漢陽三州是無法收到茶稅的。

從唐代開始就實行茶葉專賣，只有官府可以經營，而不准私人買賣。這就是當時的榷茶制度。

這種專賣制度，顯然只有利於官府，而不利於百姓，特別是在湖北等地實行之後，稅收沒有增加，反而弄得怨聲載道。到了天聖年間，稅法稍作修改，也沒有很大的成效，人們都在私下盜賣，被抓之後，百姓與官府都為之叫苦不迭。到了嘉祐年間，稍稍放鬆茶葉買賣管制，就取得不菲的稅收，老百姓也同時為此叫好。〔註5〕

三、減稅

由於湖北的茶葉稅收過重，民眾苦不堪言。宋王得臣《麈史》：六路租茶

〔註2〕宋王得臣《麈史》。

〔註3〕宋王得臣《麈史》：「嘗按茶之起，謂之根稅茶，蓋以茶株均數其多寡而已。」

〔註4〕宋王得臣《麈史》。

〔註5〕《建炎以來朝野雜記》卷十四甲集：六榷貨務，乃荊南府、漢陽軍、蘄州、蘄口、無為、軍真州、海州也。天聖中，稍改其法，歲所得亦不過數十萬緡，人多盜販，抵罪上下苦之。嘉祐，中韓魏公當國，遂弛其禁，但收茶租淨利錢三十三萬八千餘緡，時以為便。

通商以來，濫減外，歲計三十三萬八千六十八貫有畸。湖北獨當十萬二千三鈔本作五。百三十一貫有畸，而鄂一州所斂無慮三萬九千緡。諸邑之中，咸寧又獨太重。嘗試訪之，其茶凡三名：一曰供軍稅茶，蓋江南李氏所取以助軍也；二曰酒茶，乃景德以前，因撲買縣酒，其課利計茶以納，後因敗欠，遂以其數敷出於民；三曰市茶，景德三年歲荒，官許額外貨茶以濟其艱食，所入既倍，而監場官因亦被賞，竟不復減。議者數乞均此無名之額以入諸邑，蓋非通論也。夫以一邑之患而欲困諸邑，尤無名矣。

在高額的賦稅之下，有明智的官員就建議民眾砍伐茶樹，改種桑麻。

《夢溪筆談·補筆談》卷二：忠定張尚書曾令鄂州崇陽縣。崇陽多曠土，民不務耕織，唯以植茶為業。忠定令民伐去茶園，誘之使種桑麻。自此茶園漸少，而桑麻特盛於鄂、嶽之間。

這樣地方官員還有一些，如張尚書（即張詠）就是一例。他當大理評事知縣時，誘導老百姓種植茶葉，而種桑樹，這是非常英明之舉。

宋王得臣《麈史》：鄂州諸邑皆有茶稅，民苦之。獨崇陽一縣不產茶，而民間率藝桑，而稅以縑，人甚樂輸。蓋興國初，九河張公詠登進士第，以大理評事知縣事，禁民種茶，而教以植桑，易稅以縑。

《麈史》的作者不得不讚歎道：聰明賢惠的官員治理的地方，其政策都是有利於老百姓，會使其達到脫貧致富的目的。〔註6〕

在《欽定續通志》卷三百二十七《列傳一百二十七》也記載了此事：（張詠）「登進士乙科以大理評事，知鄂州崇陽縣。崇陽民以茶為業，詠曰：茶利厚官，將榷之，不若拔茶植桑。民以為苦其後，榷茶他縣失業而崇陽之桑。」

張詠，字復之濮州鄄城人少負氣不拘小節，雖貧賤，客遊未嘗下人。〔註7〕難怪他能夠敏銳地察覺「茶利厚官」，即將專賣徵稅之際，呼籲百姓「拔茶植桑」，躲過了政府的高額的稅負。

在此情況下，有人就提出減稅的動議。

宋神宗就是提議免除鄂州的茶稅的皇帝。句《宋史》卷一百八十四《志第一百三十七·食貨下六》記載：「神宗聞鄂州失催茶稅，輒濫之。

到了嘉祐年間，北宋政權脩改茶法，讓百姓休養生息。而在此之前，「湖、湘之民苦於茶租」，然而不種茶的崇陽地區的稅負卻很小。這與當時的姓張縣

〔註6〕宋王得臣《麈史》：夫賢臣君子所至利民亡窮也。
〔註7〕《欽定續通志》卷三百二十七《列傳一百二十七》。

官有關，為了感激他，「立廟以報之」。

《夢溪筆談‧補筆談》卷二：至嘉祐中，改茶法，湖、湘之民苦於茶租，獨崇陽茶租最小，民監他邑，思公之惠，立廟以報之。

儘管如此，茶稅是唐宋政府的重要稅收來源，政府是不會輕易讓出這部分利益的。《續資治通鑒長編》卷二百六十七：熙寧八年（1075）：「詔蠲鄂州失催茶稅錢歲二萬五千七百餘緡，仍令民自熙寧七年復認舊額輸納。」此段文字，可知熙寧八年，因為免稅而喪失二萬五千七百餘緡的政府財政收入，為了彌補稅收的不足，到了1076年（熙寧九年）重啟稅收，並且按照熙寧七年的指標進行徵收。由此可見，茶稅在政府財政收入的占比是非常之高，否則宋神宗趙頊是不會立馬改變過去的免稅政策的。

四、專設機構與替代貨幣

在宋代，實行茶葉專賣，就選擇幾個地方作為政府稅收基地。《宋史》卷一百八十三《志第一百三十六‧食貨下五》：「宋榷茶之制，擇要會之地，曰江陵府，曰真州，曰海州，曰漢陽軍，曰無為軍，曰蘄州之蘄口，為榷貨務六。」這六個稅收點，就有江陵、漢陽、蘄口，佔據一半的份額。以江陵而言，又名荊州城。位於湖北省中部偏南，地處長江中游，江漢平原西部，南臨長江，北依漢水，西控巴蜀，南通湘粵，古時被稱之為「七省通衢」。另外的漢陽、蘄口均為交通要道，宋朝政府將茶稅收取的地址設立於此，不僅表現出湖北的特殊地位，同時，鄂茶的重要性也可見一斑。

湖北，早在漢代就設立專門買賣鹽茶的管理機構，「湖北茶鹽司本」，亦稱「湖北庾司本」，負責鹽茶的專賣。〔註8〕

宋代為了買賣方便，湖北還專門有一種買賣使用的地方貨幣，叫會子。這種會子，在各地通行兌換有一定的侷限，且兌換的數量也各不相同，其使用的範圍也在逐漸擴大。

在《建炎以來朝野雜記》卷十四甲集有文字記載為證：「湖北會子者，隆興元年秋總領王琪始創造，謂之直便會子。」

隆興，是南宋皇帝宋孝宗的第一個年號，就是說湖北會子，產生在南宋，是一個叫王琪的總領所發明的，這是一種便於攜帶的紙質貨幣，因此被稱為

〔註8〕《書林清話》卷三：湖北茶鹽司本，亦稱湖北庾司本。慶元二年修、淳熙二年補刻紹熙茶鹽提舉司本《漢書》一百二十卷，見《錢日記》、《陸志》、《陸跋》。

「直便會子」。

這種貨幣早在湖北使用，又稱之為湖北會子，亦稱之為湖會，初為便錢會子，即匯票、支票之類的票據。隨著其便利性被人們認識，不僅在湖北而且也傳到其他地方。

《文獻通考》卷九《錢幣考二》亦載：

湖會孝宗隆興元年，湖廣餉臣王玨言：襄陽、郢、復等處大軍支請，以錢銀品搭。令措置於大軍庫堆垛見錢，印造五百並一貫直便會子，發赴軍前，當見錢流轉，於京西、湖北路行使。乞鑄勘會子、覆印會子印，及下江西、湖南漕司根刷舉人落卷，及已毀抹茶引故紙，應副抄造會子。從之。及印造之權既專，則印造之數日增，且總所所給止行本路，而京南水陸要衝，商賈必由之地，流通不便。乃詔總所以印造銅板繳申尚書省，又撥茶引及行在會子收換焚毀。而總領所謂：江陵、鄂州商旅輻輳之地，每年客販官鹽動以數百萬緡，自來難得回貨。

此載可見，這種貨幣最早流行在軍隊，印造五百錢為一貫的紙幣會子，當錢來周轉。以後的用處越來越廣。由於製作簡單，攜帶方便，因此成為鹽販茶販使用的貨幣。特別是江陵、鄂州是「商旅輻輳之地」，大量的貨物在此進行交易，「動以數百萬緡」，而會子則使得這種沉重的貨物交易變得輕鬆、便捷。

第二節　習俗

一、喝茶

喝茶是中國人的普遍習俗，無論湖北還是京城。

《二十年目睹之怪現狀》第七十六回《急功名愚人受騙，遭薄倖淑女蒙冤》：儉叔道：「一言難盡！我這封信是化了不少錢的了。兄弟的同知、直隸州，是從揀選知縣上保來的，一向在湖北當差。去年十月裏，章制軍給了一個明保送部引見。到了京城，遇了舍親車文琴，勸我過個道班。兄弟怕的是擔一個捐班的名氣，況且一捐升了，到了引見時，那一筆捐免保舉的費是很可觀的，所以我不大願意。文琴他又說在京裏有路子可走，可以借著這明保設法過班，叫我且不要到部投到。我聽了他的話，一耽擱就把年過了。直到今年正月底，才走著了路子，就是我們同席那一個姓惲的，煩了他引進，拜

了周中堂的門。那一份贄見，就化了我八千！只見得中堂一面，話也沒有多說兩句，只問得一聲幾時進京的，湖北地方好，就端茶送客了。後來又是打點甚麼總管唎、甚麼大叔唎，前前後後，化上了二萬多，連著那一筆贄見，已經三萬開外了！

本想依靠金錢想去巴結京城當官的，誰知道周中堂說了一句：「湖北好地方，就端茶送客了。」就把周中堂對儉叔那種不屑一顧的神情表現無遺。這裡的「端茶」，就是拿走客人的茶杯，就意味著要趕走來客。

湖北人會喝茶，已經成為地方習俗。

茶餘酒後，往往是聊天的好機會。在這個時候，人們在酒足飯飽之後，會喝喝茶，聊聊天這是一種民俗。因為在吃飯的時候，一般都不會大聲說話。俗話所謂的食勿語，寢無言，就是祖先的訓誡，不管如何，人們還是在遵循這種生活道理。然而，吃飯之後，喝茶聊天就成為正常的生活習俗。

這種情景在《二十年目睹之怪現狀》第九十三回《調度才高撫臺運泥土，被參冤抑觀察走津門》裏可以窺見一斑：

誰料他所用的一個家人，名叫張福的，係湖北江夏人。他初署巡道時，正是氣焰初張的時候，那張福忽然偷了他一點甚麼東西，他便拿一張片子，叫人把張福送到首縣去叫辦，首縣便把張福打了兩百小板子，遞解回籍。張福是個在衙門公館當差慣了的人，自有他的路子，遞回江夏之後，他便央人薦到總督衙門文案委員趙老爺處做家人。他心中把苟才恨如徹骨，沒有事時，便把苟才送少奶奶給製臺的話，加點材料，對同事各人淋漓盡致的說起來，大家傳作新聞。久而久之，給趙老爺聽見了，便把張福叫上去問。張福見主人問到這一節，便盡情傾吐。趙老爺聽了，也當作新聞，茶餘酒後，未免向各同事談起。

將苟才把自己的少奶奶送給製臺的事情說給其他人聽，是張福報復苟才的一個新聞，顯然是非常具有爆炸性的消息，對於一般人來說，更是茶餘飯後的談資，因此會不脛而走，也被趙老爺聽見，成為他的新聞，「茶餘酒後」，向其他同事談起。

張福是湖北江夏人，雖然是下人，品端稍差，但是聰明人，能夠運用人們對男女之間的緋聞關注度十分高漲的衝動，就尋找到苟才巴結上司而送上自己少奶奶的故事，添油加醬，到處宣傳。被文案委員趙老爺聽到之後，擴大了這個緋聞傳播的漣漪，其影響有了更廣的範圍和更高的官層，最後導致

苟才徹底垮臺。

　　之所以有這樣的結果，就是「茶餘酒後」的談資所導致的。從某種程度來看，喝茶的威力無比巨大，可見一斑。

　　湖北人好喝茶，即使到了其他地方，此習依舊。

　　《右臺仙館筆記》卷十六：「某甲，湖北人，居揚州為鹺商，喜談內外丹之術。偶與友飲於茶僚，見一老翁支布為棚，賣藥其下。」可見，這個湖北人雖然離開家鄉到揚州經營鹽業，卻還是喜歡與朋友一起喝茶聊天。

　　湖北人喜歡喝茶的一個原因，與茶能夠治病有一定的關聯。

　　《太平寰宇記》卷一百十二：「茶」一條有注：「茶譜云：鄂州之東山蒲圻唐年縣皆產茶，黑色如韭葉，極軟，治頭疼。」

二、販茶

　　販茶是一種經濟活動，有一整套的操作流程，在這種經濟活動中，有著相應的規矩和習慣，就形成一定的商品流通習俗。但是這種商品流通的習俗，在唐宋時期卻遭受到了嚴重干擾、破壞，阻止了茶葉在流通環節中的商業秩序。

　　南宋鄭克《折獄高抬貴手》：「張保雍刑部為湖北轉運使時，漢陽俚民販茶，知軍駱與京誣其捍巡檢，二十人法當死，百餘人當從坐。保雍親往慮之，遂明其誣。首得不死，從者皆貰。」見曾鞏舍人所撰神道碑。

　　漢陽百姓販賣茶葉，早已形成的習俗。湖北是生產茶葉的地方，販賣茶葉本是天經地義的事情，但當時的法律是不允許私人買賣茶葉，因此知軍駱到京城污蔑張保雍失職，沒有做好巡檢工作，為此應該二十人依法死罪，百餘人當受到株連。保雍隨後申訴，使得這些被誣陷的人得到赦免。

　　這個故事，是曾鞏所撰寫的一塊碑文所記。〔註9〕

　　其所記載是真實的事件。從中告訴人們，在宋代茶葉是被禁止私人買賣的。別有用心的人為了個人的私利往往會用此藉口誣陷對手，以達到不可告人的目的。其實，應該說有利可圖，老百姓是會冒著觸犯法律的風險而去販賣茶葉，賺取一些錢財。從文中，可以知道，張保雍刑部為湖北轉運使時，漢陽不守規矩的人，會做販茶的違法之事，這是不奇怪的；但是姓駱的知軍，卻進京誣陷一批人，並且將他們致死地而後快的做法，顯然有失道德。

〔註9〕南宋鄭克《折獄高抬貴手》：見曾鞏舍人所撰神道碑。

這種禁止私人買賣茶葉的做法，不利於政府的財政收入。據《建炎以來朝野雜記》卷十四甲集載：「東南茶舊法，官買官賣，天禧三年合六榷貨務十三山場所收茶錢十三萬緡，除買茶本錢外，止有息錢三萬緡而已。」

這種舊是茶法，收到的利息只有「三萬緡」，可見其稅法沒有帶來更多的財政收入。緡，古代計量單位，指的是十串銅錢，每串一千文。

三、趣聞軼事

關於鄂茶的趣聞軼事，在古代小說裏，不乏其記載。

在《情史》就數次提及在湖北由於喝茶而引發的各種各樣的故事，情節離奇，人物生動，但都有一個共同的特徵，其引導線就是與茶有關。

其一，《情史》卷九《情幻類》：慶元四年正月，鄒方自太湖回程，過鄂州城下，泊船於柳林頭。登岸憩旅店，一婦人邀之啜茶。鄒疑全似其妻，直造彼室，問其姓氏，答曰：「姓甘，行第百十。本非風塵中人，緣父喪母亡，流落於此。」鄒曰：「故夫為誰？」曰：「巴陵鄒曾九也。初去舒州時，期一季即返，後更無一音，傳云已死。於今恰四週年。孤單無倚，不免靠枕席度日。」鄒大怒曰：「汝渾不識得我！」婦曰：「我亦覺十分相似，只是面色黛黑耳。」鄒益怒曰：「我身便是汝夫，原不曾死。遭病患磨折，以故久不得歸。汝亦何至入此般行戶，貽辱於我。回耐百九舅，更無兄弟之情，縱汝如此。目今與誰同活？」婦曰：「孑然。」鄒即令算還店家房錢，攜之回嶽。是日，就見甘百九，作色責問。百九曰：「爾去之後，妹子一向私走，近日卻在江夏譚瑞家。正欲經官，且得爾到，明日即同詣州陳狀。」郡守追逐人赴司，未質究問，甘氏於眾中出，倒退數步，化為黑氣而散，訟事遂止。

其二，《情史》卷九《情幻類》：鄂州南草市茶店僕彭先者，雖廛肆細民，而姿相白皙若美男子。對門富人吳市女，每於簾內窺覦而慕之，無由可通繾綣，積思成瘵。母憐之，私叩曰：「兒得非心中有所不愜乎？」對曰：「實然。懼為父母羞，不敢言。」強之再三，乃以情告。母語其父，父以門第太不等，將貽笑鄉曲，不聽。至於病篤。所親或知其事，勸吳翁勉使從之。吳呼彭僕諭意，謂必歡喜過望。彭時已議婚，且鄙女所為，出辭峻卻。女遂死。即葬於百里外本家山中，凶儀豐盛，觀者歎詫。

與虛構的小說不同，在現代社會裏，也有直接與茶相關的名人雅事。

根據民國劉成禺《世載堂雜憶》記載，張之洞在湖北時候看中一家茶樓

店主女兒的風流軼事：

張之洞督鄂，巡視紡紗廠，驪從出文昌門大街，有宏興茶樓者，少女當肆，姿容甚麗。之洞在轎中見之，歸語張彪曰：「文昌門某茶館櫃內少女，美色也。」張彪會其意，商之女父，詭云入衙門事奉三姨太，將來你家必有好處，可陞官發財。女名素雲，夜入督署，之洞納之，流連兩月。後因天癸發來時，及時行樂，得疳疾而亡，即後牆舁出。而宏興主人，前日盈門致賀者，今則垂頭喪氣矣。後聞之洞令張彪厚恤其家。章太炎改唐詩譏張之洞「終古文昌喚賣茶」，即指此事。

張彪是山西人，之洞任山西巡撫時，由戈什哈提升中軍官，最幸用，因此請他做牽線搭橋的事情，應該是順理成章的。

果不其然，張彪一番天花亂墜，將茶樓女子娶進府中，成為三姨太。後，茶樓女子因「得疳疾而亡」，張之洞痛失其愛。疳，又稱疳證、疳疾、疳積。是一種慢性營養障礙性疾病。好發於幼弱小兒。表示出來的症狀是面黃肌瘦，毛髮焦枯，肚大青筋，精神萎靡。在清代也是很難治癒的疾病。張之洞派人對其家進行「厚恤」，表示張之洞的還不是那種薄情無義的玩弄女性的官僚。章太炎知道，寫了一首詩來譏諷張之洞，其中有一句「終古文昌喚賣茶」。文字表面是說，自古文人喜歡喝茶，言下之意：張之洞你啊，年紀那麼大了喜歡茶樓少女，真是老牛吃嫩草。

這裡的文昌是一語雙關，一是說的「文昌門大街」，一是張之洞也為文人之稱。其1863年考中未一甲三名進士，授編修，1880年授翰林院侍讀，次年擢內閣學士。同時，張之洞平生所為最為後人稱道的是辦新式教育，其在中國教育由封建傳統向現代化邁進過程中作出了歷史性貢獻。

張之洞生於1837年，卒於1909年，1889年8月，調署湖廣總督，這時候他是53歲，也就是說張之洞已經在52歲之後，才娶的茶樓少女。因此，章太炎詩歌所譏諷的內容基本屬實的。

這個軼事，也從另外一個方面告訴人們，湖北有喝茶的習俗，否則是不可能有茶樓的出現的，更不會有張之洞迎娶茶樓女的趣聞軼事。

第三節 茶寇

茶寇，是一種以茶葉為搶劫對象的盜匪。他們往往是茶農或者以茶葉經

營的商販，為了個人目的而武力抵抗政府及其軍隊。這些茶寇流竄在江西、湖南、湖北、廣西、廣東、福建等地，成為朝廷非常棘手的事情。其存在的時間，宋代直至明代都有。

明楊士奇、黃淮等《歷代名臣奏議》卷二百二十三：鄂州一軍最號精銳有紀律者今夏統制解彥詳統領梁嘉謀張興嗣將三千人收捕茶寇其間一勝一負所不能免但聞師行無法至有十百為羣逃竄而歸者

這說明，茶寇一直到明代的湖北依然存在，並且以他們的方式進行活動。

茶寇，曾經是宋代是一大社會問題，特別是湖北地區，茶寇的氣焰更是十分囂張。

《建炎以來朝野雜記》卷十四甲集：「江南產茶既盛，民多盜販，數百為？稍詰之，則起而為盜。淳熙二年，茶寇賴文政反於湖北，轉入湖南、江西，侵犯廣東，官軍數為所敗。」

賴文政（？～1175），又名賴五。荊南（今湖北江陵）人。茶販出身，常到湖北各地運茶。1174 年，湖北茶販數千人起義，他也參與，一度進入湖南；敗後返湖北，次年夏，在湖北領導茶販再次起義，被推為領袖，率起義軍進入江西，在吉州（今江西吉安）擊敗官軍。後南下廣東，為提刑林光朝所敗，乃折回江西。到興國時只剩八百人，被江西提刑辛棄疾誘殺於江州（今江西九江）。〔註10〕

據史記載，辛棄疾的確是絞殺茶寇的高手。《建炎以來朝野雜記》卷十四甲集：「辛棄疾幼安時為江西提刑，督諸軍討捕，命屬吏黃倬、錢之望誘致，既而殺之。」

出現茶寇的原因多種多樣，其一就在受到自然災害情況下，災民會鋌而走險。

《宋會要輯稿·兵一三》：

> 十一月二十三日，知常德府劉邦翰言：「本府素為茶寇出沒之地。今歲湖南北旱傷，持杖劫掠者日多，欲望繫下鄂州都統司，差撥五百人赴府出戌，庶幾鎮壓寇盜，民得奠枕。」詔湖北安撫司勘量合差人數，於本路州軍系將不係將禁軍內差撥。

在民不聊生的境地，人們為了活命只好以命相拼。茶寇的出現也非偶然，除了自然災害的因素，高企的茶葉稅收可能也是重要原因吧。

〔註10〕見《搜狗百科》賴文政條目。

　　當然這種情況，政府是不會袖手旁觀的，勢必採取高壓態勢，搜捕茶寇，就是一個常見的手段。而對於那些陽奉陰違，搜捕茶寇不力的官員，要受到革職查辦的懲治。

　　《宋會要輯稿‧兵一九》：駐紮御前諸軍都統制、鄂州駐紮李川敘復團練使。是日，因執政進呈李川奏劾統制解彥詳、統領梁嘉謀、張興嗣等收捕茶寇，弛慢不職。

　　因此，為了剿滅茶寇，官府也付出了大量的兵力、財力，並且引發巨大的人員傷亡。

　　根據《續資治通鑒》卷一百四十四記載：「是月，茶寇賴文政起湖北，轉入湖南、江西。官軍數敗，命江州都統皇甫倜招之；旋命鄂州都統李川調兵討捕。」

　　另外，《宋會要輯稿‧兵一三》載：閏九月十四日，樞密院言：「茶寇已收捕。其湖南江西廣東安撫司、荊鄂都統司先具到陣亡並輕重傷人，理宜存恤推恩。」

　　所有這些資料都證明，茶寇十分頑強，具有很強的戰鬥力，而要剿滅這些寇匪，政府需要付出一定的代價。

2016 年 8 月 2 日星期二

第十七章　上海城市服裝的原生態及其當代穿著方式研究與思考

　　雖然都是原生態，但是上海的城區與農村的表現形式各不相同。現代上海城市服裝的原生態應該從開埠之後算起，其後也在不斷地變化與發展之中，而非靜止的，並且有了在原生態基礎上創新出來的新的服裝，歷史上的旗袍、中山裝就是在吸收傳統文化元素，結合海外西方服飾的剪裁技藝而創造出來的具有中國文化內涵的服飾。當代上海服裝依然承襲這樣的傳統，它不僅僅停留在原生態文化的層面上，而是將服裝與原生態的文化元素融合，來發展一種新的具有中國文化特色的服裝。

一、上海城市服裝的原生態

　　十九世紀四十年代上海開埠之後，服裝穿著風氣為之一變，為了迎合民眾對時尚服裝的喜好心理，到了二十世紀初上海出現各種售賣洋布的商店鱗次櫛比。英界之洋貨店，首稱石路豐泰，其次瑞盛，法界公館馬路一帶之洋貨店性兼售秋莊夏布者，貨色不甚多，時有缺乏之虞，其價則少廉也。〔註1〕並且有了成衣店，供人選擇：「若買現成，曩時以城河派一帶衣莊皆為原當，且取價極廉，今則四馬路、三馬路間之衣莊亦極正當，」〔註2〕

　　而且有了專門的剪裁服裝店，供追逐時髦衣服的人來選用：剪料自裁而欲趨時髦，著花式、顏色者，自必枉顧大綸、大成、天成、老九章等巨店。而此十數家巨店，首推老介福，以顏色、花式論，較他家稍覺時髦，貨色亦較勝

〔註1〕陳伯熙《上海軼事大觀》第 85 頁，上海書店出版社 2000 年版。
〔註2〕陳伯熙《上海軼事大觀》第 85 頁，上海書店出版社 2000 年版。

一籌，其次老九章（此指其未移大馬路時、在棋盤街時代言，今亦非昔比矣）；閃光、提花等料，大盛最多，天成次之，餘則不相上下。〔註3〕這些豐富多樣的布料為時髦服裝製作提供了選擇餘地。

與服裝相配套的帽子、鞋子也都出現大家公認的老字號商店：帽子老牌，無人不知馬敦和、冠五洲、陳天一三家，此三家之中馬敦和與冠五洲貨色彷彿，價值冠廉於馬，惟有時貨色有變樣之慮，馬定價雖少昂，貨則從未有稍次者，陳則較冠稍遜。「鞋子三井、三進無甚大特色，或云腳趾不痛，而五馬路之福興立，定製鞋子，較之蘭井等無多讓也，苟論其式樣而欲鞋之堅固，則城內陸祥雲之雲底白紙底鞋是其選也」。〔註4〕

如此之多的服裝、鞋帽商店像雨後春筍一般出現，其背後的原因就在於人們對於這些衣服裝飾的大量需求。這時候的上海人對於服裝上的消費遠遠要高於其他方面（包括飲食）的支出。《上海風土雜記》記載：上海人注重衣衫，不注重酒食，與粵人之注重酒食，不注重衣衫者不同。上海人普通皆穿長衫。凡中等人士春秋冬三季必穿馬褂，非穿馬褂不足架子。上下人等皆穿襪。粵人穿西裝甚多，上海人尚少，惟各大學生頗多穿西裝。西裝衣料十九泊來品。男女不著拖鞋。拖鞋只在家閒著，更無著屐者。大部分戴歐式帽，但戴前朝小帽亦不少。〔註5〕

可見，這時的上海人的穿著已經西化。

這種西化的服裝還表現在老百姓婚嫁之中。平民嫁娶多用花轎。轎前鑼鼓為道，稍裕之家，且佐以音樂。樂隊分二種。古樂與西樂。西樂隊衣西裝，或作外國官長服。古樂隊分大人與童二種。大人穿長衫，童子即穿明前朝服，冠冕堂皇，煞是好看，結婚地點多數假酒樓或旅館。〔註6〕這時候嫁娶中的中西方文化並存的現象，是一種文化的過渡，是從傳統的古代的迎嫁向西式婚禮形式的轉化。迎接新娘的隊伍，一般平民階層採用的是傳統的「穿明前朝服」，敲鑼打鼓；而富裕人家則用的是穿著西服的西式樂隊，兩者的不同體現了上海服裝文化從原生態向新生態的演變的過程。

那時候西式的大衣、雨衣等開始流行，於是就有了專門銷售的名牌店鋪，

〔註3〕陳伯熙《上海軼事大觀》第84頁，上海書店出版社2000年版。

〔註4〕陳伯熙《上海軼事大觀》第85頁，上海書店出版社2000年版。

〔註5〕上海信託公司採編《上海風土雜記》第29頁，東方文化書局1930年版。

〔註6〕上海信託公司採編《上海風土雜記》第27頁，東方文化書局1930年版。

這裡的大衣與雨衣也成為人們爭相購置的對象，還出現互相競爭的場景。《上海軼事大觀》就載：餘如大衣、雨衣等，不必定在何瑞豐、何恒豐等預定，苟有熱人，由紅幫裁縫包辦，式樣、貨色亦未必遜於字號店家。〔註7〕與此同時，各種賣西裝、小兒衣服的店鋪，乃至紅幫裁縫不斷湧現，成為上海街頭最繁華的店招。

在上世紀20年代，上海人就非常注重衣服的美觀，特別是婦女在衣襟上掛上白玉蘭、茉莉花等帶有香味的花朵，即使是冬天，也喜歡這樣這種飾物，用簪衣襟。這些白玉蘭、茉莉花，皆來自蘇州。賣花女多集中在南京路先施公司門口。因為先施公司是一家百貨公司，進進出出的顧客大多數是有錢人，他（她）們衣著華貴，有許多賣花女，很有眼光，會根據不同的客人衣冠高低來論價，因此這些買賣收入頗豐。直到現在，這些賣花女依然存在，只不過大多數是老年婦女，賣花的地方，依然在熱鬧的大商城門口。〔註8〕

綜上所述，上海城市服裝的原生態的表達與農業文明的原生態不同，也就是說上海城市服裝的原生態發端於近代社會，是海洋文化對上海城市的影響，其中也表達出上海文化的包容性，海納百川的胸懷。

所謂原生態，是從自然科學上借鑒而來的名詞。生態是一種生存狀態，是物質、非物質和環境之間相互影響的一種生存狀態，原生態是一切在自然狀況下生存下來的東西。同樣上海服飾也有其原生態的自然狀況，只不過這種原生態的狀況在不斷地被打破，而形成另外的生存狀況．正因為這種不斷變化，使得上海服裝得到新的發展，並且有了自己的風格與節奏。

換句話說，上海服裝文化吸收了海洋文化的種種文化因子，是有選擇的，而不是拿到籃子裏就是菜。在此之間，有排異有接納，最後在人們的共同選擇合力下逐漸形成具有上海文化特質的「海派」服裝文化，其中的代表作，即中山裝與旗袍。

這就是上海城市服裝的原生態。到了1949年之後，上海服裝的原生態基本結束，取而代之是新生態服裝文化的興起。

在此文中所說的當代，指的是從2000年到2010年。在這十年的發展過程中，上海服裝的生態文化展現的是一種全新的個性紛呈的姿態，這種全新的姿態裏，不僅有傳統的延續，而且還有海洋文化的新創造，人們利用自己

〔註7〕陳伯熙《上海軼事大觀》第85頁，上海書店出版社2000年版。
〔註8〕上海信託公司採編《上海風土雜記》第26頁，東方文化書局1930年版。

的理解來穿著海外服裝，顯示了一種服裝文化形態，從而演繹出嶄新的上海服飾文化。這是一種服裝生態的轉變，從原生態變化成為衍生態的文化蛻變，也就造成與以往不同的上海服裝文化新的格局。

二、新的穿著方式

21 世紀，上海人的穿著方法發生了變化，有了與過去不同的穿著風格，其穿出的服裝風格，成為表現時尚文化的重要組成部分。

1. 反季節穿著

冬天裏將裙子穿出風度，是 2009 年末最時尚的穿著方法。在寒風凜冽的冬天，穿上一條厚厚布料的短裙，腿部著條厚實的襪褲，上身穿上一件薄薄的羽絨衫，或者為紅色，或為黃色，或為黑色；腳下蹬一雙高幫皮靴，整個身體都顯得大方、簡潔，更有青春氣息，是街頭最吸引人們眼光的風景。

冬天為了保暖，人們會穿上許多衣服，這樣的結果會破壞人的曲線，更讓愛美的女性覺得沒有個性，沒有感覺。因此，她們用反季節方法，將原本為夏天穿著的裙子拿到冬天來穿，很顯然是想秀起冬天的美麗。

短褲也是夏天的衣著，但是冬天穿著短褲，就非一般，2007 年就在上海流行起冬天穿短褲的習慣，到了 2008 年這種流行開始蔓延，一直到 2009 年這種穿著依然在冬天流行。年輕的女性在寒風凜冽的冬季不是穿裙子，而是穿短褲，就顯得別開生面，與眾不同，走在街頭吸引著許多眼球。當然這種短褲，不是夏天的料子，而是厚呢或者其他厚實的布料製作而成的，這時候的短褲已經成為一種裝飾，而不純粹是一種短褲。這樣的效果是非常獨到的，那個顯示出版一樣的感覺。

除了在服裝式樣上，違背傳統穿著方法，或者顛覆傳統對服裝的理解，在這個時期，人們的觀念發生了巨大的變化，那就是敢於大膽地露出乳溝。這一思想的變化，也因此改變穿著觀念。

這種反季節穿著是一種時尚，但是在有些人看來，所謂時尚是指衣服的價格昂貴，這是一種誤區。有人曾經寫過這樣一篇文章《時髦的憤怒》，說的就是這樣的感覺：

> 幾月前，我在南京路上一家商店買了一件最時髦的茄克衫，價格五百元不到（其實只有四百零幾元，但說五百元不到與說四百零幾元給別人產生的效果很不一樣），而且絕絕對對是在國有名牌商

店買的，貨真價實，沒有一絲被斬的成分。對於我等工薪之輩來說，這種價還是頗為辣手的。

星期天和幾個工友相約到一朋友家去玩，我就穿這件新買的茄克衫。這幾位工友同我一樣，窮癟三幾個。我知道，穿上這件衣服在他們面前正好擺擺闊氣，撐撐浪頭，也好讓自己嘗嘗追求時尚、追求高消費的真正滋味吧！

可是，真不幸，朋友家裏雖然有那麼多人，但都只顧聊天幹別的事，居然沒有一個人注意我的這件衣服。沒人注意這件衣服，那就等於這件衣服的價值沒能體現出來，價值沒能體現出來，那還有什麼趕時髦高消費的意義可言？我覺得很懊喪。

「喂！」我終於忍不住了，「誰知道這件茄克衫值多少錢嗎？」

所有的人都停止了說話，都把目光聚在了我身上的這件茄克衫上。

朋友們對我這件茄克的反應顯得很漠然，誰的眼睛裏都沒有流露出驚訝不已的神色。這時，我多麼指望他們都圍上來，用眼睛看看這衣服的品牌，用手摸摸這衣服的質地啊！可是，沒有，一個都沒有。

一個工友輕描淡寫地說：「大概五十吧？」

另一個仁兄則道：「恐怕三十來元！」〔註9〕

其實，時尚或者時髦，在一些人看來，根本無法區別，認為價錢貴的就是時髦的，而衣服便宜的，就是過時的，這都說明，當時很多人缺乏對於時尚與服裝的認識，或者說服裝文化的研究尚處於初級階段，還沒有認識到時尚對於服裝的引領作用。就以此篇文章而言，茄克衫已不是21世紀的產品，從20世紀60年代就已流行，完全代表的是過去的服裝款式，沒有新潮可言，只不過是面料的變化，如今價格貴了，並不表示就是一件時髦的衣服，也不表示其為現代服裝文化的一種時尚。價格貴的衣服，不等於就是時髦的衣服；而時髦的衣服也非一定是價格貴的衣服，兩者之間並非等量齊觀。

一般而言，時尚的衣服，一定是新的東西，至少含有新的文化元素，否則無法稱之為時尚。即使利用的是舊的服裝設計、款式以及用料等，或者從

〔註9〕《時髦的憤怒》，《新民晚報》2001年11月12日。

傳統文化吸取各種各樣的靈感，也必須將其用一種新的設計理念和時代元素進行揉合、創造，才能有真正時尚的服裝出現。

2. 反年齡穿著

所謂年齡，是指在穿著服裝方面，沒有年齡的區別，單從服裝上已經無法判斷一個人的年齡。花季少女可以穿著童裝來扮靚自己，老年人同樣也可以把計較自己的年紀，而穿著大姑娘的漂亮的衣服。

女童裝裏有可愛的花邊、蕾絲，一般顏色比較鮮亮，也有粉嫩的黃色、藍色，長短不拘的裙子與褲子，是現代兒童的服裝。但是，很多三五歲的小姑娘卻穿起最時髦女性的弔帶裙，或者流蘇牛仔褲，有的女孩子還穿起弔帶背心裙，和與之相配套的還有半透明的小褂，好像是個成年人，這種服裝被人批評為沒有兒童的特點。同樣，男孩子穿的童裝，大都為成人版的休閒服裝，完全像個小大人一般。

與兒童服裝具有成熟特徵不同的是，年輕的姑娘卻穿起寶貝裝、卡通鞋，完全一副天真可愛的樣子，頭上梳著抓髻或者羊角辮，別上各種顏色的頭飾，身後背著花花綠綠的雙肩背包，加上白色的棉襪，大多數不穿長筒絲襪，顯示天真純情的模樣，成為 21 世紀初的一個服裝特色。

另外，在穿著上年齡顛倒的現象，還表現在老年人的服裝越來越花哨，如果從背影來看，幾乎看不出姑娘與奶奶的差別，這種背後美人的稱呼，似乎越來越普遍。

為什麼會出現這樣的現象？如今，由於經濟條件較好，生活比較優越，服裝的淘汰率越來越高，越來越快，很多買了沒有多久的衣服，馬上被棄之一邊，特別是女性的衣服更是如此。家裏衣櫥裏的衣服雖然很多，但是跟不上審美的需要，俗話說：女人總是覺得少件衣服，就是這個道理。事實上，並不是衣服不夠穿，而是缺少一件自己認為滿意的衣服。特別是一些不怎麼會買衣服的女性，經常是在商店裏買衣服的時候認為不錯的衣服，到家裏卻發現不怎麼對自己的胃口，於是去退掉，或者乾脆就放在衣櫥裏再也不去穿了，這樣既年下來，衣服越來越多，媽媽或者奶奶看不過去，就將女兒或者孫女的衣服拿來穿著，就出現這種馬路上背後美人越來越多的原因。

這並不是媽媽或者奶奶買不起衣服，但是節約的本能使得她們願意穿著子孫穿過的衣服，而且她們也改變了以往美麗好看的衣服只是給年輕人穿著的觀念，即使她們自己去購買衣服，也喜歡喜氣洋洋的色彩，而不喜歡灰黑

色調的，這種觀念的變化，使得她們更加容易接受兒孫們的衣服，因此，如今路上花裏胡哨的衣服大多數是老年人穿的，而年輕人（特別是女性）穿的卻是灰色的黑色的衣服為多了。

　　更有些愛美的女性老年人，為了在生命的尾巴追趕時髦，像年輕人一樣穿起同樣時髦的衣服，而這些衣服完全屬於年輕人穿著的，他們也毫不在乎別人怎麼說。例如我們居住的地方，有這樣一個女性，年紀近八十，冬天的穿著厚絨的暗格子的長裙，上身穿的是件牛仔衣。從外形來看，絕不相信她是個將近八十多歲的人。還有個經常來我們單位的女性，六十多歲還打扮得像個少女一樣。夏天，還會戴著一頂鑲有花朵的草帽，其身材也挺不錯，從背後看去，完全就是一個少婦的形象。前者是個工人家庭的主婦，後者是個文藝工作者，雖然兩人的身份各不相同，但是追趕時尚潮流的決心是相同的。在上海類似這樣的年老女性絕不是少數，她們與所有年輕女性一樣都是構造當今時尚高地的成員。

　　可以這樣說，這種服裝的反差，就是現代社會文明的重要標誌之一。

3. 反傳統穿著

　　男生穿花衣服，雖比較女性化，但已見怪不怪了。春秋時節，街上經常可以看到勇敢穿上花衣服的男生，他們突破傳統觀念，擺脫單調色彩，發揮男人花哨的魅力，有時候與褲子搭配，會出現意想不到的效果，能創造出與眾不同的自我的風格。

　　男生衣服的女性化，還表現在喜歡用各種小配件、小飾品裝點衣褲，如鏈條掛在褲子腰部，表達悠閒的心情。有的則在棉襯衫外加上一件背心，或者將領帶露在沒繫扣子的背心外，顯示另外一種風格。

　　外衣短，內衣長，也是屬於反傳統的穿著方法。過去，基本為外衣長而內衣短，將內衣長而外衣短說成為是一種病正規的穿法，要遭到家長的呵斥，然而到了 21 世紀這種觀念改變了，2007 年以後這種的穿著方法越來越鮮明，成為一種流行，再也沒有被人認為另類。

　　不僅是在春秋之際，年輕男女將襯衫穿得比罩衫長，而且冬天也流行這樣的穿著方法，絨線衫的下擺很長，長及大腿部位，外面套上一件滑雪衫，下面穿上一件厚實的襪褲，緊緊裹著，顯得身材十分修長。

　　這種穿著方式，與原生態的穿著方式，已經發生根本性的區別，它不再是傳統的千篇一律，而有了個性（特別是年輕人），展示的是一種新型的衍生

態的服裝文化。

三、新的服裝款式

在上海服裝的生態環境裏，最活躍的就是傳統的民族文化的原生態的文化元素；或者也可以說，原生態的傳統使得上海服裝產生新的款式，具有強烈的視覺衝擊，改變了人們穿著的習慣。

21 世紀初，是中裝非常盛行的時期，為上海民俗的一景，除了製作中裝基本材料的織錦緞和盤香扣之外，最惹大家關注的夏天的肚兜和冬天的女式中裝與坎肩，而這些原生態的民族文化元素的進入上海服裝文化之中。

1. 直接使用原生態的服裝

最有代表性的流行服裝，當屬肚兜。肚兜是 2001 年夏天上海街頭最有爆炸力度服裝。肚兜，就是傳統的具有原生態服裝文化元素的東西。那些時尚的女性，身著一抹小肚兜招搖過市，在烈日下，匆匆行走。那肚兜五顏六色，有的繡上花，有的繡上圖案；面料各異，有毛的、皮的，也有紗的、絲的。在設計方面，有全露背的，半露背的，還有不露背的，或者像吊帶裝一樣，但其基本形狀菱形，頸部有一弔帶，下擺尖尖的。這種肚兜出現後，一時間成為最搶眼的新聞，不僅街談巷議，而且各種媒體也都登載了這樣的新聞，同時還展開了討論。

據說，在酒吧，還舉行過「肚兜派對」。還有專業的服裝雜誌也舉辦過肚兜設計及其比賽。2001 年 6 月 22 日晚，由頂層畫廊、《上海服飾》和孟買藍寶石金酒合作的。中國肚兜派對將在先施大廈舉行。主辦者除了評選「設計」、「裁剪」、「搭配」等獎項外，還特別期待能有穿肚兜的男士到場奪獎。〔註10〕《新民晚報》在「服飾潮」版上，則追溯「肚兜上街」的歷史，「據《嘉定縣志》記載：『清末，富家男子在夏天穿絲綢長衫、女子穿絲麻料旗袍。士人穿自竹布短衫褲，農村女子夏天上身佩戴抹胸，俗稱肚兜』」。中國風繼續引領著時尚的腳步，古老色的肚兜，從晚禮服搭配到牛仔褲，很快成為了時下年輕姑娘們的新寵。數百年前姹紫嫣紅的肚兜正在今日的都市裏掀起一場「革命」。〔註11〕

其實，肚兜是上海傳統的夏天衣飾。過去在嘉定，正值盛夏會見到了許多穿肚兜的人，從老婆婆到年輕少婦，而未婚女子大概例外，理由是女兒正

〔註10〕 《夏裝亮點「中國肚兜」》，《上海商報》2001 年 6 月 22 日。
〔註11〕 《今夏最時尚打扮：吊帶與肚兜》，《解放日報》2000 年 7 月 26 日。

值妙齡。當然，去上班或是出席什麼正式場合，她們會在肚兜外套上件衫衣。傍晚，在嘉定的街頭，著肚兜、搖蒲扇的女子隨處可見。當時的肚兜式樣簡單，總之是一塊一色或條紋、純棉或滌棉的，而上邊一幽帶子套於項間，中間兩條帶子繫於腰際。穿著肚兜，涼快爽氣是一定的，要說美感，好像談不上。說穿肚兜不美，大概有些不客觀，因為在當時，小小的我也很覺得這樣的穿著是土的，有此偏見，自難客觀。在嘉定，這樣的習俗，直到70年代，仍隨處可見。〔註12〕

在上海市區，夏天炎熱的時候，一般小孩子穿肚兜，這是因為家長一方面害怕著涼，另外也算是小孩子的一件衣服。到了新世紀開始，肚兜成為年輕女性的穿著，也是21世紀上海服裝的文化一大特色。

肚兜的設計，非常簡單，但又非常具有實用性，只有一根布帶套在頸上，然後左右腰間布帶束在後面，就形成以件肚兜。這種肚兜，能夠將肩胛由此顯得更加纖弱，將這一新型女裝演繹得風姿綽約，並且使得女人變得楚楚動人，其嬌媚姿態油然而生。如果是傳統的肚兜，是演繹不出這樣的風情的，只有二者的充分的結合與利用，才是服裝達到完美的境界。

另外，小花襖也是當代很流行的服裝。眾所周知，小花襖是一種傳統的原生態的中裝，特別是在過年的時候穿著，象徵著喜慶、吉祥。中國人喜歡寓意，用紅紅火火來表示財氣和幸運，在千禧年裏，人們用小花襖來迎接新年的到來，更代表著一種傳統的中國文化。在上海，有許多穿著紅花的小花襖走在街頭：

> 入冬以來，線兒勻、針腳密的中式小襖走俏都市。也許是節目主持人都穿著它在電視臺頻頻亮相；也許是它莊重大方，恰到好處地體現了中國女性含而不露的傳統美德；也許是夏戴肚兜秋扣旗袍，冬天就該穿花襖；也許是……都市的女性服裝潮流在時間的長河裏以自我為圓心、以美好的願望及苦苦的追尋為半徑畫了一個圓，終於回到了起始點，中式服裝又開始走俏。先是餐館的服務小姐、商廈的導購小姐多選擇那種立領對襟衫旗袍做工作服，透著隨和與親切，入冬後便有緊腰身且保暖的小花襖堂而皇之地進了店上了街。〔註13〕

〔註12〕《回想肚兜》，《新民晚報》2000年2月28日。
〔註13〕張慧敏《又見小花襖》，《新民晚報》2000年12月26日。

這段文字，反映了當時人們穿著小花襖的流行與走俏的原因。在那個時期，還流行一種紅色的背心，袖口處有白色的絨毛，更加顯得鮮豔奪目，同時也那個製造喜慶的氣氛。在這樣一個跨世紀的重大時期，人們用服裝來點綴節日的色彩與氣氛，更加表達出人們喜悅的心情。

這種服裝是設計師根據中國文化的特色而製作出來的服裝，或者更準確地說，無論是肚兜的流行，還是小花襖的出現，都是在傳統的基礎上進行創新的結果，或者說，如果沒有傳統文化作為創新的基礎，新的服裝是很難被設計出來，更難以被人們一下子接受。只有在傳統文化的元素，才能夠將這些元素與新的設計有機地結合起來，以達到服裝的傳統化與現代化有效結合，而產生新的符合社會與時代的發展來。

唐裝也是中裝的一種，自從誕生以來，一直被喜歡它的人們所關注，並且成為節日文化的代表性服裝。到了 21 世紀，唐裝在前期的基礎上有了新的發展，創造出各種各樣新的造型：立領、敞領、斜襟、對襟、盤花扣、織錦緞、萬字壽字紋、繡龍綴珠等較為傳統的元素，普遍採用傳統的真絲雙宮綢、萬壽緞、留香縐被，同時運用現代時裝面料，如滌綸錦綸黏纖成分的人造絲織錦緞，顯得輕、薄、軟、飄，手感和肌理效果及易於保養。圖案變化多色澤亮麗的織錦緞。紐扣則以清新簡潔的一字紐（也稱直腳紐）為主。根據款式的不同，也有相當一部分採用蝴蝶紐、葫蘆紐等盤花形紐扣；袖子基本以短袖、小連袖、無袖為主，而倒大的中袖及長袖相對較少。同時，還推出的唐裝情侶裝，受到年輕人收的歡迎。

南京路的時裝公司還專門開闢商場陳立唐裝，如藍坊亮、安娜貝兒、竹筠、霞芳、依枚、義仁、翰藝、頗麗·士爵、盈蛉中裝品牌，新推出的各種各樣的品牌，更使唐裝精彩紛呈。

2. 加入原生態文化元素

原生態文化元素的加入，可以改變上海服裝的款式。在這裡，加入的不僅有中國傳統的文化元素，也有西方的傳統文化元素。

據說，弔帶衫、弔帶裙、細帶衫等，是設計師從中國肚兜裏獲取的靈感而被設計出來的，其實更帶有西方服裝文化的烙印，是借鑒了西方裙子的特徵，只是將肩部的設計成為弔帶而已。弔帶衫同樣演繹了夏天的美麗，粉紅、粉紫、粉藍、湖綠、橙色、白色，帶著浪漫氣息的粉色一統天下。另外，由於復古風氣的大行其道，各類修飾也理所當然地「躍然衣上」。網紗、繡花、蕾

絲、珠寶、亮片、流蘇應有盡有，弔帶衫似乎將古往今來所應用的各種材料和工藝「一網打盡」。而裝飾的部位更是無所不及，袖口、褲口、前胸、後背、下擺、側縫，甚至爬上了肩帶。〔註14〕

　　弔帶裙因其涼快飄逸，多姿多彩，在夏日受到了越來越多的女性的喜愛。然而，穿弔帶裙應注意以下三個細節：第一，不宜穿有背帶的胸罩，因為弔帶裙滑來滑去，容易露出胸罩的背帶；第二，穿弔帶裙舉手投足，露出腋下的腋毛，顯得不太雅觀；第三，穿弔帶裙，頸部、手臂、上半截胸部、背部暴露在外，皮膚暗沉粗糙，膚色偏黃，頗煞風景。

　　穿著弔帶裙，是一種時尚，但也給日常生活帶來麻煩與尷尬。2006 年 7 月 14 日，市民信箱公布對 2400 名市民的專項調查，結果顯示，55%的市民對不分場合的著裝暴露現象比較反感，更有 44%的市民認為女性在公共場合過分「清涼」的穿衣風格是對男性的視覺騷擾。其中，最遭市民排斥的是「赤膊上陣」，對這種行為說不的市民比例達到了 71%，而女性不分場合展示「露臍裝、露背裝和超短裙」也讓部分市民覺得不舒服。

　　不少人在網吧等公共場合表現出來的赤膊等不文明行為，引起市民的憂慮。92%的市民就認為這樣的舉止會對未成年人造成負面的影響。〔註15〕

　　《青年報》夏令熱線也接到諸多讀者的反映，女士的「低胸、弔帶、超短」等過於清涼的裝束，也在本市人流擁擠的公共交通上，給乘客們引來尷尬。昨日（2006 年 7 月 14 日），記者出擊上班高峰時的地鐵車輛以及公交車，現場看到了因「清涼裝」使得碰撞引發的糾紛「升級」。

　　上午 9 點左右，中山公園地鐵站內擠滿了人，在記者前方，站有一位穿低胸弔帶衫的年輕女子。當地鐵突然啟動時，一男乘客站立不穩一趔趄，左手不慎碰到女子肩部。「別誤會，我沒站穩，真是不小心的。」儘管男乘客連聲道歉，但還是遭到了女乘客的白眼，並指責男乘客對她性騷擾。

　　對此，乘客們議論紛紛。記者隨機採訪了幾個乘客，一位在新加坡公司做諮詢工作的游先生表示，他覺得那名男乘客很無辜，「我比較反感女性在公共場合著裝暴露，讓人看了不舒服，也會引來誤解或騷擾。」「合適而正確的著裝儀態也是一個城市文明的體現。」不少市民這樣認為。

〔註14〕　《今夏最時尚打扮：弔帶與肚兜》，《解放日報》2000 年 7 月 26 日。
〔註15〕　《公共場合穿著過於「清涼」引出不少夏日尷尬和煩惱逾半數市民反感街頭暴露裝》，《青年報》2006 年 7 月 15 日。

在哪些「清涼」打扮令人討厭的調查裏，有這樣的數據：

赤膊 1705 人，占 71%

涼拖鞋 123 人，占 5%

弔帶衫 131 人，占 5%

露臍裝 219 人，占 9%

超短裙 85 人，占 4%

露背裝 138 人，占 6%。〔註 16〕

從這些數據裏，可以看出，人們雖然對弔帶衫、露臍裝、超短裙、露背裝等「清涼」打扮有意見，不滿意，但是與「赤膊」相比，明顯差距甚遠，反映了人們對於新的服裝款式的寬容。

四、新的觀念變化

21 世紀之所以上海人能夠出現新的服裝款式與穿著風格，根本之點在於觀念的改變。原生態的文化是一種傳統的延續，很少有大步的前進，這是農業經濟的侷限造成的，但是都市的發展改變了這樣的發展軌跡，也更加快了服裝的變革與進步。上海由於處於中西文化的前沿，而且能夠比較早的吸收了西方社會的文明，因此給上海服裝的款式與穿著，帶來深刻的變化，特別是進入 21 世紀，人們的觀念更加開放，過去不敢穿的衣服，現在敢穿了；過去不敢帶的帽子，現在敢戴了，這些都給上海原生態的服裝文化的發展帶來新的動力。

其觀念變化的表現有：

1. 追求身體之美

乳溝的外露，過去的不敢想像的事情，隨著人們觀念的開放，追逐時尚的女性，敢於穿著低領的襯衣，露出一條細細的乳溝，體現女性之美。即使是在寒風瑟瑟的秋天，愛美的女性也會在大衣或者羽絨服的包裹下，裏面穿著雞心領的羊絨內衣，微微敞開著乳溝，只要一脫下外套，就可以看到這一點。

在戶外胸罩廣告裏，也絕不放棄對乳溝的描述，所有這一切都源於人們對女性身體開放的觀念，人們對女性身體之美，再也不是羞羞答答的那種感覺，而是非常坦誠地看待，毫無封建衛道士的虛偽和做作，反映的是一種社

〔註 16〕《弔帶裝讓無意間磕碰成「騷擾」》，《青年報》2006 年 7 月 15 日。

會的進步。

露肩裝也應該被列入這一節中，肩膀也是身體的一部分，敢於露出肩膀是一種大膽之舉。露肩裝的出現，是 21 世紀以來上海年輕女性穿著服裝的一大亮點，它打破了傳統衣服緊裹身體的束縛。還有露背裝，也屬於追求身體之美的一種服裝，即使是女孩子，家長到了兒童節也喜歡給孩子買件露背弔帶衫、蕾絲花邊超短裙、尖頭涼拖鞋，將她們打扮得漂漂亮亮的。

如今，時尚女人的衣櫃裏都會有好幾件露肩、露背的裝束。夏天，行走在大街小巷，那微露、半露、全露的美肩，各盡其姿態，如鮮花般展示，其膚色與衣服的色彩之間形成或強烈或和諧的自然之美。

露肩裝因其款式特點使上身比重減輕，因而體態顯得更加輕盈，可施以鮮豔奪目、繁複精緻的圖案花紋，這是有袖衫所不能代替的。在夏天，能夠一展肩臂，無疑是一大幸事。想像一下，酷暑，天氣濕熱，汗如雨下，兩腋被包裹得嚴嚴實實的，熱得讓人胸悶，無論是穿著者還是旁觀者都會有同感。較之露臍，女人露肩風險小得多，許多女人肚子都有贅肉。所以露臍裝只能寵幸那些小女生，而女人的肩絕大多數都是美的，豐腴纖細各領風騷，不必為此操心，需要注意的是保養好皮膚就行了。露肩裝除了在服裝上做文章之外，也可以在肩膀上下工夫，或在上面貼閃亮的金箔，或在滑膩的香肩上披上一條長長的圍巾，都可以盡呈風流，顯得雍容華貴、嫵媚動人。〔註17〕

由於天氣熱，年輕愛美的女性穿著比較少，往往會引起犯罪人員的侵犯，因此有報紙發文，希望引起人們的注意：「夏季天氣悶熱，愛美的女性往往衣著時尚、暴露，而且公眾也喜歡在相對涼爽的夜晚進行娛樂社交活動。再加上不少女性夏夜單獨在偏僻處行走，夜晚長時間在外停留，與不相識者過分親熱，易輕信等原因，性侵犯因此比較多發。」〔註18〕這種是一種善意的提醒，特別是剛剛走出身體束縛的時期來說，尤其必要。不過也要看到，引起色狼犯罪的，不僅僅是因為衣著時尚、暴露，而是由於多種社會原因的綜合所致。

2. 追求全棉之美

過去人們認為，棉製品容易破損，不夠挺括，顯得老土，如今技術發展，工藝創新，全棉產品已經與化纖產品不分伯仲，還保持了棉紡織品的優點，

〔註17〕《一肩擔盡天下美》，《新民晚報》2001 年 6 月 27 日第 24 版。
〔註18〕《夏季多發盜竊、性犯罪　當心小偷和色狼》，《青年報》2003 年 7 月 7 日。

因此追求全棉成為一種時尚，棉的褲子、棉的衣服、棉的短衫、棉的開衫、棉的弔帶衫、棉的 T 恤，幾乎所有的衣服都希望是全棉的，而且在買衣服的時候，最常問的一句話就是：這是全棉嗎？如果不是全棉的，購買者就會有顧慮，很可能就是因為這樣的原因而放棄購買的念頭。

事實上，全棉的衣服上有其好處的，能透氣，穿著舒適，也很自然，沒有化纖衣料的死板、固定，而且全棉的布料可以製作成為各種各樣的裙子，有大花型的、小花型的、淺色的、深色的、跳躍的、文靜的，另外，還有套裙、連衣裙、百褶裙、短裙、開叉裙、迷你裙、A 字裙，等等。

棉質的仔褲、蘿蔔褲在 21 世紀頭幾年的一種流行，是十分跳眼的新花樣。在這類褲子上，還會繡上各種花的圖案，有的繡在前袋口，有的繡在前片上，也有的繡在褲管上，有的還點綴一些流蘇，使得本來非常硬朗的牛仔褲更多了一點柔美，更有的牛仔褲上裝飾有金線或配閃光片，顯示出與眾不同的風格；蘿蔔褲繡上各種圖案之後，也顯得更加花哨，更加好看，還有容易搭配的，還有符合個性的。穿著這樣服裝的大多數是年輕女性，只有是全棉的衣服都會受到歡迎。

3. 追求張揚之美

在服裝穿著方面，用張揚來表現，就不是一個非常美妙的名詞。在有些人的眼裏，張揚就是離開現實接受的程度而進行穿著的狀態。有人寫了這樣一篇文章，其中有這樣的描述：

一位 30 多歲的女子，蠻豐滿的，穿了一條短得連臀部和大腿連接出都暴露在外面的大紅熱褲，上穿只有女性專用運動房跳操時才穿的文胸式小胸衣，一雙高跟白涼鞋，在徐家匯匯金百貨商場裏哼哼地昂首挺胸向前進，很多人盯著看，也有不好意思看。最後，作者發表了感慨：太張揚，嚇死我了。〔註19〕

敢穿衣服，這是上海女青年的一大特性，她們敢於穿出時代的感覺，也能夠追尋世界服裝的潮流，有的時候她們又與人們對於服裝的接受度產生距離，這就造成人們會用不一樣的眼光來看待他們。

低腰褲，也屬於這樣張揚的服裝，曾經產生過各種各樣的議論，但是過了一陣子之後，人們發現街頭的低腰褲依然盛行，褲腰不再那麼低領。所謂低腰褲，就是腰身與褲檔之間的距離比較短，一般都是年輕女性穿著，是 2006

〔註19〕《張揚》，《新民晚報》2000 年 10 月 10 日。

年左右流行開來的褲子式樣，大多數為牛仔褲。如果站立的時候，這樣的褲子很有型，穿起來別具一格。但是蹲下去的時候，卻顯得十分不雅，由於上衣較短，低腰褲常常會露出內褲來。一次在東方商廈，看見一個漂亮時髦的女子就穿著這樣的低腰褲，她蹲著正看著櫥窗裏的皮鞋，而低腰褲被帶彎下，顯露出紅色的內褲，甚至還微微顯示股溝。可能這位年輕女子覺得無所謂，泰然處之，卻引起別人的關注和議論。

這種過分張揚的服裝，應該屬於時尚的一種，但是可以相信，只有與人們審美有比較好的結合點，才能夠被大多數人所接受；而那些過於超前的服裝，會流行，但其生命力一般不會太長。

4. 追求搭配之美

搭配是一種藝術，會搭配的人，每天都能打扮成不同的樣子，而且不用花費很多的錢，而不會搭配的人則幾乎每天都要穿什麼衣服而發愁。

夏季女性的衣服，繽紛多彩，只要學會衣服的搭配，就會有意想不到的效果，使人眼前一亮。在夏天，選一些顏色鮮豔的背心，搭配各種裙裝或褲裝。比如說，穿一件嫩黃色弔帶背心，配上蘋果綠的印花及膝裙，再穿一雙鮮豔的高跟拖鞋，不管是去逛街還是參加 Party 都很適合。也可以穿件露背式的粉紅針織背心，配一條純色紗質的闊腿褲，飄逸又可愛。

如果你愛運動，那麼本白短袖 T 恤加上蘇格蘭格子短褲，還有一雙沙灘涼鞋，就會讓你充滿青春動感。如果你不想埋沒你的美腿，就換成一條牛仔熱褲，相當搶眼哦！

水果色的繡花連帽背心加上鑲珠片的牛仔中褲，再背一個卡通雙肩包，真是一個活潑的小女生了。白色 V 領長袖 T 恤和長裙的搭配，最能顯出女生的秀氣，配一頂精緻的卷邊太陽帽，又可愛又動人。〔註20〕

事實上，上海街頭的夏天的裝束是非常豐富，好像是一場場時裝秀，盡情地展現養眼的風景：紅色粉花小幸寸衫和綠色開叉七分褲；綴有蕾絲的娃蛙衫，配上帶有荷葉邊的超短裙，再加一雙淺色休閒鞋；戴一頂有大大帽簷的草編帽，穿一襲寬鬆的泡泡紗連衫裙，同樣別有情趣。

當然，不是每個人都會搭配的，比如在短褲下又穿長筒絲襪，背心上又加披肩，將瀟灑的短裝一層層包裹起來，這種裝扮在夏天裏反而覺得非常多

〔註20〕《青春少女夏裝秀》，《新民晚報》2001 年 6 月 6 日。

餘，而且也不涼快。

再比如，緊身單薄的夏裝，會使胖子更胖，瘦子更瘦。瘦子穿緊身衣、彈力瘦身褲，會增強乾癟細長的四肢，而胖子穿緊身衣，使突出的腹部無法遮掩。這些都不當的穿著方法，兩種人都應以一定的寬鬆度來彌補自身缺陷。如瘦細的褲子與旅遊鞋或高幫鞋搭配，就有頭輕腳重之感，在無袖低胸裙裏襯一件長袖襯衣會顯得很厚重，顯然在搭配上不倫不類。

在搭配方面，除了用服裝來進行之外，也需要鞋子、配飾、拎包來共同配合，才能夠起到好的裝飾效果。

2000 年開始，女人包的式樣越來越多，有拎的，有背的，還有挽在手裏的，其樣式也是琳琅滿目，「水餃包」、「保齡球包」、「醫生包」、「信封包」，從鱷魚皮、蛇皮到尼龍、纖維的，應有盡有。

女人的包是衣服最好的搭配，如果搭配得好，可以起到畫龍點睛的作用。所以有人說，漂亮的包，是漂亮的女人的口紅，如果沒有時髦的包，就像女人化了妝沒有塗口紅。2001 年夏天曾經流行一種硬殼的小包，沒有肩帶，最多一個皮環讓你抓在手上，這種手拿包，可以出席各種場合，如晚宴。

如今又開始流行大的包，這種大的包，符合現代工作、生活女性，裏面可以放很多的東西，如口紅、零錢、證件等，並且出現了人性化的隔層，比如放傘區、手機區、皮夾區，十分方便。

包的製作面料也呈現多樣化，尼龍、帆布、人造革、塑料，並朝質輕、防水、易清理的趨勢發展；色彩與淺奶油色、駝色、粉紅、水藍、淺綠別有清新之感，或黑或白的顏色則是包的永遠不會過時。另外，包從實用性變成一種身份的象徵，LV 包成為多少年輕女性的夢想，弔在臂中、夾在腋下，會感到無限的自豪與驕傲。

搭配就需要將舊衣服進行有效的利用，這樣也可以有新的穿著感覺。現在人們不會覺得沒有衣服穿，而是覺得沒有適合自己的衣服。每家每戶都有大量閒置的衣服，而沒有使用，束之高閣，成為一種「雞肋」。

但是也有人將舊衣服，進行組合之後成為時尚的穿著。一個叫「謝冰清」的人有幾件舊衣服：一件紅色棉質的圓領連衣裙，短袖，一條普藍色的舊牛仔喇叭褲，一件黑色棉質低領緊身衣，幸好它的袖子夠長。一條黑色開叉緊身褲，一件很肥很大的 V 字領線衫，一條條紋弔帶背心，一條湛藍色格子短裙，一件黑色收腰及踝外套。

進行她的精心搭配之後，有了新的穿著的感覺：

組合 1：紅色棉質圓領連衣裙+普藍色喇叭褲+黑色低領棉質緊身衣。這種緊身衣+喇叭褲再罩裙的方式層層疊疊，展現我的活潑可愛！

組合 2：連衣裙+緊身衣+緊身褲，跟組合 1 差條褲的打扮卻顯得很另類。

組合 3：肥大 V 領線衫+弔帶衫+連衣裙，體驗飄逸青春，但我難得一穿。

組合 4：緊身衣+V 領線衫+黑身緊身褲，這種打扮可以打破黑對黑的平淡，味道成熟。

組合 5：紅藍弔帶背心+湛藍色小格子裙+黑收腰外套，這種穿法冷不冷熱不熱的，但很亮麗清純。〔註21〕

從單件來說，沒有什麼新鮮感，但是進行合理的組合，就有了新的時代的時尚感覺。上海電視臺《生活時尚》頻道將曾經有過這樣的節目，請時尚設計師到年輕女士家裏，替她們將舊的衣服改造成為新的符合潮流的新的時尚打扮。這位設計師所做的就是將舊衣服進行修改，有的只需要稍稍做些改動，就使得舊衣服變成型的款式，然後進行各種搭配，如上衣與下裙，與帽子、與髮型等進行多重搭配，運用設計師獨到眼光，將原來無法穿著或者根本不想再穿的衣服，改變成為新的具有時尚元素的裝束。

搭配也越來越成為人們關注的焦點。在《上海一周》上發表了《冬日潮人街頭 PK》的照片與點評。眾所周知，《上海一周》是年輕喜歡的報紙，刊登這樣的文章，是要人們注意服裝的搭配，只有做好這一點，就能夠穿出個性與風格。比如有個戴禮帽、和白圍巾的姑娘，上身穿的是黑外套，白色的褲子，腳蹬一雙黑色牛仔皮鞋，很有男子氣概。因此，三個評論員分別發表這樣的見解。時裝設計師說：圓頂禮帽、鉚釘及踝靴組合容易顯得過於硬朗和男孩子氣。舒服的針織大圍巾正好平衡了這一感覺。時裝編輯說：圍巾是亮點，把 Rocker 風格串聯起來，同時加入一點柔和氣息。最後一位模特說：圍巾和帽子很搶眼，在室內配這樣的圍巾有點厚重哦。〔註22〕

事實上，每個人都自己的服裝評判標準，穿著者同樣也有自己的標準，搭配服裝，同樣也有各自的標準與喜好，否則是不會穿著自己不喜歡的衣服而走上街頭的，不過事物是有客觀標準的，這個標準對於服裝搭配來說，就是和諧、美觀，只有做到這一點，就能夠使得服裝發揮最大的審美功能來。

〔註21〕　《舊衣服，新風格》，《上海商報》2001 年 6 月 26 日。
〔註22〕　《冬日潮人街頭 PK》，《上海一周》2009 年 12 月 15 日。

上海女性是很會穿著的，但是對於搭配衣服卻被一定在行，當然並不是所有的女性都是這樣，很大一部分的確如此。《新聞晨報》2004 年 3 月 14 日發表了一篇《上海女人不會搭配》的文章，說：「MISS SIXY 的誕生於兩位創始人的服裝試驗，他們嘗試了以往從來沒有用過的搭配，出乎意料的歡迎。目前，它在全世界的時尚都市都有分店，而上海專賣店是中國大陸發展的第一步。工作室的成員都是年輕人，在推廣的過程中他們發現，上海人對新鮮事物的接受能力相當不錯。本來以為試驗風格的款式會受到冷落，卻出乎意料地好賣。相反，基本款式不太引起上海人的興趣。這又為什麼呢？MISS SIXY 的成員說，因為上海人還不太懂得搭配。」

此話有一定的道理，或者是一語中的，道破了如今社會上一些追求時尚的弊病。新的服裝可以製造時尚，同樣搭配也能夠造成時尚的效果。服裝搭配是一種學問，要學會搭配也不是容易的事情，只有有了相當高的服裝審美能力，才能夠做好服裝的搭配，不僅能從新的服裝裏看到搭配的元素，也能夠從舊衣服裏找到搭配的最佳方案。由於沒有更多的搭配經驗，很多人只是一味地購買衣服，而不知道如何在過去的服裝裏，尋找出時代的元素，並且成功地進行搭配。

事實上，原生態的服裝文化，也講究搭配，只不過那時候更注重實用性，而現代搭配，已經成為一門藝術，會搭配的人能夠將服裝穿出好的時尚效果，如果搭配不當的話，其衣服的價格雖然不菲，但是其穿著的效果，卻不是很理想的，甚至會有相反的結果。

五、新的文化思考

1. 原生態的文化不是一成不變的，變是一種常態

哲學史告訴我們，任何事物都在變化的。所謂不變是相對的，而變是絕對的，因此世界上的一切事物都是變化的，只是人們對其產生的感覺不同而已。事物的變化與發展就是由量變到質變，由部分質變到根本質變，在新質的基礎上又開始新的量變，如此循環往復、相互交替，以至無窮。成語所謂的一成不變，是一種文學語言，只是強調其變化之微小，而不是說它根本不變。上海服裝文化發展的歷程，闡述了這樣一個道理：原生態服裝是會隨著政治、社會、經濟、文化、審美、技術的變化而發生變化的，這是客觀的存在，和變化的根本要素。

應該說，上海原生態文化是一種中西文化交融的文化。開埠之前，上海文化是一種農耕文化，其服裝同樣帶有中國傳統農業文明的特徵；開埠之後，西方文化進入上海，這時上海文化發生了根本性的變化，其服裝的原生態狀況，就發生了或細微或巨大的變化。到了 21 世紀，上海服裝的原生態狀況，更是常常會被各種各樣的原因所改變。

（1）時尚

由於時尚的原因，同樣是褲子，人們再也不滿足過去原生態的褲子，也不滿足僅僅穿著西裝褲，因此出現了其他各種類型的褲子，其式樣是應有盡有，如漁夫褲、牛筋花褲、低腰大腳褲、水桶褲、小腳褲、工裝褲、寬鬆褲、熱褲、繡花褲，等等，這些褲子一方面可以將女性打扮得非常漂亮，同時也可以使得這些人顯得更加成熟，更加時尚。

2007 年，上海又流行一種中性打扮的風格。有一篇文章《上海：中性扮酷進行時》這樣描述道：「夏季，上海街頭的熱辣風潮一波未平一波又起，這一季，潮流趨向轉向中性酷感的女性形象，超級嫵媚的女性化元素結合帥氣灑脫的中性設計款式，有一種非同尋常的迷人氣質。」接著，文章還介紹了幾種街頭的年輕女性的裝扮：1. 整身格調以灰色為主，隨性的風格在灰色西帽與灰色蝴蝶結大包之間跳躍。整個打扮非常中性，金屬項鍊很有質地。2. 紅色的鴨舌帽很搶眼，白色印花 T 恤與牛仔短褲，中間索一條 D&G 的腰帶，立刻提升了整個品位。3. 靚麗的紋格半袖衫搭配黑色弔帶，灰色的寬鬆褲，帶有隨意的中性風格，大大的耳環突出了女性化的細節。4. 黑色的背心是今夏的流行色之一，不甘示弱的黑色大包變化著兩種顏色。牛仔褲使得雙腿更加修長。

這種中性打扮，更是顛覆了原生態服裝穿著的性別差異，顯然是一種時尚的追求。

（2）季節

每逢季節轉換，人們的服裝也隨著變化，一般都會超越過去服裝的款式與顏色，如今這種季節轉換的節奏越來越頻繁。如秋季開始，在米色和白色等淺色調服裝上，加入深色系的下裝，體現了一種季節的轉換。同樣到了冬天，人們的服裝顏色逐漸變得深色（如黑色、深灰色等），這樣更加覺得保暖，也與季節的色彩相一致。

當然也一些服裝與季節色彩相反，如紅色或者大紅色的顏色與冬季色彩

具有很大的反差，特別是女性羽絨服的色彩尤其如此。

夏天，幾乎每年都也會有變化，絕不會重複去年的流行。例如，太陽裙是 2001 年夏天流行的裙子。這種太陽裙新增加了一件引人注目的「外衣」——透明的印花或植物絨紗裙。而這層美妙的透明紗裙就成了這年夏天細帶裙的亮點。款式上獨具匠心，長長的細帶在背部露出胛骨，猶如過去的晚宴裝。也有刻意於柔情的設計，兩條紐帶略短，領口採用直線造型，腰部剪裁得體，曲線分明。主要留意下半部的搭配，整體造型和秀美。圖案設計也各有千秋。採用植絨工藝而成的花卉圖案極富立體感。裙邊厚重，領口輕薄，彷彿一堆美豔的花朵正被風紛紛揚揚地吹散開去。恬靜中帶著幾分動感。〔註23〕

應該說，每個季節都有十分時髦的衣服與款式的出現，會給不同的季節帶來不同的氣氛，這就是上海的穿著文化的一種體現。

每當季節轉換，一些年輕時尚的女性，就迫不及待地換上新裝，來迎接新的季節。特別是春夏之際，時髦女子早就不顧溫差變化，大膽的女子穿起了單衫，不僅如此，還露出了肩膀，背後還有開洞透氣的地方。這種「清涼裝」一向是女性的最愛。一旦有豔陽高照，她們紛紛亮出新的裝扮，使得路上行人都向她們致以注目禮。曾記一時，背心、領帶、短褲都是日本女學生的標準打扮，如今也被上海的女孩借鑒過來。往腳上一看，裙擺式的長筒襪好惹眼，當然還配有一雙高幫厚跟鞋。〔註24〕

（3）禮儀

現代社會有各種各樣的場合，而各種各樣的場合就需要有與之相配的各種各樣的服裝，也稱之為禮儀服裝。這種禮儀服裝的出現，同樣改變了傳統的原生態的服裝文化。

上海原本是個講究禮儀的地方，走親訪友一般都會穿上比較好的衣服，即使是外出逛商店，也是喜歡穿整整齊齊。到了 21 世紀，這樣的習慣仍然未變。再說，上海是個國際化大都市，各種各樣的社交活動比較多，參加展覽會、音樂會等，都需要穿著正裝，因此禮儀服裝也成為人們談論的話題。

2001 年 11 月 7 日《新聞晨報》專門開闢一個專欄「參加藝術活動，你會穿禮服嗎」，其中發表了幾篇文章，談了他們的看法：

有一位說：我對聽音樂會、看舞臺表演的概念是一種藝術欣賞，而不是

〔註23〕《今夏女裝靚麗多姿》，《上海商報》2001 年 5 月 30 日。
〔註24〕《天未熱，身先露》，《新民晚報》2001 年 5 月 2 日。

社交，所以至今不曾在所謂「禮儀服飾」上花心思。平時在公司，那些刻板的職業裝已經夠受的了，臨到按自己的興趣需要去欣賞音樂或表演，本屬休閒放鬆，卻還得煞費苦心地張羅服飾，實在不願意。我總是儘量穿到那些高雅場所允許的休閒程度的底限，比如不穿牛仔和跑鞋。看到別人不厭其煩地穿得隆重無比，我也會覺得有壓迫感。〔註25〕

　　還有一位說：作為普通百姓不會三天兩頭去高檔場所欣賞藝術，所以視這種機會為難得之事，衷心希望漂漂亮亮、正正規規地出現在那樣的場合。所以那次和老公去上海大劇院看芭蕾舞劇《吉賽爾》之前，我認真考慮了一下「行頭」的問題。見過有男士身著優雅的深色燕尾服、女士一襲禮服式的長裙走上劇院臺階的。不過他們往往是從私家車裏鑽出來，想必直接由家中到劇院。想我若披掛起晚禮服來，即使打的，也必有一段路要在社區內招搖而過；老公要從單位出發，更難想像如何能一身禮服在辦公室裏辦公，又不見得一本正經帶了衣服去換。

　　於是我去買了一條披肩。步入大劇院時，老公是平時的一套西裝但配了一條很正式的領帶，我則是日常的一條式樣大方的絲質長裙加上披肩。後來我留意過要添置去高雅藝術場合的服飾，但市面上很多式樣太誇張了。我發現不如參考莫泊桑小說《項鍊》中的方法，備那麼一兩件質地好款式大方日常也能穿的服裝，配上較華麗莊重的首飾和其他配件就能應付自如了。〔註26〕

　　這是兩種觀點具有一定的代表性，說明人們還沒有適應這種國際慣例，但是主流文章卻表達了另外一種觀點，也就是上海需要禮儀服裝，事實上上海有些人也這樣做了：

　　我是一位樂迷，以前的十天中，我就去大劇院聽了三場音樂會。像我們這種真正的樂迷，收入未必高，不會專門為聽音樂會而買套禮儀裝。但我比上班時穿得好，通常穿上我的當家西裝。

　　我觀察下來，現在上海人去大劇院這類場合，穿著還是比較講究的，穿很休閒、摩登服飾的人倒很少。我經常對同事說，上海最漂亮的女性就是大劇院的觀眾，她們的服裝不一定是袒胸露背的晚禮服，多數是深色套裝，有的則是合身的連衣裙，她們的神情、氣質已和奧斯卡頒獎晚會上的女性不相上下。她們的服裝大多很得體，和氣質是相稱的。而多數公司老總或戀愛中

〔註25〕《不想太隆重》，《新聞晨報》2001年11月7日。
〔註26〕《禮儀服飾有點遠》，《新聞晨報》2001年11月7日。

的白領更地道，西裝面料、做工，配的襯衫、領帶，都很經典。〔註27〕

穿著西裝，聽音樂會，應該視為一種正規的禮儀服裝。其實，在藝術節、音樂會、會議等場合，都有關於穿著衣服的要求，也在客觀上強化了人們穿衣意識，在現實中，人們已經自覺地遵守這樣的規則，說明了一種文化的進步。

當然不同的場合會穿不同的衣服，譬如去參加搖滾音樂會，就不一定要西裝革履，只需要穿著牛仔衣褲或者其他休閒的衣服即可。而參加詩歌朗誦會也可以有多種多樣的穿著，也一定與詩歌的浪漫有一種呼應。

我一位同事可是位「小妖精」，她會自己裁縫衣服，更會搭配衣服。去有點層次的場合時，通常行頭十足，這些行頭其實不貴，但絕對禮儀。記得兩年前去大劇院聽「普希金詩歌朗誦會」，她穿上無袖旗袍，粉綠底子本自碎花，披了條很大的紗披肩，是極淺的咖啡色，露出雪白的一段小臂，挎著小坤包。我們罵她奢侈，特地裝模作樣弄這套衣服。她偷偷笑著，「這就是好幾年前在蘇州花 30 元買來的，你們忘啦？」我們這才想起，那時人人買的，可我們都壓在箱底，哪想到這便宜貨也上檯面。〔註28〕

在上海，這種原生態的服裝文化的被改變，是一種社會潮流，是國際化大都市的重要體現，也就是說不同的場合要穿著不同的服裝，已經在上海悄悄地流行起來。

過去上海人的穿著，注重的是年、節的變化，而穿著服裝，如今這種傳統的穿著方式得到很大的修正，更關注的是場合，場合的不同，穿著不同顏色的服裝。例如參加喪禮時，一般都不會穿紅色的衣服，相反參加婚宴的時候，一般都不穿著黑色的服裝或者襯衫，以免造成不協調的氣氛。

當然，這樣的服飾禮儀正在形成之中，尚未成為一種非常流行的上海風俗，可以相信隨著人們生活水平以及文化意識的提高，這種服飾文化趨勢，會越來越受到人們的重視。

2. 原生態的服裝必須要發展，否則就沒有前途

21 世紀上海原生態的服裝，是從 20 世紀慢慢地演進過來的，中山裝、茄克衫、兩用衫、西裝褲等曾經是上海服裝的主流，其實這些也不是原生態的服裝，而是借鑒了西方剪裁技術，最為原生態的衣服應該是中國式的大腰褲、

〔註27〕 《要注重由內而外的禮儀》，《新聞晨報》2001 年 11 月 7 日。
〔註28〕 《幾十元搞定禮儀服裝》，《新聞晨報》2001 年 11 月 7 日。

對襟衣服、布鞋，但是社會的進步，這些原生態的服裝必然會被上海都市人群所淘汰。

有淘汰，就有發展，其發展的途徑有兩個：一是利用中國文化元素外，二是吸收外國服裝的形式與元素，使之成為新的服裝款式。如：女孩子穿的白雪公主的裙子；男生、女生冬天穿的雙排扣的大衣，類似像西方中世紀貴族穿著的衣服；冬天皮質的中幫鞋，鞋口多綴白色絨毛，像是聖誕老人的靴子。這類款式的鞋子，2009 年非常流行。所有列舉這些，就是利用西方服裝文化元素而製作出來的新的服裝款式，成為上海街頭美麗的風景。

2001 年流行的英國紳士風格衣服。當時，格子呢的裙裝和七分褲依然會很流行，純色系列的上衣配上蘇格蘭短褲，或喇叭長裙，配一頂同色系的格子貝雷帽，再穿上一雙薄型的短靴，更帶有一份英倫島上的優雅氣質。上世紀 80 年代，牛仔衣褲的流行，更開了外國服裝在上海流行的先河，到了 21 世紀，英倫風尚的服裝再次流行，也是不足為奇的事情。

日本服裝在上海同樣非常流行，在商店裏有日本系列的服裝出售，有的還打著「日本洋服」的字樣，其原因是日本人與中國人在身形方面很相像，服裝的很多元素也與中國相通，因此受到年輕人的喜歡。上海出版的時尚雜誌《好》、《秀》等介紹的服裝，大多數都是日系的服裝，其中的照片都是走在街頭的時尚服裝的男女，與上海街頭行走的年輕男女幾乎很難區分。在此，時尚雜誌與報刊上的文章，為日系服裝的推廣起到推波助瀾的作用。最近幾年，韓版服裝也在上海年輕人中受到歡迎，這是韓國電視劇的影響所致。表現現代生活的韓國電視劇中的人物及其服飾，有時代感，同時不失生活的狀況，因此也容易被人們模仿，特別是那種年輕人對於韓國人的服裝打扮與穿著風格和情調，都有許多共同的地方，就不難理解為什麼韓版服裝在中國的流行。再說，韓國在上海的人數越來越多，他們的穿著也會對上海服裝產生影響，但是這只是很小的一部分，當然前者的影響更大也更直接。

西裝是一種非常正規的服裝，當然也有人喜好穿著，一年四季都穿，但是絕大多數的人卻認為西裝束縛自己的活動，他們喜歡穿休閒裝或者便裝，到了 21 世紀，西裝像 20 世紀八九十年代那樣盛行的年代已經過去，如今，人們都喜歡穿休閒裝和便裝，一方面是節假日較多，幾乎占全年三分之一的時間，另一方面也希望能夠在休閒的時候能夠輕鬆一下。所以，上海人在節假日已很少穿一本正經的職業裝、正正規規西裝、校服，而是愛穿款式各異

的休閒裝。即使是在週一到週五上午上班時候，也很少穿職業服，如果不是要求非常嚴格的單位，也不一定要去職員穿著西裝，特別是在講究環保的情況下。星期天，逛街穿休閒服多了。據瞭解，穿休閒服，人們感到寬鬆自在，減緩了快節奏生活帶來的壓力。休閒服面料大多以天然織物棉、麻、絲為主，給人以回歸自然的感受。女性休閒裝的色彩淡雅亮麗，男性休閒裝有 T 恤、休閒背心、風衣、運動裝、牛仔服等，素樸大方。

如今，茄克衫不被男性的喜歡，其原因在於男子的肚子普遍有點膨脹，穿茄克衫就不很舒服，下擺緊束，暴露身體的缺陷，因此大多數的廠家根據這一特點，設計出比較寬鬆的茄克衫，這樣茄克衫就有了一定的改良，即便如此，由於其他衣服的款式很多，可選擇的餘地很大，這樣一來，茄克衫生存的空間越來越小，因此茄克衫的穿著就不那麼普遍了。

3. 關於睡衣的討論

什麼是日常生活裏的穿著禮儀文明，人們對此的結論各不相同，也常常爭論不休，特別是關於上海睡衣的看法相左程度之高，已經人人皆知，睡衣似乎成為上海不文明穿著的一種標誌，在世博會即將臨近的時候，政府將穿著睡衣上街，作為不文明的行為而加以阻止，並且再次出現有關睡衣的討論推到風口浪尖，成為網絡、電視節目的重要話題。

其實，睡衣是一種原生態的服裝文化，是上海人早已習慣穿著的衣服，不僅已經成為上海服裝的一個組成部分，而且也是作為上海人的一種標誌。其功能也不只是睡覺而穿著，因為其完全超出了所謂只是睡覺穿著的衣服的界限，不管如何對對也好，擁護也罷，睡衣作為一種上海服裝已經與上海生活融為一體。現在已經有了一種冬天穿著的睡衣，很顯然它不是用來睡覺的衣服，而是一種居家的衣著。如果說，當今什麼是上海服裝最典型的代表，那就是睡衣。應該說，睡衣的出現，是上海文明程度發展到一個很高水平上的產物，是一種生活狀態的衣服，不必苛求其出現弄堂裏或者是附近的菜場等地方。

有人《新民晚報》上發表一小文章，試圖指責睡衣上超市的舉止，但是他經過思考之後，才對睡衣大驚小怪了。「前些時打開報紙一看，很厲害地吃了一驚，方知道每年的 4 月 18 目是美國的『穿睡衣上班日』，這一天員工可以穿著睡衣上班去，甚至總經理從經理室出來布置工作，都像從臥室出來一樣，飄飄蕩蕩鬆鬆垮垮地穿著睡衣！我想我真是孤陋寡聞了，人家上班都可

以穿睡衣，我們到超市去穿睡衣只是邁出學習的第一步，毛毛雨。我估摸，等我的同胞們都在 4 月 18 日穿著睡衣上班，人家美國人肯定可以天天穿睡衣上班了。」〔註29〕

　　當然，現在上海人是不可能做到穿著睡衣去上班的，以後會不會，也要取決於人們的認知與環境的變化。如今在一些正規場合裏穿著睡衣，人們也會認為是不合時宜的。這是非常淺顯而又被普遍遵守的世俗原則，人們不會違反這種基本的穿著原則，因此我們幾乎看不到有誰穿了睡衣去學校、單位，或者參加宴會、聚會的，因為一般上海人對於這些基本的穿著禮儀文明，還是非常遵守的，也是上海最基本的民俗文化表現之一。

　　睡衣是一種上海人原生態的服裝，穿著睡衣上街是上海人長期以來形成的風俗，它從原來非常體現的是一種人文情調，是人們追求的生活狀態，不是僅僅依靠行政命令就能夠禁止的，如果要改變風俗運用的軌跡，就必須採取非常的手段（如暴力），否則是很難行得通的，這已經被中外民俗文化史所一再證實的道理。另外還有一個途徑，那就是普通老百姓自覺地拋棄自己不喜歡的服裝，那樣睡衣才會真正離開人們的視野，就目前而言，這似乎是不可能的事情。

〔註29〕童孟侯《睡衣文明的漸進》，《新民晚報》2006 年 7 月 13 日。

參考文獻

1. 二十四史

2. 《山海經》

3. 漢楊孚《異物志》

4. 晉顧微《廣州記》

5. 唐劉恂《嶺表錄異》

6. 明李時珍《本草綱目》

7. 明徐光啟《農政全書》

8. 明朱國禎《湧幢小品》

9. 明馬歡《瀛涯勝覽》

10. 明王世貞《弇州續稿》

11. 清劉體仁《異辭錄》

12. 清陳夢雷《古今圖書集成·醫部》

13. 陳伯熙《上海軼事大觀》，上海書店出版社 2000 年版。

14. 上海信託公司採編《上海風土雜記》，東方文化書局 1930 年版。

15. 《海洋社會學》，世界圖書出版公司 2012 年版。

16. 陳新軍《漁業資源經濟學》，中國農業出版社 2004 年版。

17. 張仲禮《近代上海城市研究》，上海文藝出版社 2008 年版。

18. 叢子明、李挺主編《中國漁業史》，中國科學技術出版社 1993 年版。

19. 寧波《海洋文化：邏輯關係的視角》，上海人民出版社 2017 年版。

20. 顧炳權《上海風俗古蹟考》，華東師範大學 1993 年版。

21. 鄭蓉、鄭輝主編《漁歌唱晚——海絲文化與美麗漁村建設調研文集》，學苑出版社 2021 年版。

22. 汪仲賢撰文、許曉霞繪圖《上海俗語圖說》，上海書店出版社 1999 年版。

23. 徐吉軍《南史臨安社會生活》，杭州出版社 2021 年版。

24. 金濤《金濤童話》，湖北科學技術出版社 2016 年版。

25. 【美】王晴佳著、汪精玲譯《筷子：飲食與文化》，生活·讀書·新知三聯書店 2019 年版。

26. 【英】海頓《南洋獵頭民族考察記》，上海文藝出版社 1989 年版。

27. 鮑展斌《象山縣科學發展海洋文化產業的實踐與思考》，《寧波大學學報（人文科學版）》2009 年第 3 期。

28. 郭茹星、王社教《論唐代嶺南地區的漁業》，《中國農史》2015 年第 6 期。

29. 曹樹明《比較哲學視野下的傳統農業社會與海洋社會》，《社會科學論壇》2009 年第 1 期。

30. 余漢桂《民國時期的廣西漁業》，《農業考古》1990 年第 2 期。

31. 閭富東《清初廣東漁政述評》，《中國農史》1998 年第 1 期。

32. 陳炎《略論海上絲綢之路》，《歷史研究》1982 年第 3 期。

33. 陳偉明《唐宋時期的漁業生產》，《農業考古》1994 年第 3 期。

附錄：土山灣（連環畫腳本）

前言

　　土山灣在歷史上與是宗教聯繫在一起的，但它遠遠地超過宗教的界限，而成為徐家匯地區乃至上海的重要文化名片。

　　土山灣是早期西方文明進入中國的橋樑，特別是通過這樣的平臺將西方的手工業、藝術、印刷、製造、雕刻技術等傳播到上海，並且逐步影響到人們思想及其生活觀念。本書介紹了土山灣的歷史，及其畫館、印書館、木器間、銅器間、皮作間、翻砂間、照相間等工場，並敘述了此間所發生的各種被散落的軼事奇聞。土山灣創作的作品十分了不起，多次參加世界性的展示，至今保存完好的牌樓，就充分體現了土山灣精湛的工藝水平。而土山灣走出來的人，有不少的大師級的人物，如周湘、徐詠青、張充仁、徐寶慶等就是傑出的代表。所有這些都真實的再現了 100 多年的土山灣發展歷史與社會影響。

　　1. 1842 年，上海成為《南京條約》規定的向外國人開放的五個通商口岸之一，外國教會獲得了在上海傳教的自由，西方各國教會勢力開始逐漸湧入上海。

　　2. 在 1841 年至 1846 年這五年間，先後有四批（共 19 位）耶穌會傳教士到達上海，找尋可用於傳教的地址。他們先是選擇了浦東的金家巷作為傳教的基地，後來又將總部遷至青浦橫塘等地。1847 年，天主教教會決定將會址落腳在徐家匯。

　　3. 當時的土山灣處於蒲匯塘與肇家浜交匯處，四周十分荒涼。1864 年，

法國傳教士買下了這片土地，在這裡建立了一所孤兒院。同年，原在董家渡的孤兒院遷至徐家匯土山灣（原蒲西路 448 號），從此這裡便被稱為「土山灣孤兒院」，後來也叫「土山灣孤兒工藝院」。

4. 當時正值太平天國進攻江南，大批難民逃往上海。由於戰爭，致使許多孤兒無家可歸，於是清政府請求孤兒院能夠接受一些 6 歲至 16 歲的孤兒。同時，江南地區廢棄房屋的木料、磚頭從水路運抵土山灣，被孤兒院買下用來建造新的房屋，擴大收容人數。

5. 這樣，原本不大的孤兒院一下子增加了許多孤兒，有點應接不暇。面對這種狀況，孤兒院決定向歐洲招募志願者，改變人手不夠的現狀。

6. 當時有個志願者叫簡‧佛雷爾的西班牙籍年輕人，是個藝術家。他放棄了對於自己非常喜愛的藝術理想的追求，為了向神秘的東方世界進行傳教，來到了上海的土山灣。

7. 至 19 世紀末，上海的土山灣孤兒工藝院已經有了相當的規模。這裡不僅接受了大量孤兒，而且還招收一些附近的兒童，最多的時候，有數千人之眾。這些孤兒進入土山灣工藝院後，主要由中外教士傳授西方文化，讓他們學習西方繪畫、音樂，以及印刷、照相等技術。

8. 除了工藝院外，在土山灣的聖母院中，還設有刺繡所、花邊間、裁縫作等，招納的女工人數總計近三千人。這裡生產的工藝品種類繁多，產品主要有壁掛、枕套、床罩、床單、床沿、窗簾、桌布、靠墊、頭巾、圍裙、繡衣、絲綢畫屏等等，後來上海和全國流行的編織技術，不少是從土山灣傳出去的。

9. 土山灣的孤兒在學習、工作之餘，也有一些自己的娛樂活動空間。他們會吹笛子、踢皮球，也組織戲劇表演，還組成了銅管樂隊。

10. 這些由孤兒們組成的戲劇表演與銅管樂隊都有一定的水準，它們經常參加一些教會內外的慶祝活動。例如，在土山灣旁邊居住著一個姓俞的大戶人家，那年老先生做七十歲大壽，便邀請了土山灣孤兒銅管樂隊前來表演。

11. 為了留住這份珍貴的紀念，當時有個攝影師將這個剛剛參加演出歸來的銅管樂隊拍了一張集體合影，這張合影後來便成為一份反映中國早期西洋樂隊演出情況的真實記錄。

12. 在土山灣孤兒院有個重要的傳教士叫翁壽祺。他是個法國人，出生在一個非常富裕的家庭裏。

13. 他的父親是當地一個很有錢的地主，他有一個特別的嗜好，就是喜好

名馬。為了擁有全國最美最好的馬匹，他花費了所有的積蓄，最後落到窮困潦倒的境地，於是只好將翁壽祺及其兄弟送去學習鐘錶製造技術。

14. 1851 年，翁壽祺長成一個英俊可愛的小夥子，滿頭金髮，喜歡幫助別人，富有愛心。他努力學習科學技術，如照相、烹飪、釀酒、石印等，還用心學習醫學知識。

15. 1859 年，他接受天主教耶穌會的派遣，乘船前往中國江南教區傳教。經過 5 個多月的長途海上漂泊，終於到了上海。

16. 當時，太平天國軍隊經常與清朝官兵以及西洋軍隊打仗，徐家匯地區也經常發生戰爭，並出現許多傷員。翁壽祺等傳教士經常擔當起搶救傷病員的工作，為傷病員們進行治療。

17. 一次翁壽祺外出，看見一個太平天國士兵躺在野地裏，生命垂危，於是馬上對他進行救治，終於將他從死亡的境地救了回來。這個士兵傷癒之後很感激翁壽祺，後來就將其孩子送到孤兒院來學習，拜翁壽祺為師。

18. 翁壽祺來到上海傳教已經有一段時間。1874 年進土山灣印書館。當時由於傳教的方式只是靠口頭宣講，而無圖書，於是，後來他開始嘗試用自己學到的石印技術來印製圖書，藉以讓更多的人讀書、識字。

19. 石印技術最早出現於 1796 年。當時有一個德國人阿洛伊斯・塞尼費爾德（Aloys Senefelder，1771～1834）在多次試驗之後，終於發明了石印術。用石版製版、印刷出來的書籍，紙墨煥然，不差毫釐，且可隨意放大縮小，既方便又迅捷，因此很快風靡整個歐洲。

20. 1876 年，翁壽棋在土山灣專門設立了石印部，這裡的石印技術最先主要是用來印製天主教的宣傳品，後來則被廣泛運用於印刷字典、地圖、樂譜、學術著作等各種圖文書籍，一時馳譽滬上。從時間上看，土山灣石印館是最早將新型的石印技術傳入中國的機構，而上海印刷界普遍使用石印技術印書則是在 19 世紀末，要比土山灣印書館晚了近 20 年。

21. 1877 年（光緒三年），英國商人美查在上海開設了「點石齋印書局」，聘請土山灣印書館邱子昂為石印技師，並購進手搖石印機，印刷《康熙字典》等書籍。

22. 土山灣印書館除了石印技術之外，還引進先進的珂羅版印刷、照相銅鋅版設備印刷，當時在上海產生很大的影響。抗戰初期，土山灣印書館就已經用上了自動西文排字機。出版發行的書籍有經史、行實、辯道、崇修、敬

禮、要理、歷史、傳記、醫學、畫術、歌曲、故事、科學、字典及教科書等類；還有地理、圖像等西文書籍，並代售各天主堂出版的書籍刊物。

23. 光緒五年（1879年）3月16日，李問漁創刊並主編的《益聞錄》由土山灣印書館石印出版，這是中國天主教歷史上最早出版發行的報刊，1898年，《益聞錄》與《格致新報》合併，易名為《格致益聞彙報》。

24. 李問漁原名浩然，江蘇南匯（今屬上海）人。清道光二十年七月十二日（1840年8月12日）生，從小即受天主教洗禮。清咸豐二年（1852年），入徐家匯聖依納爵公學（今徐匯中學）讀書。清同治元年（1862年），與公學第一批學生馬相伯等進入上海法國天主教耶穌會初學，學習哲學與神學。

25. 當時傳教士劉德齋主持的圖像書《道原精萃》，也是由土山灣慈母堂刊印。此書共八卷，其中含圖300幅，是土山灣印刷出版的最大型的一種圖像書。

26. 土山灣的出版物雖說大多為宗教類書刊，但其中也不乏各類學術著作，如《數學問答》、《透視學撮要》、《最新實用電學》、《哲學史綱》、《60理學概論》、《中國地輿志略》、《泰西事物叢考》，乃至《社會主義鳥瞰》、《蘇維埃俄羅斯主觀察》及《琴調集成》、《風琴小譜》等。

27. 早在1892年（光緒十八年），土山灣印書館就出版了由天主教傳教士編寫和翻譯的有關中國問題的專書《漢學叢書》。內容涉及中國的宗教、倫理、文學、藝術、歷史、地理，其中有五集獲得法國漢學出版事業學會頒發的「儒蓮漢學獎」。

28. 除了印刷出版書籍報刊，土山灣工藝院還設立了一些繪畫、雕刻之類的課程，向孤兒們傳授有關技藝。1851年（道光三十一年），西班牙耶穌會輔理修士范廷佐在徐家匯老堂西側創辦了徐家匯畫室。1872年，畫室搬入土山灣孤兒院，習稱土山灣畫館，這是最早以學徒方式培養中國西洋畫人才的場所，數百名中國孤兒曾在那裡接受過素描、水彩、油畫及版畫的訓練。

29. 范廷佐是西班牙傳教士，出生於西班牙一個藝術之家，父親是一位曾經參加過裝潢埃斯科里亞爾王宮的著名雕塑家。

30. 范廷佐子承父業，年輕時曾到羅馬學習藝術，後來又進入耶穌會那波利修道院成為一名輔理修士。數年後，他被派遣到中國，並於1847年到達上海。

31. 范廷佐擅長雕塑、繪畫和建築設計。到達上海後，他先是主持了董家

渡天主堂的設計，1851 年（咸豐元年），又主持了徐家匯天主堂老堂的設計和施工。范氏在從事教堂建築設計的同時，還繪製、雕塑了許多聖像，並指導工匠製作祭壇等宗教用品。現藏徐家匯藏書樓閱覽室南北牆上的 2 件雕塑，均是出自范廷佐之手，其中 1 件是桂木雕《耶穌會士在首任會長前發願圖》，另一件是泥塑《聖依內爵善終像》。

32. 土山灣畫館傳授的主要是西洋畫技法，其學員的來源主要是土山灣孤兒院內的孤兒和貧困家庭的子女，同時也對外招收一些願意學習西方繪畫的學生。

33. 由於這些學習繪畫的孩子年齡很小，不懂事，繪畫時往往不專心，有的時候還會在畫架邊打鬧，於是經常會受到傳教士嚴厲的訓斥，有的還要被罰站。

34. 在教學內容上，土山灣畫館主要以宗教人物畫、花卉和壁畫為主，多為臨摹寫生，並輔以石膏像等。教學中，土山灣畫館的老師主要訓練學生從線條開始學習擦筆劃、木炭畫、鉛筆畫、鋼筆畫、水彩畫和油畫等基本技法，同時還要讓學生學習研磨調製顏色。

35. 課堂作業大多用範本臨摹，最初是畫聖像，後來則以臨摹景色、人物、花卉為主。學員學成之後，即可參加繪製工作。

36. 西洋畫當時在國內較為新奇，土山灣畫館經常將臨摹的歐洲名畫拿到市場上出售，而且還對外承接畫件訂單。諸如山水、花草、人物及宗教故事畫等畫件均可受理。

37. 1851 年，范廷佐特請擅長繪藝的馬義谷神父來到土山灣畫館講授油畫。馬義谷神父是意大利那不里人，受聘之後，他成為在上海向中國學生傳授西方油畫技法和油畫顏料製作的第一位外國人。范廷佐逝世後，馬義谷在過渡時期成為土山灣畫館的實際主持人。

38. 范廷佐的真正傳人是一個叫陸伯都的中國修士。陸伯都（1836～1880年），字省三，江蘇川沙（今上海浦東）人。1852 年，他受郎懷仁神父的派遣，從張家樓修道院來到徐家匯，成為范廷佐的第一個學生。學徒期滿後，陸伯都即成為范氏的助手，並在范氏過世後擔負起收徒傳藝的重任。

39. 1880 年 6 月，陸伯都因肺結核病惡化而逝世，劉必振（1843～1912）接替陸伯都執掌畫館。劉必振執掌教務三十年，至 1912 年七十歲時逝世。這三十年是土山灣畫館發展的鼎盛時期。

40. 劉必振，字德齋，號竹梧書屋侍者，是位修士，江蘇常熟古里村人。劉家世代皆為天主教徒，19 世紀 50 年代太平軍進軍江南，劉必振跟隨逃難的天主教徒來到上海。

41. 劉必振不久即進入徐匯公學學習，畢業後隨陸伯都學習繪畫。他先是學中國畫，後又改學西洋畫，以畫水彩風景而知名。劉氏曾任土山灣孤兒院圖書館的主任，兼任畫館老師。陸伯都病逝後，劉必振便接掌了土山灣畫館的事務。

42. 劉必振對學生教育十分嚴格，特別是對基本功的訓練，幾近苛刻。為了讓學生們畫出準確而優美的素描線條，僅開頭打基礎的劈、橫、豎、拉等的鉛筆線條，就要安排單獨訓練 3 個月。在劉必振的悉心指導下，土山灣學員的繪畫水平有了飛躍地發展，其繪畫作品後來在世界許多地方展出，並大獲成功。

43. 1910 年 6 月到 11 月，在中國第一次全國博覽會——南洋勸業會上，土山灣畫館所繪花草人物、摹寫真影等件，獲獎牌十九件之多，尤其是土山灣所畫的油畫作品，獲得很高的聲譽。

44. 1914 年，徐家匯土山灣繪畫館繪製了徐光啟、利瑪竇、湯若望、南懷仁四幅繪畫作品。這四副繪畫作品代表了當時土山灣畫館繪畫創作的最高水平。作品以水粉繪製而成，色彩鮮亮，人物栩栩如生。

45. 1915 年，這四幅作品被黏附於木柏材質上送往在舊金山舉行的巴拿馬太平洋國際博覽會（也稱世博會），代表當時新成立的中華民國進行參展，並取得良好的效果。

46. 上海早期畫西洋畫的畫家，有很多都與劉必振有著密切的關係，他們實際上都是通過土山灣畫館而接觸到西洋繪畫的，並且在實踐中將中西繪畫技藝不斷融合、發展，從而開創了震撼當時畫壇的耳目一新的海上畫派。

47. 19 世紀末，在繪畫藝術上頗有才氣的任伯年結識了劉必振，兩人互相切磋繪畫技巧。劉德齋的西洋畫素描基礎紮實，對任伯年的寫生素養有一定影響。任伯年經常學習素描，他還畫過人體模特，比後來劉海粟畫模特兒早很多。據說，當時任伯年使用的 2B 鉛筆，就是劉必振送給他的。任伯年非常喜好這件禮物，甚至還因此而養成了後來運用鉛筆進行速寫的習慣。

48. 與此同時，劉必振也帶領畫館的學生走訪任伯年，學習中國畫藝，並畫有聖像白描，以中堂形式掛於教會場所。任伯年是中國畫的大師，不論是

畫花鳥還是畫人物，他都是信筆拈來，並且畫得頗為傳神。他有一習慣，即每次外出，都帶一個手折，見到有可取材的景物時，就用鉛筆在手折上進行勾畫。

49. 任伯年曾經在上海城隍廟開了個小小扇麵店，不想後來名聲鵲起，他畫的扇面身價百倍，原本幾文錢就能買到一把的扇子，他畫的扇子卻竟可賣到幾百文。

50. 任伯年以其人物畫的造詣，在當時上海畫界可謂是首屈一指，並且直接引領了海派繪畫的大潮流。他的畫植根於海派城市文化，既有傳統的內容，同時也有城市生活。他積累龐雜，技法專業，其作品雖有濃厚的世俗趣味，但卻仍是屬於文人藝術畫。

51. 除了任伯年之外，劉海粟、徐悲鴻等大家亦曾間接受教於土山灣畫館。徐悲鴻曾經說過：「土山灣亦有習畫之所，蓋中國西洋畫之搖籃也。」

52. 周湘是從土山灣工藝院走出來的又一位很有天賦的畫家。他的山水、仕女人物畫很有功力，且又擅治印和書法。

53. 周湘（1871～1933）字印侯，號隱庵，別署灌園老叟，黃渡人，出身於書香門第，幼年就喜愛繪畫。戊戌變法之後，他流亡日本長崎、東京等地，以賣畫治印為生，受到當時日本藝術界的重視，畫名大振。

54. 周湘自小十分熱愛畫畫，父母曾將其送進土山灣孤兒院，跟隨畫館裏的傳教士學習西方繪畫技藝。他學習很刻苦，常常為了臨摹一個石膏像而花上一天二天甚至更長的時間，一直要到自己滿意為止。

55. 隨著時間的推移，周湘的繪畫水平越來越高。當時的他已經不再滿足那些宗教題材的作品，而是將興趣逐漸轉向了中國傳統的花鳥畫和山水畫。但是周湘創作的這些中國傳統畫作品，在技法上又較多地運用了西洋的繪畫技術，與傳統的繪畫方法不同，因此很受當時人們的喜愛與青睞。

56. 宣統元年（1909 年），周湘創辦了圖畫專門學校，後改為中華美術學校，期間共收學生三十名。諸如劉海粟、烏始光、張聿光、丁慕琴（丁悚）、陳抱一、汪亞塵、張眉孫等人，都曾是這所美術學校的學生。也正是這所中華美術學校，開創了中國美術教育史上由師徒傳承到學校教學的先河。

57. 同年，在土山灣工藝院學習過的張聿光為上海《民報》等畫報作時事諷刺漫畫，由此開創了中國報紙諷刺漫畫的先河。1919 年，張聿光與豐子愷、歐陽予倩等人發起組織了中華美育會，並出版《美育雜誌》，藉以宣傳新思想、

新美術。

58. 徐詠青是在土山灣畫館生活與學習多年的一個孤兒，曾經在畫館中跟隨劉德齋、王安德等學習繪畫。1910 年，他在上海四馬路獨自開設了一間「水彩畫館」，傳授水彩畫技法，受到商界的歡迎。

59. 徐詠青與周湘、張聿光、丁悚等人還組織了「加西法畫室」，研究推廣西洋美術理論和技法。徐詠青曾製作了一件巨幅油畫，作為法國公使的禮物贈送給當時的攝政王載灃。宣統三年（1911 年）3 月，上海愛國女學添設美術專修科，聘請徐詠青為油畫、水彩畫和鉛筆畫主任教師。

60. 徐詠青還是最早創作月份牌的畫家之一。月份牌是用我國傳統木版年畫的形式和工筆國畫的表現手法，再加上廣告內容（圖片中附印上產品樣式、商標記號和文字說明等）的一種新型繪畫藝術，製成後再用當時剛剛輸入的彩色石印技術精印出來，並附有日期，這便成為早期的月份牌形式。

61. 月份牌是海派文化的代表之一。畫面多用中國傳統的戲曲故事、神話傳說、歷史故事、胖娃娃、風景山水、吉祥頌詞、故事傳說等內容作為題材。由於畫中人物非常時尚性，既有傳統、又很傳神，使人耳目一新，因此這種畫法的時裝仕女圖一經問世，便對當時畫壇上以古裝仕女畫為主的畫派形成了強大的衝擊。

62. 月份牌中也有許多表現民主、科學啟蒙思想，反映了進步思潮的作品，如：《女子讀書》、《打網球》、《女子讀天演論》、《二妹讀書》、《女子上火車》等。抗戰時期，上海也曾出版了一些較好的月份牌作品，如《十九路軍血戰圖》、《梁夫人枹鼓戰金山》、《花木蘭》、《長城圖》、《蘇武牧羊》等具有愛國主義思想的作品。

63. 畫家鄭曼陀，善工筆人物畫和西洋水彩畫。他既有傳統的繪畫基礎，又會擦炭畫相技法。1914 年，他在繪製畫稿時先用炭精粉揉擦陰影，然後再敷色，使其繪畫作品中的人物形象在半透明的水彩色蓋罩下，形成細緻柔嫩的肌膚感覺及凸凹效果。用這種畫法畫的時裝仕女圖一經問世，便廣受世人好評，中外資本家爭相來求畫稿。

64. 繼鄭曼陀後，知名的月份牌畫作者還有金梅生、謝之光、杭穉英、金雪塵、李慕白、胡伯翔、周柏生等，這些人的作品大都傳神寫照、風格別具，豐富了月份牌的題材範圍和表現手法。

65. 在這些人中，又以杭稚英的月份牌名聲最為響亮。杭稚英，名冠群，

別名杭坦。1901 年 5 月 3 日生於浙江海寧鹽官鎮一戶書香門第。他幼年在私塾讀書，後又進入當地的達材學校，自幼愛好繪畫。每次來迴學校途中，他總是喜歡在鹽官鎮上的一間裱畫鋪前駐足觀看店內陳列的名家書畫，回家以後，再憑著默記的印象自己作畫，久而久之，他的繪畫技術有了很大長進。

66. 杭稚英十三歲時來到上海，跟著徐詠青學習西洋畫法，後又跟隨有名望的畫家何逸梅教授學習國畫，並曾向德國、日本教師教授學習過一些西洋畫與廣告裝潢技法。

67. 後來，杭稚英在商務印書館習藝和服務，此間他的繪畫技巧有了長足的進步，並於 1920 年離開商務印書館自立門戶，創辦了「稚英畫室」。該畫室每年要創作八十餘幅月份牌年畫，還要設計兩百多幅畫稿。鼎盛時期，該畫室不但上海顧客盈門，而且還迎來了許多香港、澳門、臺灣及東南亞各地的客商。

68. 1938 年上海灘大亨黃金榮做七十歲壽辰時，其徒弟上門要求杭稚英為其送禮用的壽碗上繪製黃金榮的肖像，但卻遭到杭稚英的婉言拒絕。

69. 1937 年「八一三」事變，上海淪陷，杭稚英不為金錢利誘所惑，拒絕與日偽合作。1941 年冬，一個全副武裝的日本軍人找上門來，拿著二十根「大黃魚」（金條），要杭稚英為他們開設的電臺製作一幅宣傳「大東亞共榮圈」的月份牌廣告畫，也被杭稚英以身患肺結核病咯血為由婉言拒絕。

70. 當時與土山灣有著深厚淵源關係的，還有一位上海著名的雕塑家，名叫張充仁。他在歐洲的知名度遠遠地大於國內，被公認為在世界上非常有影響力的藝術家。

71. 張充仁的父親是一位木雕藝人，母親則擅長刺繡，能繡一手很好的花卉、人物。他四歲時，母親去世，父親將他送到土山灣孤兒院學習技藝。後來，他進入土山灣孤兒院印刷廠的照相製版部學習照相製版技術，師從愛爾蘭人安敬齋修士。

72. 據說，有一次張充仁學習照相製版技術的時候，安敬齋修士忘記告訴他如何配置沖洗的藥水，但是張充仁通過自己的努力，終於調出了沖印照片的藥水，使得安敬齋大吃一驚，連連稱讚他是個聰明的孩子。

73. 1931 年，二十四歲的張充仁以第二名的成績考取了「中比庚子賠款獎學金」，留學比利時皇家美術學院學習西洋繪畫。在那裡，張充仁獲得了皇家美院頒發的雕塑家文憑，並榮獲比利時國王亞爾培金獎和布魯塞爾市政府

金質獎章。

74. 1934 年，張充仁經人介紹，結識了比利時漫畫家埃爾熱，並為埃爾熱創作中國題材的故事──《藍蓮花》(《丁丁在中國》) 提供了無私的幫助和傾注了全部的熱情，兩人從此建立了長達半個世紀的友誼。丁丁則是以張充仁為原型的一個代表東方的藝術形象。

75. 張充仁還協助比利時著名雕塑家馬棟創作了一件位於布魯賽爾「獨立百年宮」拱門頂額的大型城市雕塑──「人體畫像」馬賽，這是中國雕塑家在國外參與雕塑的唯一一件巨型塑像。

76. 1935 年，張充仁學成回國，住在合肥路 (原名為勞神父路) 一間新式里弄房子裏，繼續從事自己喜愛的雕塑藝術。

77. 經馬相伯、蔡元培等名人的鼎力相助，張充仁在上海舉辦了歸國雕塑繪畫展，參觀者達兩萬人次，徐悲鴻、孫科、梅蘭芳等社會名流都趕來一睹風采。

78. 張充仁一生創作了近百尊雕塑，留下了很多傳世佳作。他曾為許多名人塑像，如馬相伯、於祐任、唐紹儀、蔣介石、馮玉祥、司徒雷登、聶耳、埃爾熱、密特朗、鄧小平等，幾乎每件作品都給人留下了深刻的印象。1985 年，應法國藝術收藏館之請，張充仁特為自己雕塑了一隻右手，與畢加索、羅丹的手一同為該館永久收藏。全球藝術家獲此殊榮者僅此三人。

79. 當時的土山灣工藝院不僅設立了土山灣畫館和印書館，而且又漸次設立了木器間、銅器間、皮作間、翻砂間、照相間等工場，用以製作各種木器、銅器等宗教和其他用品。客觀而言，土山灣工藝院為我國培養了一批現代工業的技術人才。

80. 當時的土山灣銅器間主要有銅器、銀器、電鍍、鐵工、翻沙、機械等工程。除了製造教堂用具，如祭臺、聖像、及神父做彌撒用的「聖爵」、「聖盤」等外，還精製各種以銅銀為材料的刀叉、酒杯、酒壺、咖啡奶壺、大小盆盤等等器具，形式各異，花樣繁多。

81. 1911 年，一名叫環龍的法國飛行員來滬作飛行表演，但飛機運到上海後，卻發現部分金屬零件在途中損壞，連機翼也碰傷了，當時無人能夠修理。經過再三打聽，最後邀請由土山灣銅匠間承擔修配任務。土山灣的銅匠們不負眾望，最後終於修好了飛機。為了紀念這位法國飛行員，後來還專門命名了一條「環龍路」，即今天的南昌路。

82. 當時土山灣銅匠間生產的產品中有一種重要的產品，那就是教堂的大鐘。這些大鐘大小規格共有十餘種，配套後可敲出多種音色的曲調。最大的一種零號大鐘，高度和鐘口直徑各有八十四公分，售價八百五十銀元。除了供應全國各地教區外，它們還被銷往整個東南亞地區、太平洋島嶼，甚至包括歐美一些國家。

83. 土山灣的木器間製造的產品，主要是一些中西木器、學校家庭用具及兒童玩具等。其所製成的木器雕刻立體聖像、人物、鳥獸，金銀彩繪，油漆器具，色色俱全；各種石膏像也無不惟妙惟肖，其雕刻之精細，令人歎賞不已。

84. 早在 1904 年，土山灣雕刻的「中華聖母子像」杉木雕刻桌屏就曾參加了美國聖路易斯世博會。該桌屏高 21 釐米，寬 12 釐米。其圖案為聖母瑪利亞身著清朝的旗服，眼瞼低垂，頭蒙白紗，戴著鑲滿寶石的皇冠，下垂的左手抬起抱著耶穌。耶穌足著中國高底雲鞋，端立於聖母衣襟上，紫袍腰紮皮帶，披紅斗篷，寶座後面的屏風上繪有篆體的壽字，屏風兩旁以山、樹木、房屋、塔作為遠景。這是一幅典型的中西合璧的佳作。

85. 土山灣木雕藝人技藝超群，頗有聲譽，其作品堪稱絕世佳作。這些木器都採用紅木和柚木等名貴木材，上雕人物鳥獸，或飾以彩繪貝殼之類。製成後的作品曾先後在法國的巴黎、比利時的列日、德國的德累斯頓等國際展覽會上獲得金質獎章。巴黎吉美博物館創始人吉美本人和雷加梅等還曾向土山灣訂購過木雕作品。

86. 1915 年，在美國舊金山舉辦的巴拿馬太平洋萬國博覽會上，土山灣參展品中國寶塔模型八十六件木雕作品獨佔鰲頭，贏得最大一個獎項——甲等大獎章。在那年的世博會上，土山灣一共送了 100 多件木雕、繪畫等工藝品，並獲得數枚獎牌。1916 年 1 月 7 日的《申報》也對土山灣的這次載譽而歸作了報導。由此可見，早在 100 多年前，土山灣就已經創造了世博奇蹟。

87. 在這次世博會上，最值得一提的作品是土山灣牌樓，這是一件在 1912年時由土山灣工藝院內數十個孤兒在外國指導老師葛承亮修士的帶領下，經過近一年的時間雕刻而成的木雕作品，牌樓高 5.8 米、寬 5.2 米，布局精巧，雕工細緻，整件作品完全用柚木製成，藝術價值極為珍貴。1914 年，這個牌樓從上海運往美國舊金山參加世博會，觀摩者人頭攢動，贏得了廣泛的好評。

88. 在土山灣木雕方面，技藝超群的大師是徐寶慶。他從七八歲時就進入土山灣孤兒工藝院做學徒，並接受了許多西方宗教思想的教育，讀過《聖經

故事》、《舊約全書》、《新約全書》等許多西方宗教的經典書籍。

89. 徐寶慶曾先後師從西班牙雕刻家那勃斯嘎斯和日本雕刻家田中德學習雕刻技術，他也曾跟著黃楊木雕發源地浙江樂清的老師學過中國傳統木雕技藝。

90. 練習雕刻技藝是很艱辛的。為了學藝，每當夜深人靜，別的孩子都睡覺了，他卻一個人躲在角落裏，刻苦地練習起了木雕技藝。

91. 在土山灣，徐寶慶艱難度過了二十多年的學徒生活。他常常穿著單衣在寒冷的冬天苦練雕刻本領，餓肚子更是家常便飯。經過幾十年的藝術追求，徐寶慶憑著自己的勤奮刻苦和出眾悟性，終於形成了獨特的雕刻語言和富有表現力的刀法。

92. 1945 年，由徐寶慶創作的「聖母子」、「聖家族」等多件木雕作品參加了「宗教藝術展覽會並獲獎。1958 年，徐寶慶創作的「農」、「林」、「牧」、「副」、「漁」大型樟木雕作品，被陳列在人民大會堂上海廳。

93. 1964 年，徐寶慶被國家授予雕刻工藝師和「海派黃楊木雕創始人」，1979 年，他又被授予為我國工藝美術事業做出重大貢獻勳章，2005 年又被評為上海工藝美術大師。徐寶慶曾坦言，他之所以能夠成為當今滬上的一代海派黃楊木雕工藝大師，除了自身努力外，正是土山灣的那段難忘的學習經歷，才使他具備了深厚的藝術根基和高超的雕刻技藝。

94. 彩色玻璃發明於 12 世紀的歐洲，開始也主要運用在教堂裏。例如位於巴黎聖母院附近的聖沙佩勒教堂，就是在 13 世紀時由彩色玻璃拼成的《聖經》故事大窗戶而聞名於世的。

95. 1913 年，土山灣引進彩繪玻璃並燒製成功。當時這種玻璃不僅被用在上海各種宗教建築上，而且也被運用在了上海的一些高檔樓宇、銀行、洋行等高樓大廈裏，廣受世人的歡迎。也正因此原因，土山灣被譽為「中國彩繪玻璃第一齣品處」。

96. 絨繡也是當時土山灣工藝院生產的一種重要的手工技藝。絨繡又稱「彩帷毛絨繡」，起源於意大利，19 世紀末通過傳教士傳入上海。1910 年（清宣統二年），土山灣工場開始傳授絨繡工藝。

97. 當時在聖母院里長大的一些孤兒，女的滿七八歲後，除了學習語文、數學外，還要學習花邊、絨繡技藝。她們生產的花邊、絨繡作品，構圖巧妙，實用大方，成為中西合璧之作。1925 年 10 月，農商部在北京舉辦國貨展覽會

時，上海土山灣的花邊產品前往陳列，並獲得一等獎。

98. 當時的一些西方傳教士在傳教過程中，收集了大批珍貴的動植物標本。1931 年，徐家匯博物院收藏的大批動植物標本，連同土山灣孤兒院存貯的中國古物 3500 件，全部移至呂班路（今重慶南路）新建的一座博物院（即今中國科學院昆蟲研究所）內，1950 年代以後成為上海自然博物館的主要藏品。

99. 1953 年，孤兒院由上海市民政局接管，並由教區推舉教徒董貴民出任院長，開始分批遣散孤兒，安置出路，對館內的工人也作了妥善安排。1956 年公私合營高潮中，各工場歸併到相關行業。大約在 1960 年前後，土山灣孤兒工藝院宣告結束。

100. 土山灣文化是輝煌的，她曾經安撫過千百個受傷的心靈，引領過社會的潮流，也創造過許多優秀的精神文化與藝術文化產品。所有這一切，都並沒有隨著歷史而一同消失。它們已經深深地融入到了人們的記憶裏，並且成為上海文化的一部分。2010 年，上海徐匯區建立了土山灣博物館，藉以紀念土山灣曾經走過的歷史道路。

2011 年 4 月 26 日星期二一稿
2011 年 8 月 26 日星期五二稿
2011 年 11 月 15 日星期二三改
2011 年 11 月 30 日星期三四稿
2012 年 1 月 14 日星期六五稿
2012 年 8 月 7 日星期二七稿

編後記

　　我對海洋文化的研究已有很多年，不知不覺寫了十多篇文章，也足夠出版一本書，此願望與楊嘉樂先生說了，即被答應，十分高興，在此也對花木蘭文化事業有限公司的辦事效率和嚴謹的工作態度表示由衷的敬佩與感謝。

　　我研究海洋文化的直接起因，是要參加上海海洋大學、上海海事大學的研究會議，而開始關注海洋文化並且參與寫作，另外一個間接原因，我生活、工作的上海，就是一個在海洋文化的衝撞下發展起來的城市。在研究上海城市文明的過程中，必然會牽絆到西方文化，這種進入、衝突到融合、發展，達幾十年的時間，所謂海派文化，就是非常具有地域特徵的中西方文化交流之後而產生的寧馨兒。

　　如今上海，到處洋溢著海洋文化的氛圍，無論是外灘建築、教堂建築以及各種 20 世紀二三十年代的西班牙別墅隱蔽在大樹從中依稀可見，還是充滿異域風情的聖誕節、萬聖節依然活躍在商場、居住小區，這種海外文化的痕跡無處不在。

　　本書主要收錄了我對海洋文化進行一系列研究的著作。其涉獵的視野，不僅僅停留在海洋本身，更與陸地緊密聯繫，從而可以看出海洋文化對陸地文化的影響，也可以得知陸地文化對海洋文化的作用，以及兩者之間的互相牽制與互相滲透。

　　主要分四個部分：一是海洋文化史的研究。介紹從秦始皇開始到清代中國海洋文化的認識與發展。有秦一代中國人開始有了海洋的潛意識，隨著社會的進步，海洋神靈的觀念也逐漸加深，有了媽祖等海洋護祐神。二是海洋文化對陸地文化影響之研究。如上海海派文化就是吸收西方文化而產生的新

的城市文明，徐光啟就是其中傑出的代表，他為中西方海洋文化搭起一座橋樑。李福清是俄羅斯著名漢學家，長期與中國開展學術交流，為流失在海外的孤本小說、年畫回歸中國做了許多有益的工作。三是中國內陸的強烈的海洋輸出的意識不斷延伸的研究。從清末就開始的湖北茶葉，就曾經通過經過千山萬水從上海、滿洲里到達俄羅斯、法國、德國等歐洲國家。四是海洋文化故事研究。海洋是浩如煙海，有著許許多多的生物，人們賦予它們各種各樣的傳說，同時海洋是神秘的，有種種難以言狀的神奇、怪異，而這些具有極大的魅力，引發人們的思考與追求。

最後想說的是，海洋文化是一門大學科，涉及的領域很多，我的文章僅僅是大海一滴，滄海一粟，研究也是蜻蜓點水而已，儘管如此，還希望方家指正，提出寶貴意見。

2021 年 6 月 16 日
於滬上郊外寓所